主 编

史全增　解源源

副主编

孙文夕　刘　瑶

撰稿人：（按姓氏笔画排序）

史全增　孙文夕　刘　瑶　李　宁

李　昆　赵方玉　解源源

公安机关行政法律文书

制作规范与法律依据

史全增　解源源　主　编

孙文夕　刘　瑶　副主编

新版

中国法制出版社

CHINA LEGAL PUBLISHING HOUSE

前　言

法律的生命力在于实施，法律的权威更在于实施。而公安行政法律文书则是法律实施的重要载体。同时，法律文书的规范制作与使用，也是加强内部监督、提升执法水平的重要路径。当前，虽然执法音像记录手段已有极大进步，但却无法取代文字记录的重要作用。因为前者展示了执法的过程，更加注重法治的外观；而公安行政法律文书则表达与记录了法规范的适用，更加注重法治的内涵。

在建设法治政府的进程中，公安行政法律文书的制作、使用与管理被纳入了法治建设的范畴。例如，2014 年《中共中央关于全面推进依法治国若干重大问题的决定》提出，“完善执法程序，建立执法全过程记录制度。明确具体操作流程，重点规范行政许可、行政处罚、行政强制、行政征收、行政收费、行政检查等执法行为”。《国务院办公厅关于全面推行行政执法公示制度执法全过程记录制度重大执法决定法制审核制度的指导意见》，在“规范事中公示”方面，提出“要出具行政执法文书，主动告知当事人执法事由、执法依据、权利义务等内容”；在“完善文字记录”方面，提出“要研究制定执法规范用语和执法文书制作指引，规范行政执法的重要事项和关键环节，做到文字记录合法规范、客观全面、及时准确”；在“严格记录归档”方面，提出“要完善执法案卷管理制度，加强对执法台账和法律文书的制作、使用、管理，按照有关法律法规和档案管理规定归档保存执法全过程记录资料，确保所有行政执法行为有据可查”。2021 年新修订的《行政处罚法》第四十七条规定，“行政机关应当依法以文字、音像等形式，对行政处罚的启动、调查取证、审核、决定、送达、执行等进行全过程记录，归档保存”。这些要求，都对公安行政法律文书的制作与使用提出了更高的要求，并激励本书的编者精益求精，编出一本能够更好适应法治建设需求的参考书。

本书共分为六章。第一章讨论公安行政法律文书的基本理论，主要包括公安行政法律文书的含义、特点、种类、功能和制作要求，为更好地把握公安行政法律文书的制作与使用要求，提供相关的理论支撑。第二章至第六章为本书的主体部分，主要介绍与《公安机关办理行政案件程序规定》配套的相关公安行政法律文书的制作说明、法律依据及文书范例等。其中，每种法律文书的“制作说明”，重在介绍该种法律文书制作中需要遵循的一些基本要求或注意要点；“法律依据”，重在列出制作某种法律文书涉及的法律、法规和规章的相关规范；文书范例，重在展示制作完毕的法律文书参考式样。

本书由史全增、解源源担任主编，负责统稿；孙文夕、刘瑶担任副主编，协助主编进行统稿。各章编写分工如下：

史全增：中国人民公安大学法学院副教授、博士研究生导师，法学博士。负责撰写第一章（与孙文夕合作）、第二章（与解源源合作）。

解源源：中国人民公安大学治安学院副教授、硕士研究生导师，法学硕士。负责撰写第二章（与史全增合作）。

孙文夕：中国人民公安大学法学院博士研究生，公安学硕士。负责撰写第一章（与史全增合作）、第四章（与刘瑶合作）、第六章（与赵方玉合作）。

刘瑶：首都机场公安局民警，公安学硕士。负责撰写第三章（与赵方玉合作）、第四章（与孙文夕合作）、第五章（与李昆、李宁合作）。

赵方玉：海南省海口市公安局交通警察支队民警，公安学学士。负责撰写第三章（与刘瑶合作）、第六章（与孙文夕合作）。

李昆：山东省济南市公安局宣传处民警，警务硕士。负责撰写第五章（与刘瑶、李宁合作）。

李宁：山东省济南市公安局南部山区分局民警，警务硕士。负责撰写第五章（与刘瑶、李昆合作）。

公安行政法律文书的规范制作，既有助于确保公安行政的实效性和科学性，也有助于更好地保障公民的权利。因此，本书的出版，可以为公安民警制作和使用行政法律文书提供一定的参考，也可以为公安院校的行政执法实训教学提供一定的指引。同时，本书在法律文书写作理论方面的探讨，也许会在学界起到一些抛砖引玉的效果。

当然，由于编者的理论水平和实务经验有限，加之相关的法律规范与规范性文件的变动频繁，本书必然会存在遗漏、错误、滞后等问题，诚挚希望读者给予批评指正，以作为本书进一步修订提升的基础。

编　者

2023 年 11 月

目　　录

第一章　公安行政法律文书的基本理论

一、公安行政法律文书的含义 …… 001
二、公安行政法律文书的特点 …… 004
（一）制作和使用主体的特定性与合法性 …… 004
（二）形式的程式性与内容的法定性 …… 005
（三）目的的法规范适用性 …… 007
（四）制作与使用的时效性与程序性 …… 007
（五）执行的强制性 …… 008
三、公安行政法律文书的种类 …… 009
（一）以制作方式为标准的分类 …… 010
（二）以文书内容为标准的分类 …… 011
（三）以执法环节为标准的分类 …… 013
四、公安行政法律文书的功能 …… 016
（一）公安机关办理行政案件的重要工具 …… 016
（二）规范公安行政执法过程的重要手段 …… 017
（三）公安行政执法过程的重要载体 …… 018
（四）保障行政相对人合法权益的重要路径 …… 019
（五）法治宣传和教育的重要材料 …… 019
五、公安行政法律文书的制作要求 …… 020
（一）符合法定的实体性条件 …… 021
（二）符合法定的程序性要求 …… 021
（三）客观、全面记录事实 …… 022

（四）语言简明、朴实，使用概括性语言 …… 023
（五）逻辑严密，结论正确 …… 024
（六）适当简化文书的内容、制作与送达方式 …… 025
（七）遵循一般性法律文书的制作要求 …… 027

第二章　案件受理类法律文书

一、受案登记表、证据接受清单 …… 031
（一）受案登记表（行政刑事通用） …… 031
（二）接受证据清单 …… 038
二、受案回执 …… 042
三、不予调查处理告知书 …… 046
四、移送案件通知书 …… 050

第三章　调查取证类法律文书

一、传唤证 …… 055
二、询问/讯问笔录 …… 059
三、检查证 …… 070
四、________笔录 …… 074
五、调取证据通知书 …… 086
六、调取证据清单 …… 090
七、鉴定聘请书 …… 093
八、证据保全决定书、证据保全清单 …… 097
（一）证据保全决定书 …… 097
（二）证据保全清单 …… 105
九、行政处罚告知笔录 …… 109
十、不予受理听证通知书 …… 117
十一、举行听证通知书 …… 121
十二、听证笔录 …… 125
十三、听证报告书 …… 131

第四章　行政处理类法律文书

一、治安调解协议书 …… 137
二、当场处罚决定书 …… 144
三、不予行政处罚决定书 …… 150
四、行政处罚决定书，没收违法所得、非法财物清单 …… 158
（一）行政处罚决定书 …… 158
（二）没收违法所得、非法财物清单 …… 167
五、收缴/追缴物品清单 …… 171
六、责令________通知书 …… 176
七、强制隔离戒毒/延长强制隔离戒毒决定书 …… 181
八、提前解除强制隔离戒毒决定书 …… 190
九、社区戒毒/社区康复决定书 …… 194
十、解除社区戒毒/社区康复通知书 …… 203

第五章　出境入境调查处理类法律文书

一、拘留审查/延长拘留审查决定书 …… 208
二、解除拘留审查决定书 …… 214
三、限制活动范围决定书 …… 219
四、遣送出境决定书 …… 224
五、驱逐出境决定书 …… 229

第六章　执行与终止调查类法律文书

一、催告书 …… 234
二、行政强制执行决定书 …… 239
三、代履行决定书 …… 244
四、强制执行申请书 …… 249
五、暂缓执行行政拘留决定书 …… 254
六、收取保证金通知书、收取保证金回执 …… 259

（一）收取保证金通知书 …… 259
（二）收取保证金回执 …… 263
七、担保人保证书 …… 266
八、退还保证金通知书 …… 270
九、没收保证金决定书 …… 274
十、________执行回执 …… 278
十一、终止案件调查决定书 …… 283
主要参考文献 …… 287

第一章　公安行政法律文书的基本理论

公安行政法律文书是公安机关办理行政案件的重要工具，文书的制作与使用应当配合《公安机关办理行政案件程序规定》的实施，突出了该规定所蕴含的人权意识、程序意识、证据意识特点，[①] 同时严格依照《公安机关行政法律文书式样》要求，充分发挥出公安行政法律文书在规范行政执法过程、保障行政相对人合法权益等方面的重要作用。为了更好地开展公安行政法律文书的制作与使用工作，需要先行对公安行政法律文书的含义、特点、种类、功能和制作要求等理论色彩较为浓厚的问题予以检讨。

一、公安行政法律文书的含义

“文书为以一定形式排列之文字”，[②] 根据《现代汉语词典（第 6 版）》的解释，文书是指“公文、书信、契约等”，公文是指“机关相互往来联系事务的文件”，而文件是指“公文、信件等”。[③] 因此，法律文书就是具有法律效力或法律意义的文件、公文的总称，它既是国家机关从事公务活动的重要体现和记载，也是公民、法人或非法人组织在参与执法或司法活动中制作并使用的重要文件。根据标准的不同，法律文书有多种分类方式，若从制作与使用主体的角度来看，法律文书主要包括公安法律文书、检察法律文书、审

---

① 参见蔡燕：《公安行政法律文书在公安行政执法中的重要作用》，载《新疆警官高等专科学校学报》2004 年第 2 期。

② 参见范扬著、苏苗罕编：《范扬集》，商务印书馆 2021 年版，第 411 页。

③ 参见中国社会科学院语言研究所词典编辑室编：《现代汉语词典（第 6 版）》，商务印书馆 2015 年版，第 1364 页、第 452 页。

判法律文书、监察法律文书、监狱法律文书、律师事务法律文书、公证法律文书、仲裁法律文书等。其中，公安法律文书是由公安机关制作和使用的一种法律文书，其应用范围和辐射人群广泛且种类较为丰富。

依据公安机关办理案件的性质，公安法律文书可以分为公安刑事法律文书、公安行政法律文书和公安机关其他常用法律文书。相较于其他种类的公安法律文书，公安行政法律文书主要应用于公安行政执法、行政复议和行政诉讼过程中，是贯彻落实公安行政法律法规的重要工具。公安行政法律文书的概念有广义与狭义之分，广义的公安行政法律文书是指公安机关在行政执法活动中，按照法定权限和程序，记录事实，适用法律，制作和使用的具有法律效力的法律文书，以及公安机关参加行政复议和行政诉讼时制作并使用的法律文书。而狭义的公安行政法律文书，仅包含公安机关在行政执法活动中，按照法定权限和程序，记录事实，适用法律，制作和使用的法律文书。例如，有学者指出，狭义的行政法律文书就是指行政执法文书，即行政执法中由行政机关制作的具有法律效力和规范格式的公务文书。① 也有学者直接将公安行政法律文书定义为公安机关依法行使国家赋予的职权，在行政执法活动中依照有关法律、法规制作和使用的法律文书。② 而涉及行政复议、行政诉讼等领域的法律文书则被归为公安机关其他常用法律文书的范畴。甚至从更为狭义的层面来看，公安行政法律文书是由公安机关在履行治安管理职能过程中制作并使用的法律文书，即单指公安机关的治安部门在进行治安管理和办理治安案件过程中制作和使用的文书，而涉及境外非政府组织境内活动管理、反恐怖主义、食品药品和环境安全、交通管理、计算机和网络安全、禁毒、移民和出入境管理等公安行政管理领域的法律文书则被归为公安机关其他常用法律文书之列。本书中的公安行政法律文书采用狭义的概念。

在我国，公安机关在行政执法活动过程中制作和使用的法律文书一般有固定的式样规范。为了提高公安机关的行政管理水平，规范公安行政执法过程，保障行政相对人及其他利益相关人员的合法权益，公安部在 2006 年制定了《公安机关行政法律文书（式样）》（试行），后为配合《公安机关办理行政案件程序规定》的修改，公安部于 2012 年修订并公布了新的《公安机关行政法律文书式样》，该式样共包含 46 种文书。2018 年 11 月 25 日，公安部再

① 参见行政执法教程编写组编：《行政执法教程》，法律出版社 2003 年版，第 278 页。
② 参见胡和平编著：《公安法律文书制作》，中国人民公安大学出版社 2006 年版，第 267 页。

次修改《公安机关办理行政案件程序规定》，因此《公安机关行政法律文书式样》在 2012 年版本的基础上需结合新规定进行调整。由于《公安机关办理行政案件程序规定》中删除了有关消防管理的内容，《传唤证》《行政强制执行决定书》中应当相对应删除《消防法》[①] 的法律依据。此外，由于涉及《公安机关办理行政案件程序规定》条文序号的调整，《移送案件通知书》《鉴定聘请书》《收缴/追缴物品清单》《解除拘留审查决定书》《终止案件调查决定书》等法律文书中也应予以相应调整，本书因此根据修改后的《公安机关办理行政案件程序规定》进行了一定调整。

根据 2019 年 12 月 28 日公布并于次日施行的《全国人民代表大会常务委员会关于废止有关收容教育法律规定和制度的决定》，收容教育制度废止，在收容教育制度废止前，依法作出的收容教育决定有效；收容教育制度废止后，对正在被依法执行收容教育的人员，解除收容教育，剩余期限不再执行。根据 2020 年 3 月 27 日国务院令第 726 号公布的《国务院关于修改和废止部分行政法规的决定》，废止《卖淫嫖娼人员收容教育办法》。根据 2020 年 8 月 6 日发布的《公安部关于废止和修改部分规章的决定》（公安部令第 160 号），删去《公安机关办理行政案件程序规定》（2012 年 12 月 19 日公安部令第 125 号发布，2014 年 6 月 29 日公安部令第 132 号第一次修正，2018 年 11 月 25 日公安部令第 149 号第二次修正）第二条第一款、第七十三条第一款、第一百七十二条第一款第四项、第一百七十六条第二款、第二百三十七条第一款中的“收容教育”，第二百三十七条第一款中的“收容教育场所”。当前，《收容教育/延长收容教育决定书》《提前解除收容教育决定书》《解除收容教育证明书》3 种收容教育类法律文书不再使用。

随着 2021 年《行政处罚法》的修订，公安机关办理行政案件的法规范依据又发生了变化，《公安机关行政法律文书式样》中的法律文书的制作与使用也理应结合修改后的法律法规予以调整，从而为公安行政执法提供更为完善的指引。对此，2021 年 12 月 8 日印发的《公安部关于贯彻实施行政处罚法的通知》（公法制〔2021〕2303 号），向“各省、自治区、直辖市公安厅、局，新疆生产建设兵团公安局”提出了“做好办案信息系统和法律文书的配套衔接”的要求，“各省级公安机关要根据行政处罚法新修订的内容和条文序号的

---

① 本书中各文书内容、范例部分及【法律依据】部分一般使用法律全称，其他部分一般使用法律简称，下文不再赘述。

变化，及时组织调整执法办案信息系统中的《行政处罚告知笔录》等行政法律文书式样，明确填写要求，确保基层办案单位和民警依法规范使用”。因此，本书结合修订后的《行政处罚法》对有关文书进行了调整。

除了《公安机关行政法律文书式样》之外，公安机关在办理行政案件的过程中还需要制作和使用一些专门规定的法律文书，包括《道路交通安全违法行为处理法律文书（式样）》《继续盘问法律文书格式》等，这些特殊规定的法律文书格式与通用的《公安行政法律文书式样》共同构建了一个完整的公安行政法律文书体系，为公安机关制作和使用行政法律文书提供了翔实、具体的参照，促进了公安行政法律文书在内容与形式上的统一，提高了行政法律文书的权威性。

二、公安行政法律文书的特点

公安行政法律文书既具有一般法律文书的共性，也结合了公安机关办理行政案件的特殊性。可以从如下几个方面理解公安行政法律文书的特点：

（一）制作和使用主体的特定性与合法性

公安机关在行政执法过程中，基于与行政相对人之间的公安行政法律关系而制作并使用公安行政法律文书。公安行政法律关系是一种权力性的行政法律关系，它是基于行政主体的特有地位而形成的法律关系，因为这种法律关系唯有行政主体才能够形成，它原则上要服从伴随着行政特质的特殊的法的规范。[①] 因此，在公安行政法律关系中，公安行政法律文书的制作与使用主体只能是公安机关，而不能是其他机关、组织。

公安机关的行政执法职责主要是公安行政管理以及预防、制止和惩治违法活动，由于执法内容的特殊性，除了普通的行政管理权，法律赋予公安机关涉及人身与自由的行政处罚权、行政强制权、使用警械和武器等权力，如

① 参见［日］南博方：《行政法》（第六版·中文修订版），杨建顺译，商务印书馆 2020 年版，第 90 页。

在行政机关中，只有公安机关和法律规定的其他机关可以对行政相对人实施行政拘留或采取限制人身自由的行政强制措施。因此，相较于其他主体制作的法律文书，公安行政法律文书在主体合法性方面具有更为严格的要求。首先，依据行政法中的法律保留原则与越权无效原则，行政主体实施的行政行为必须有法律的明确授权，并只能在法律规定的权限范围内行使职权，包括法律文书的制作与使用，否则该行政行为无效。公安行政法律文书只能由承担上述职权的公安机关在法定权限内制作并实施，否则，行政行为将缺乏主体上的合法性。其次，公安行政法律文书的制作与使用被包含进公安机关所实施的行政行为之中，因此，公安行政行为对于行政执法人员的资格与人数的要求也同样适用于公安行政法律文书的制作与使用。以公安机关实施的行政处罚行为为例，根据我国2021年最新修订的《行政处罚法》第四十二条第一款的规定，“行政处罚应当由具有行政执法资格的执法人员实施。执法人员不得少于两人，法律另有规定的除外”。该款提出了对执法人员资格与数量的要求，且“少于两人”的情形只能由“法律”另行予以规定，而法规、规章和规范性文件都无权设定。为贯彻上述法律规定，《公安部关于贯彻实施行政处罚法的通知》（公法制〔2021〕2303号）再次明确了对公安行政处罚领域内执法人员资格与数量的要求，“严格落实两名或者两名以上人民警察实施公安行政处罚的要求，办案人民警察要取得基本级执法资格，严禁警务辅助人员违规参与执法办案”。因此，公安机关在制作和使用公安行政法律文书时，也应当和具体开展行政执法活动一样，严格遵守相关法律法规对执法人员资格及人数的要求。

（二）形式的程式性与内容的法定性

所有的法律文书均应具备形式上的程式性与内容上的法定性。公安行政法律文书由公安机关制作，文书内容涉及公民实体与程序上的权利与义务，其规范性应当高于一般性法律文书，对形式与内容的要求也更为严格。

其一，相较于其他类型的法律文书，公安行政法律文书在形式上的程式性特征明显。与其他行政机关不同，公安机关承担的部分执法任务关系到公民的人身自由与生命健康，具有紧迫性与复杂性，对行政效率有更高的要求，而程式性的文书形式能够充分适应公安机关办理行政案件的特点。如在填充式文书、填表式文书中，已经提前列明了文书的主要架构与内容，仅需要执法人员根据具体案件情况填入相关信息即可。以《受案登记表》为例，文书中已经列明了“案件来源”“报案人”“移送单位”“接报民警”“简要案情或者报案记录以及是否接受证据”“受案意见”“受案审批”等栏目，如在填写“案件来源”“受案意见”等栏目时，一般只需要勾画相应选项即可；而在填写“报案人”“移送单位”“接报民警”“简要案情或者报案记录以及是否接受证据”等栏目时，也仅需要执法办案人员根据案件情况并遵循该栏目的具体要求予以填写。程式化的文书形式有助于提高办案效率，同时保证文书内容信息的完整性，防止遗漏重要信息。作为一种法律化的行为形式，公安行政法律文书内含很多具体的要素和要求，这些要素和要求具有高度的样式性和导向性，对于公安行政权力运行和行政行为过程具有重要的指导意义和定式或定型价值。行政行为形式的这种导向功能在行政执法实务中，能够起到规范行为过程、厘清行为步骤、拘束行政裁量、提高行政效率等作用。①

其二，相较于其他类型的法律文书，公安行政法律文书在内容上的法定性特征明显。公安行政法律文书是为了解决特定种类的行政问题，其内容应当具有更强的针对性，只有按照法律法规的要求，合理安排公安行政法律文书中行政案件的事实陈述、法律适用等内容，才有可能作出公平公正的行政处理决定，并通过送达公安行政法律文书将具体的行政执法过程、行政决定与裁量理由告知行政相对人，以保障其知情权、参与权和监督权，同时提升公众的配合度，减少行政争议。我国的《行政处罚法》《治安管理处罚法》《公安机关办理行政案件程序规定》等法律法规，都有公安机关制作与使用公安行政法律文书的相关内容规定。如公安机关在对行政相对人进行行政处罚时，应当制定行政处罚决定书并送达行政相对人，《行政处罚法》第五十二条第二款规定，“前款规定的行政处罚决定书应当载明当事人的违法行为，行政处罚的种类和依据、罚款数额、时间、地点，申请行政复议、提起行政诉讼的途径和期限以及行政机关名称，并由执法人员签名或者盖章”，法律规定的行政处罚告知书的内容包含了行政处罚行为的所有关键性信息，这不仅有助于保障行政相对人的基本权利，同时也有助于监督公安机关。我国公安机关在行政执法活动中制作并使用的公安行政法律文书，在形式上应当符合规定式样；在内容上要严格依照行政实体法与程序法的要求，全面提升公安行政法律文书制作与使用的规范化水平。通过规范公安行政法律文书的制作与使

① 参见柳砚涛：《论行政行为的形式》，载《行政法学研究》2006 年第 4 期。

用，有助于规范行政执法过程，保障公民的合法权益。

（三）目的的法规范适用性

公安行政法律文书是公安机关办理行政案件的重要工具，其制作与使用本身是一种手段。公安机关制作的每一类行政法律文书均有其特殊目的，如决定类文书是公安机关为了对行政案件及案件当事人作出特定处理而制作的法律文书，也是公安机关根据具体案件情况适用法律的法律文书；通知类文书则是为了方便公安机关将具体的案件办理过程、结果和具体情况通知行政相对人及其他相关人员，保障其知情权、参与权和监督权等基本权利。但总体来看，公安机关办理行政案件主要依据《行政处罚法》《治安管理处罚法》《公安机关办理行政案件程序规定》等法律法规，公安行政法律文书也由此成为贯彻上述法律法规的重要手段。公安行政法律文书是将公安机关的行政执法过程与结果落实到书面上的直观体现，除了形式不同，文书内容与行政执法实践并无实质性差异，均是以公安机关这个行政执法主体为媒介，将案件事实投射到与之相关的法律法规中，最终进行法律性的价值评价。所以，公安机关制作和使用公安行政法律文书的目的是正确适用相关法律法规以解决行政管理问题，同时保障行政相对人以及利害关系人的合法权益。每一类的公安行政法律文书都要在不同领域内服务于上述目的之达成，只是所处的案件程序阶段以及适用的法律法规不同而已。

（四）制作与使用的时效性与程序性

相较于其他行政机关，公安机关办理的部分行政案件具有更为明显的时效性特征，只有在特定时间条件下制作并使用公安行政法律文书才能产生应有的法律效果或法律意义。公安行政法律文书的时效性要求公安机关遵循法律规定的时间性要求，及时制作并使用公安行政法律文书。其一，公安行政法律文书的制作具有时效性。公安机关应当及时制作公安行政法律文书，一般情况下，公安行政法律文书应当先制作后使用，只有出现法律法规中的特殊情况时才能事后补充制作，如依据《公安机关办理行政案件程序规定》第五十六条的规定，“情况紧急，当场实施行政强制措施的，办案人民警察应当在二十四小时内依法向其所属的公安机关负责人报告，并补办批准手续。当场实施限制公民人身自由的行政强制措施的，办案人民警察应当在返回单位后立即报告，并补办批准手续。公安机关负责人认为不应当采取行政强制措施的，应当立即解除”，即使在特殊情况下可以先行动后制作文书，也应当遵守法律法规中的时间性要求，及时补充制作公安行政法律文书。及时制作公安行政法律文书可以为公安机关办理行政案件提供法律依据，也符合法律法规中的程序性要求。其二，公安行政法律文书的使用具有时效性。法律的尊严在于实施，只有及时将公安行政法律文书中的内容付诸实践，才能维护法律的威严与公正。否则，由于法律文书的使用不及时，有可能为违法嫌疑人逃避调查与处理提供机会，从而增加办案成本，乃至无法顺利办结行政案件。如《传唤证》的使用必须及时，否则违法嫌疑人可能会采取逃避传唤的行为。

除了时效性，公安行政法律文书还具有较强的程序性特征，公安机关办理行政案件应当遵循法律规定的程序，否则将构成程序违法。即使为了在法律规定的时间限度内完成公安行政法律文书的制作与使用工作，也应当遵守法律规定的步骤和程序。如依据《行政处罚法》第四十四条的规定，“行政机关在作出行政处罚决定之前，应当告知当事人拟作出的行政处罚内容及事实、理由、依据，并告知当事人依法享有的陈述、申辩、要求听证等权利”，公安机关在行政处罚告知笔录中，不仅应当告知拟作出的“行政处罚内容及事实、理由、依据”，也要告知当事人依法享有的权利，后续还要根据《行政处罚法》第四十五条第一款的规定，“……必须充分听取当事人的意见，对当事人提出的事实、理由和证据，应当进行复核；当事人提出的事实、理由或者证据成立的，行政机关应当采纳”，可见制作并使用公安行政法律文书作为公安机关办理行政案件的重要程序内容，其制作与使用过程也应当遵守相关程序性规定。而根据《公安机关办理行政案件程序规定》第五十六条的规定，同样诠释了在行政执法过程中时效性与程序性产生冲突时，公安机关可以以达成行政执法活动的目的为先，同时兼顾程序性要求，事后补办法律文书，以满足相关程序性要求，这一价值衡量同样适用于公安行政法律文书的制作与使用过程。

（五）执行的强制性

行政权的行使较多体现为行政主体单方面的命令行为，其效力的发生往往不以相对人的意志为转移。当然，行政权的单方命令性和强制性要最终实现其效力，则是以合法性与合理性作为支撑的。[①] 公安机关制作和使用行政法律文书的目的是通过实施法律法规完成行政执法活动，但法律的实施和问题的解决并不是一帆风顺的，因此，公安行政法律文书与私人制作的法律文书的最大区别，是公安行政法律文书直接以国家强制力保障实施。同时，公安行政法律文书制作与使用过程的合法性与合理性，也为其强制执行提供了正当性基础。法律赋予公安机关使用警械和武器等限制公民人身自由甚至剥夺生命的权力，公安行政法律文书作为公安行政行为的书面载体，也应当具有公定力、确定力、拘束力与执行力的特征。除行政行为自始无效外，具有权利义务处分内容的公安行政法律文书一经作出并告知行政相对人，就推定有效，并要求所有机关、组织、行政相对人及相关人员承认、尊重和服从；已经生效的文书内容不受公安机关的任意改变，公安机关有权要求相关人员配合落实生效的文书内容，尤其当公安机关实施的行政活动对行政相对人的权利义务产生不利影响时，必须以适度的强制执行为依托，才能保障公安行政法律文书的实效性。[②] 行政相对人如果拒绝履行公安行政法律文书中的内容，将受到国家强制力的约束，公安机关由此可以在权限范围内实施行政强制措施或者予以行政强制执行。在行政强制措施领域，公安机关既可以暂时限制行政相对人的人身自由，也可以对涉案的财产或物品采取冻结、扣押或扣留等，如果行政相对人阻碍人民警察依法执行职务，将受到法律的制裁。在行政强制执行领域，根据《公安机关办理行政案件程序规定》第一百九十八条的规定："公安机关依法作出行政处理决定后，被处理人应当在行政处理决定的期限内予以履行。逾期不履行的，作出行政处理决定的公安机关可以依法强制执行或者申请人民法院强制执行。"

三、公安行政法律文书的种类

公安机关行政执法活动种类多样、内容复杂，为了保障公安机关顺利完成任务，立法也赋予了公安机关及其人民警察多样化的执法手段，公安机关

① 参见杨建顺：《行政规制与权利保障》，中国人民大学出版社 2007 年版，第 143—144 页。
② 参见高文英主编：《警察行政法学》，中国人民公安大学出版社 2019 年版，第 133—136 页。

需要根据不同类型的执法活动及其执法手段制作并使用不同种类的公安行政法律文书，所以公安行政法律文书的种类繁多，制作与使用的标准不一。所谓标准，是指“衡量事务的准则”,[①] 而依据不同的准则对公安行政法律文书进行分类，可以提高文书制作的规范化水平和执法活动的效率，并为文书的立卷归档提供有效的保障。

（一）以制作方式为标准的分类

根据文书制作方式的不同，学者们对公安行政法律文书做出了大致相同的分类。例如，孙茂利将公安行政法律文书分为填充式文书、填表式文书和叙述式文书；[②] 胡和平将其分为填充式文书、笔录式文书和叙述式文书；[③] 王智慧、孙先伟则将其分为表格式文书、笔录式文书和文字叙述式文书。[④] 本部分采用第一种分类方式，即根据制作方式的不同，将公安行政法律文书分为填充式、填表式与叙述式三类文书。

填充式文书，是指文书的主要框架及内容已经提前固定，将需要公安机关填写的内容以横线或者括号等代替，由公安机关在制作过程中根据具体的行政执法情况，将空白处填写完整的法律文书。填充式文书主要应用于决定类、通知类法律文书，如《传唤证》《检查证》《调取证据通知书》《当场处罚决定书》等。在公安机关办理的行政案件中，填充式文书更多适用于格式、内容等较为固定的行政案件办理过程中，一方面可以节省常规类案件办理的时间，从而提高行政效率；另一方面可以通过提前固定好行政法律文书的内容与框架，为公安机关办理案件提供基本思路或办案辅助，从而提高行政案件办理的规范化水平。

填表式文书是以表格形式呈现，只明确规定表题、表头和表注，表身的主要内容由公安机关根据具体的行政执法情况填写的法律文书。填表式文书与填充式文书大致相同，其内容框架均已经提前印制好，只需要公安机关根

---

① 参见中国社会科学院语言研究所词典编辑室编：《现代汉语词典（第6版）》，商务印书馆2015年版，第84页。

② 参见孙茂利主编：《公安行政法律文书制作与范例（2019年版）》，中国人民公安大学出版社2019年版，第3—4页。

③ 参见胡和平编著：《公安法律文书制作》，中国人民公安大学出版社2006年版，第269页。

④ 参见王智慧、孙先伟主编：《公安机关法律文书制作指南》，中国人民公安大学出版社2021年版，第274—275页。

据具体案件填写空格处即可。填表式文书与填充式文书的主要区别在于，前者是以表格形式呈现的，主要应用于清单类文书，如《调取证据清单》《证据保全清单》《收缴/追缴物品清单》等。填表类文书能够清晰明了地列明多个同类型项目，由公安机关填写的主要内容有编号、名称、数量、特征和备注等，除了当事人、持有人或见证人签字以外，还应当有保管人和办案民警的签字。通常情况下，填表式文书一式多份，其中，一份交当事人，一份附卷，根据物品证据保存管理的需要，可能还需要交保管人一份。填表式文书可以方便公安机关快速整理涉案物品或证据，从而有助于显著提高行政效率。

叙述式文书，又称制作式文书，由于在文书制作前尚不能确定篇幅大小和内容，仅能提前印制文书名称、编号、单位等格式化内容，更多具体的内容需要根据案件的办理情况来书写或打印。笔录类文书、报告书、协议书等都属于叙述式文书。叙述式文书之间的内容存在较大差异，由于案件的多样性与复杂性，即使属于同一种叙述类文书，具体内容也相距甚远。以辨认笔录为例，主要内容包括时间、地点、办案民警、辨认对象、辨认人和见证人的基本情况、事由和目的、过程和结果以及相关人员的签章等，不同案件中辨认过程与结果会随着辨认对象、辨认人的状态不同而存在较大差异，所以制作叙述类文书需要公安机关依据行政案件的具体情况，充分发挥能动性，全面客观地认识案情，确定案件性质，正确适用法律，保持逻辑思维清晰，以得出正确的处理结论。叙述式文书的制作能直接体现公安行政法律文书的制作水平，对办案民警提出了更高的要求。

（二）以文书内容为标准的分类

根据文书内容的不同，公安行政法律文书可以分为笔录类文书、清单类文书、决定类文书、审批类文书和通知类文书。公安机关可以根据法律文书内容的不同，确定需要使用的公安行政法律文书的性质与文种。

笔录类文书，属于叙述式文书，是公安机关为查明案情、收集并固定证据，对调查取证行为的过程与结果予以客观记录和固定的法律文书，由办理行政案件的民警根据具体案情制作，一般只制作一份用于附卷。笔录式文书分为问话类文书和记写类文书，前者是以问答形式记录并固定相关人员的基本信息和主要案情，主要包括询问/讯问笔录；后者是通过文字纪实来固定案件发生的真实状况与证据状态，主要包括《检查笔录》《辨认笔录》《勘验笔录》《现场笔录》《行政处罚告知笔录》《听证笔录》等。基于笔录式文书篇幅较长、工作量较大的特点，《公安机关办理行政案件程序规定》规定了对于快速办理的行政案件可以简化甚至以录音录像替代书面笔录。通过人性化的法规范设定和现代技术方法的加持，有助于笔录式文书摆脱形式主义的束缚，能够更加客观、有效地致力于对案件事实的发现与证明。

清单类文书，是公安机关对涉案物品在行政执法过程中的流转情况进行客观记录与固定的法律文书，如《接受证据清单》《调取证据清单》《证据保全清单》《收缴/追缴物品清单》等。为明确涉案物品的种类与数量，清单类文书一般采用表格形式，属于填表式文书。清单类文书一式多份，一份交当事人，一份交公安机关的涉案财物保管人，一份附卷。部分清单类文书不能单独使用，只能与其他法律文书一并使用才具有合法性与有效性，如《证据保全清单》只能与《证据保全决定书》一并使用，《调取证据清单》只能与《调取证据通知书》一并使用。也有一些清单类文书不受此类限制，既可以单独使用，也可以与其他法律文书一并使用，如《收缴/追缴物品清单》既可以单独使用，也可以与《行政处罚决定书》一并使用。

决定类文书，是公安机关依法对行政案件或案件当事人作出行政处理决定时制作并使用的法律文书。决定类文书的内容既包括行政案件的最终处理结论，如《行政处罚决定书》等，也包括公安机关为了查清事实真相而决定采取的调查取证行为，如涉恐违法案件中的《冻结/延长冻结/解除冻结财产决定书》等。决定类文书包含着公安机关对具体行政案件在当前阶段的处理结论，公安机关需要按照决定类文书的内容执行相关行政决定，且决定类文书的内容一般会直接影响行政相对人的权利和义务，因此，文书的制作应当准确适用相关法律法规，否则该文书可能会存在合法性问题。决定类文书一般以“决定书”为标题尾缀，如《证据保全决定书》《当场处罚决定书》《行政处罚决定书》《强制隔离戒毒决定书》等；但也有例外，如《责令______通知书》虽然以“通知书”命名，却同样属于决定类文书。决定类文书通常一式多份，至少保证一份送达当事人，一份附卷，由当事人签名确认并标注日期，确定文书送达情况。

审批类文书，由公安机关制作，在公安机关内部使用，主要用于经法律法规授权的公安机关及相关人员对法定事项的审批活动中，仅在公安机关内部发生效力，但一般也会涉及行政相对人权利义务变动的审查。审批类法律文书，可以称之为行政的一种自我评价方式，它在规范层面凸显的是监督执法权的行使，同时也在一定程度兼顾案件承办机构的执法需求。[①] 2012 年版的《公安机关行政法律文书式样》并未明确规定审批类文书的具体格式与内容，仅在《受案登记表》中规定了受案审批的要求，根据 2020 年最新修订的《公安机关办理行政案件程序规定》第二百六十四条的规定，"执行本规定所需要的法律文书式样，由公安部制定。公安部没有制定式样，执法工作中需要的其他法律文书，省级公安机关可以制定式样"。审批类文书在公安机关办案实践中应用度高。

通知类文书，是公安机关根据办理行政案件的需要，将行政案件的办理情况以及案件处理决定通知案件当事人、相关行政机关或者人员的法律文书，如《移送案件通知书》《举行听证通知书》《退还保证金通知书》等。为了达到通知的目的，通知类文书一式多份，一份应当送达当事人，一份附卷，附卷的通知类文书应由当事人签名并标注日期，以明确送达情况。通知类文书的对象不仅限于行政相对人或其他利害关系人，还包括其他行政机关或者非当前办理案件的公安机关，如《移送案件通知书》，就是由当前受理案件却不具有管辖权的公安机关将案件移交有管辖权的行政机关时使用的法律文书。通知类文书均以"通知书"或者"告知书"为尾缀，但是，并非所有以"通知书"为尾缀的公安行政法律文书均是通知类文书，如前文所述的《责令______通知书》就属于决定类文书。

（三）以执法环节为标准的分类

为了配合《公安机关办理行政案件程序规定》的实施，《公安机关行政法律文书式样》中的公安行政法律文书纵向覆盖了公安行政执法过程的各个环节，这一方面有助于促进公安行政执法行为的类型化，另一方面也有助于行政相对人了解掌握案件处理的进程。本书也主要依据公安机关办理行政案件的程序，将公安行政法律文书分为受案类文书、调查类文书、处理类文书、执行类文书和结案类法律文书等，并重点对《公安机关行政法律文书式样》中所列的公安行政法律文书作出具体分析。

受案类文书，是公安机关办理行政案件的基础类文书，是指公安机关对

① 参见欧元军、何剑：《论公安案件法制审核制度的功能定位》，载《公安学研究》2019 年第 6 期。

于报案、控告、举报、群众扭送或者违法嫌疑人投案以及其他国家机关移送的案件，记录其具体来源和处理情况的法律文书。受案类文书标志着行政执法程序的正式启动，其重要作用表现为能够记录公安机关对于行政案件的初步处理情况，对于应当受理的行政案件，公安机关应当依法受理并立即调查处理，而对于不属于公安机关受案范围的行政案件，公安机关应当明确告知行政相对人或者移送有管辖权的行政机关。除此之外，受案类文书还记录了公安机关在受理行政案件时对收集的证据材料、物品等进行登记、保管或移送情况，以方便公安机关及时追踪管理。受案类文书主要包括《受案登记表》《接受证据清单》《受案回执》《不予调查处理告知书》和《移送案件通知书》等。

调查类文书，是指公安机关在对行政案件调查取证的过程中，对询问、勘验、检查、鉴定等调查种类、调查行为过程以及调查结果进行记录并固定的法律文书。公安机关对行政相对人的传唤、询问，对人员、物品的检查，对证据的调取、鉴定（鉴证）、保全，对处理结果的听证等都属于公安机关在行政过程中的调查行为，上述行为及结果均应当形成书面的调查类文书，以规范公安机关的调查取证行为，并保障公民在调查取证过程中的合法权益。调查类文书具体包括《传唤证》《询问/讯问笔录》《检查证》《______笔录》《调取证据通知书》《调取证据清单》《鉴定聘请书》《证据保全决定书》《证据保全清单》《行政处罚告知笔录》《不予受理听证通知书》《举行听证通知书》《听证笔录》、听证报告书等。

处理类文书，是指公安机关对违反公安行政法律法规的行为人作出行政处罚或其他行政处理决定时所使用的法律文书。处理类文书是公安机关履行书面告知义务的重要载体，也是保障行政相对人知情权、监督权等基本权利的重要途径。根据《公安机关办理行政案件程序规定》的有关规定，除行政处罚外，公安机关可以对特殊的违法行为人作出其他行政处理决定，如不予行政处罚、责令其监护人严加管教等，公安机关依据处理类文书的行政处理决定对相对人的权利义务施加影响，从而达到维护社会秩序的目的。除了明确具体的处理决定，处理类文书同时也列明了公安机关对违法行为人作出处理决定的事实根据、法律依据、执行方式以及救济途径等内容，行政相对人可以通过处理类文书行使其知情权、监督权等，并可以针对处理类文书所载内容寻求权利救济。处理类文书具体包括《当场处罚决定书》《行政处罚决定书》《不予行政处罚决定书》《治安调解协议书》《收缴/追缴物品清单》《责令______通知书》《强制隔离戒毒/延长强制隔离戒毒决定书》《提前解除强制隔离戒毒决定书》《社区戒毒/社区康复决定书》《解除社区戒毒/社区康复通知书》等。

除了普通行政案件的处理类法律文书，《公安机关行政法律文书式样》中的5种出入境类文书也属于处理类文书，具体包括《拘留审查/延长拘留审查决定书》《解除拘留审查决定书》《限制活动范围决定书》《遣送出境决定书》和《驱逐出境决定书》。

执行类文书，是对决定类文书内容的客观实现，是指公安机关依据法律法规中规定的方式、时间、步骤等要求，实现行政处罚或其他行政处理决定内容时制作并使用的法律文书。执行类文书虽然由公安机关制作，但具体的执行主体并不一定是公安机关，如公安机关可以要求行政相对人执行行政处理决定的内容，或委托没有利害关系的第三人代履行；当法律没有规定公安机关强制执行的，作出行政决定的公安机关应当申请人民法院强制执行。执行类文书具体包括《催告书》《行政强制执行决定书》《代履行决定书》《强制执行申请书》《暂缓执行行政拘留决定书》《收取保证金通知书》《收取保证金回执》《______执行回执》《担保人保证书》《退还保证金通知书》《没收保证金决定书》等。

结案类文书，是指公安机关结束案件办理程序时制作并使用的法律文书。结案类文书一经生效，标志着行政案件办理程序的终结。根据《公安机关办理行政案件程序规定》第二百五十八条、第二百五十九条的规定，行政案件的终结分为两种情况，一种是符合法定结案情形，以《不予行政处罚决定书》《治安调解协议书》或者执行类文书等文书形式予以结案；另一种是出现法定情形，经公安派出所、县级公安机关办案部门或者出入境边防检查机关以上负责人批准，终止调查，并出具《终止案件调查决定书》，所以，此类情况的结案类文书仅包含《终止案件调查决定书》。

四、公安行政法律文书的功能

公安行政法律文书的功能，是指公安行政法律文书的内在价值及其对于公安行政执法过程的外在影响。作为公安机关办理行政案件的重要工具，公安行政法律文书具有提升公安机关行政执法效率，规范公安机关行政执法行为，保障公民合法权益，记录行政执法过程以及法治宣传方面等多方面的功能。

（一）公安机关办理行政案件的重要工具

公安行政法律文书同警察的警械一样，都是完成行政执法目标的重要工具。首先，公安行政法律文书以书面形式明确公安机关的意思表示，而公安机关的意思表示是否以书面形式通知到相对人则是要式公安行政执法行为成立并生效的先决条件，所以公安行政法律文书甚至可以成为判断部分公安行政执法行为成立或生效与否的重要标志；其次，公安行政法律文书通过提前明确法律法规的具体适用条件，帮助公安机关在办理具体的行政案件过程中正确适用法律法规，公平公正地处理行政案件；最后，相较于其他执法办案工具，公安行政法律文书是有效提升公安机关行政执法效率的重要载体。执法实践中的众多行政案件具有高度的相似性，公安行政法律文书为公安机关办理行政案件提供了一个相对固定的程式，尤其是填充式文书、填表式文书，以提前印制好的文书内容为公安机关把握行政案件办理的环节、步骤、时限等提供明确具体的指引，有助于节约公安机关查阅相关法律法规、重新制作文书的时间，从而可以提升行政案件的办理效率与水平。此外，公安行政法律文书还是加强公安机关密切联系群众的重要媒介。公安行政法律文书作为执法媒介，可以通过清晰明确的语言表述促进警察与人民群众之间的有效沟通，有助于加强公众对行政执法过程与结果的理解，并推动行政执法活动有序推进。

（二）规范公安行政执法过程的重要手段

公安行政法律文书以书面形式明确公安机关办理具体行政案件的实体性与程序性要求，制作并使用公安行政法律文书可以提高公安机关依法行政的水平。《公安部关于贯彻实施行政处罚法的通知》（公法制〔2021〕2303 号）要求，“各级公安机关要把握新时代人民群众对执法工作的新期待新要求，坚持把追求效率与实现公正、执法形式与执法目的有机结合起来，推进事中事后监管法治化、制度化、规范化，不断改进执法方式，坚决避免运动式执法等执法乱象，努力实现政治效果、法律效果和社会效果的有机统一”，而公安行政法律文书可以作为实现这一目的的重要手段。公安机关在制作和使用行政法律文书时，应当按照文书的内容要求依法规范公安行政执法活动，其中，实体性要求包括准确地认知案件情况，正确适用相关法律法规，在法定权限内行使行政裁量权，作出公平公正的处理意见等；程序性要求则包括文书制作与使用的时间、份数、执行方式等，否则公安机关的行政执法活动的合法性将受到质疑。

除了内含具体的实体性法律要求，公安行政法律文书可以看作公安行政执法程序形式化的产物，行政程序形式化的目的是将行政程序的方式、步骤、顺序、时限确定下来。形式化的行政程序在法律实践中往往能得到有效的服从，① 公安机关制作与使用公安行政法律文书不仅是行政程序的一部分，同时，公安行政法律文书本身也是固定行政执法程序的重要载体，将公安机关办理行政案件的程序性要求具体化，通过行政法律文书引导公安行政执法过程向前推进。例如，通过《检查证》的制作与使用，可以有效地规范检查权的行使。公安机关要依照文书内容推进依法行政，即便在行政执法活动结束之后，公安行政法律文书也客观记录了公安机关的行政执法过程与案件处理结果，为行政相对人在法定期限内寻求法律救济提供了客观证据，对公安机关形成心理警示，客观上有助于提升公安机关依法行政的水平。

① 参见刘艺：《行政程序中的形式与形式主义》，载《河北法学》2007 年第 6 期。

（三）公安行政执法过程的重要载体

公安行政法律文书是公安机关依法履行职责的书面凭证，记录着公安机关受案、调查取证、作出行政处罚或其他行政处理决定的事实依据、法律依据以及裁量理由等，同时记录了行政执法的时间、地点等程序性内容。党的十八届四中全会审议通过的《中共中央关于全面推进依法治国若干重大问题的决定》要求“深入推进依法行政，加快建设法治政府”，其中，“坚持严格规范公正文明执法”的一项重要内容就是“完善执法程序，建立执法全过程记录制度”。《行政处罚法》第四十七条规定：“行政机关应当依法以文字、音像等形式，对行政处罚的启动、调查取证、审核、决定、送达、执行等进行全过程记录，归档保存。”除了电子执法记录仪，公安行政法律文书成为公安行政执法过程的另一种记录形式，“文字记录是以纸质文件或电子文件形式对行政执法活动进行全过程记录的方式”,[①] 公安机关通过制作公安行政法律文书，为公安行政执法过程提供了客观、翔实的文字记录，并有利于归档保存。这一方面为理论研究提供了可供参考的实践数据，有助于总结行政案件办理的经验教训，为行政执法指导案例的遴选与适用提供材料的基础，从而为行政执法提供法治资源的支持；[②] 另一方面也将不可重复的行政执法过程转化为可重复检查的书面材料，为执法监督提供了证据支持。

文书的制作与使用可以直接反映出案件办理的质量，通过审查行政案件各阶段的法律文书，可以监督公安机关办理行政案件的环节、顺序、步骤、时限等方面的合法性，奠定了行政执法评议考核制度运行的基础。《国务院办公厅关于全面推行行政执法公示制度执法全过程记录制度重大执法决定法制审核制度的指导意见》（国办发〔2018〕118号）提出，“要充分发挥全过程记录信息对案卷评查、执法监督、评议考核、舆情应对、行政决策和健全社会信用体系等工作的积极作用，善于通过统计分析记录资料信息，发现行政执法薄弱环节，改进行政执法工作，依法公正维护执法人员和行政相对人的

---

① 《国务院办公厅关于全面推行行政执法公示制度执法全过程记录制度重大执法决定法制审核制度的指导意见》(国办发〔2018〕118号)。

② 参见史全增、解源源：《行政执法案例指导制度建构的理论反思与矫治——以公安行政执法为重点》，载《公安学研究》2020年第2期。

合法权益”，当行政过程受到质疑或产生行政争议时，公安行政法律文书中记录的内容有助于还原行政执法过程，从而可以成为判定行政行为是否具有合法性的重要凭证，以促使公安机关严格、公正、文明执法。

（四）保障行政相对人合法权益的重要路径

相较于其他行政机关，公安机关享有更特殊的行政权力，如有权依法实施限制公民人身自由的行政强制措施或行政处罚，这就意味着公安机关在行政执法过程中更容易侵犯公民的基本权利，如当警察违法使用武力时，公民的健康权与生命权就更易受到侵害；当警察违法对行政相对人实行行政拘留时，就侵犯了公民的人身自由权，而当前无论是抽象的法治理念还是具体的法律制度，都强调“权利本位”，2020年修改后的《公安机关办理行政案件程序规定》也充分凸显了人权保障意识。公安机关通过制作并使用公安行政法律文书，以书面形式固定与实现法律法规中设定的抽象的公民权利与义务，使其在行政执法活动中变得明确、具体，为公安机关提供了明确的目标，从而提升公安机关在执法办案过程中权益保护的准确性。例如，《行政处罚告知笔录》的制作与使用，可以有效保障行政相对人的知情权、陈述权、申辩权等权利。除此之外，通过对公安行政法律文书的审查，可以较为真实地还原公安机关的行政执法过程，当行政相对人的合法权益受到侵害时，可以以公安行政法律文书为证据，通过行政救济维护自身合法权益。而行政复议机关、人民法院也可以以公安机关出具的行政法律文书作为重要参照，对行政争议作出裁决。

（五）法治宣传和教育的重要材料

确保行政实效性的手段是多样化的，包括强制、处罚、公布违法事实、劝告、教育等，它们各自拥有不同的功能并共同服务于行政的目的。[①] 而法律文书的公开，则是其中的重要手段。公安机关公开制作并使用公安行政法律文书的过程，是将法律法规应用于具体案件的过程，在此过程中，公安机关

---

① 参见史全增、孙文夕：《论治安管理处罚法中的教育与处罚相结合原则》，载《中国人民公安大学学报（社会科学版）》2020年第6期。

不仅将办理具体行政案件所依据的案件事实与法律依据告知行政相对人，并且通过执行法律文书的内容，对行政相对人的权利义务施加实质性影响，以达到教育相对人的目的。如当公安机关对行政相对人作出限制权利或增加义务的行政处罚决定时，行政相对人可通过公安行政法律文书内容实施，加深对个人行为的理解，区分合法与违法的边界，同时明白自身应当承担的法律责任，以此达到教育被处罚人的目的。

除了行政关系中的直接相对人，公安行政法律文书还会通过行政相对人的传播，或者公安机关的主动公开与宣传，影响众多社会群体，从而实现宣传与教育的目的。随着法治进程的推进，公民的权利意识渐增，对行政公开的要求也不断增加。为顺应这一要求，2021 年修订的《行政处罚法》第四十八条第一款规定，“具有一定社会影响的行政处罚决定应当依法公开”。公安行政法律文书是行政案件办理过程与结果的书面载体，公安行政法律文书的适时有效公开，有助于增强公安机关行政执法的透明度，提升公信力。当前我国实行国家机关“谁执法谁普法”的普法责任制，公安机关作为行政执法主体，相较于开展其他群众性法治文化活动，适时公开公众关心案件的公安行政法律文书是最高效的普法方式，每一份公安行政法律文书就代表着一个鲜活的个案实例，以案释法可以激发广大人民群众接受法制宣传与教育的积极性，帮助公众了解法律常识，根据法律文书所明确的“规则”而调整自身行为，并可主张对行政执法指导案例的信赖利益保护，从而有利于获得收益或避免损失，[①] 还可以鼓励广大人民群众积极地同违法犯罪行为作斗争，构筑起群防群治的严密防线。为了增强普法宣传的实效性，公安行政法律文书的公开可以充分应用新媒体和新技术，拓展公安行政法律文书的传播渠道和传播方式。

五、公安行政法律文书的制作要求

在办理行政案件的过程中，公安机关根据案件事实依法制作并使用的法律文书，构成了行政过程的重要组成部分。中共中央、国务院印发的《法治

① 参见史全增、解源源：《行政执法案例指导制度建构的理论反思与矫治——以公安行政执法为重点》，载《公安学研究》2020 年第 2 期。

政府建设实施纲要（2021—2025年）》明确了本阶段建设法治政府的总体目标："到2025年，政府行为全面纳入法治轨道，职责明确、依法行政的政府治理体系日益健全，行政执法体制机制基本完善，行政执法质量和效能大幅提升……为到2035年基本建成法治国家、法治政府、法治社会奠定坚实基础。"公安机关制定并使用公安行政法律文书贯穿于公安行政执法过程，公安行政法律文书的质量与实施效果是公安行政执法质量的直接体现。在全面推行依法行政、深化公安执法规范化建设的大背景下，公安行政法律文书的制作应当符合法定的实体性与程序性要求，事实内容客观、准确，逻辑清晰严密，处理决定正确，语言简明、朴实，善用模糊性语言技巧，符合一般性法律文书的制作规范，制作标准统一。在此基础上，还应当适当简化文书的内容与制作、送达方式，防止形式主义，使公安行政法律文书的制作适应公安行政执法实践的需要，以充分发挥行政法律文书在公安行政执法办案中的工具作用。

（一）符合法定的实体性条件

公安机关制作公安行政法律文书的过程，是具体案件适用法律法规的过程，因此，公安机关必须根据客观的案件事实正确适用法律法规，保证文书内容的合法性。这就要求执法办案的公安民警具备基本的法学理论基础和法律专业知识，文书内容应当满足法定的实体性条件，如文书种类、适用条件、签章、保密要求等。在当前的公安行政执法实践中，有时会出现文种混乱、适用法律法规错误等文书内容不符合实体性法律规定的问题，一方面损害了法律和公安机关执法办案的权威性，另一方面也造成文书制作错误，影响办案效率。公安机关在制作与使用公安行政法律文书时，应当以行政法律文书的规范性和案件办理的公正性为目的，明确制作与使用行政法律文书的具体方向与目标，依据行政行为的性质和作用，确定公安行政法律文书的适用种类与具体内容，保证公安行政法律文书在实体条件上的合法性，减少制作与使用公安行政法律文书中的错误，从而提升行政执法的效率和规范化水平。

（二）符合法定的程序性要求

除了实体性条件之外，公安行政法律文书的合法性还体现在法定的程序性要求上，如文书制作与使用的手续、期间、时限、地点等均应当依照相关法律法规的要求进行。在办理行政案件的过程中，公安机关制作并使用公安行政法律文书的行为本身就是行政程序的重要一环，是公安机关依照法定程序办理行政案件的客观书证，当案件事实满足法定实体性条件时，公安机关就应当在法定期限内依照相关法律法规中的程序性规定制作并使用相应的公安行政法律文书，否则将因不符合法定的程序性要求而构成违法，文书内容也将无法被执行。中共中央、国务院印发的《法治政府建设实施纲要（2021—2025年）》提出要"完善行政执法程序"，具体包含着"统一行政执法案卷、文书基本标准，提高执法案卷、文书规范化水平。完善行政执法文书送达制度"等要求。可见制作、实施、送达公安行政法律文书是行政执法程序的重要环节，公安机关应当严格遵循公安行政执法程序的要求，落实相关法律法规与政策文件中有关法律文书的程序性规定。同时，公安行政法律文书中的具体内容也是公安机关办理行政案件的程序性参照，其中规定了行政执法活动中的审批、留存、附卷、适用一般性程序还是简易程序等程序性要求，如《受案登记表》中就包含受案审批的程序性要求，同时规定了文书一式两份，一份留存，一份附卷；《调取证据通知书》《鉴定聘请书》规定了证据、书面鉴定的提交截止日期；《证据保全决定书》明确规定了对清单中的物品进行扣押、扣留/延长扣押、扣留的期限等程序性内容。除此之外，为了保证行政相对人的合法权益受到侵害后可以获得相关的法律救济，《拘留审查/延长拘留审查决定书》《限制活动范围决定书》《遣送出境决定书》《没收保证金决定书》《冻结/延长冻结/解除冻结财产决定书》等行政法律文书还应当明确行政相对人申请行政复议或者提起行政诉讼的接受机关和期限；《催告书》中应当写明公安机关告知行政相对人所享有的陈述申辩权等。因此，公安机关应当严格遵循办理行政案件的程序性规定，依法制作公安行政法律文书。

（三）客观、全面记录事实

公安行政法律文书的制作和使用要求准确认定案件性质，根据案件特点准确、客观、清楚地记载案件情况，突出重点。[①] 公安文书里面的事实，分两

---

① 参见梁爱清：《公安行政法律文书制作及使用规范化问题的思考》，载《广西警官高等专科学校学报》2006年第4期。

种情况，一种是案件事实，另一种是执法事实。① 即使执法人员在对客观事实进行认知的过程中总会有主观认识的加入，但是依然应当秉持尊重客观事实的态度。公安行政执法过程具有客观性，公安行政法律文书则是展现行政执法过程的外在形式，无论是在执法过程中进行的事实认定，还是在公安行政法律文书中的书面记录，对于上述两种事实都需要执法工作人员尽可能抛却主观性认知，遵循实事求是的原则，客观记录行政案件的事实情况，使其呈现出无限接近“纯事实”的状态，为案件的准确判断与评价奠定事实基础，为案件处理做好事实准备。

除此之外，在公安行政法律文书中，事实内容的认定与行政相对人的切身利益密切相关，对案件事实的记录不全面，会直接影响案件性质的认定，同时影响后续案件的办理进程，也会增加行政争议的产生概率，所以在客观记录的前提下，应当保证记录的全面性，尊重客观事实，正确反映案件性质与本质，不得随意增加、删减事实情节，不得捏造、扭曲案件事实，夸大、缩小事实情节严重性，更不得主观臆测。如《行政处罚法》第四十一条第二款规定，“电子技术监控设备记录违法事实应当真实、清晰、完整、准确。行政机关应当审核记录内容是否符合要求；未经审核或者经审核不符合要求的，不得作为行政处罚的证据”。值得注意的是，全面记录事实不代表将案件中的所有事实全部进行记录，应当根据不同类型的行政案件突出其案件特征，同时着重在文书中强调案件的关键性事实情节，尤其应当针对案件的事实要素与法律要素进行记录，如违法嫌疑人是否有团伙、盗窃的具体金额等对案件性质产生实质性影响的要素，以帮助快速确定案件性质，推动案件办理的进程。

（四）语言简明、朴实，使用概括性语言

制作并使用公安行政法律文书作为公安机关办理行政案件过程中的重要一环，应当服务于行政案件的高效办结，而公安行政法律文书以书面文字形式展现出来，其语言表述成为办案效率的直接体现。所以，公安行政法律文书在基本情况、案件事实、处理决定和理由的语言表述上应当尽可能做到清晰、准确、简明，使用规范性语言，提升语言表述的准确性，以提升公安机

---

① 参见王建华：《公安机关法律文书制作“三要素”探析》，载《法制与社会》2020 年第 28 期。

关制作与使用公安行政法律文书的效率。除此之外，学者们也从多方面总结了公安法律文书语言上的特殊性。公安行政法律文书的制作主体是公安机关，相较于其他行政机关办理的案件，公安机关承担的行政案件可能涉及威胁人身自由、健康权、生命权或社会秩序稳定，所以在相关文书的语言表述中更应当体现国家对该类案件的重视，保持严肃性。如有学者认为公安法律文书的性质、特点、作用决定了公安法律文书语言的朴实性，要求用词质朴，语言平易通俗；力求接近口语，不滥用文言词语；一般不使用描绘手段，不用形象化词语、艺术化句式；一般使用消极修辞。①

除了语言风格上的要求，公安行政法律文书也需要语言技术的加持，法律文书在详尽表述文书内容和语言简练之间存在固有矛盾，而要二者兼顾，用最凝练的语言表述出尽可能全面的案件内容，就需要考虑使用概括语言，通过其丰富的内涵来缩减法律文书的篇幅，同时不至于引发歧义。基于语言的概括性，以及公安法律文书行文的庄重性和简洁性，应当正视并重视概括修辞在公安法律文书中的作用，帮助公安法律文书表意准确、简洁、庄重、灵活及礼貌。② 如在行政案件的《传唤证》中，公安机关在填写传唤事由时，通常只填写“因你（单位）涉嫌殴打他人/猥亵他人”，而不对“殴打”“猥亵”作出精确描述，一方面在传唤阶段，公安机关尚未对违法嫌疑人进行询问，可以为查明具体案情留有余地，另一方面可以简要明确地描述违法嫌疑人的涉嫌违法事实，而不至于在法律文书中长篇大论，既可以达到传唤违法嫌疑人的目的，也可以提升办案效率。

（五）逻辑严密，结论正确

公安机关以行政法律文书中的处理决定为依据，对公民的权利义务施加影响，所以公安行政法律文书的处理结论至关重要。公安工作中办理案件的过程，就是收集证据材料，分析证据材料，综合归纳，根据案件事实和有关法律得出处理意见的过程，公安行政法律文书是对这一过程的科学再现。公

---

① 参见雷莉：《论公安法律文书语言的朴实性》，载《四川警官高等专科学校学报》2005 年第 4 期。

② 所谓模糊性语言，就是适切表述生活中那些不易准确表达或不易准确表达的客观事物，适当减少内涵、扩大外延的语言。它是充分利用语言本身的含义来提高表达的效能，使内容表现适切的一种努力，不是表达的歧义、混淆、模棱两可式的不确切，在一定的语境中，借助上下文的帮助，模糊性语言都有确指的含义。参见逯其军：《公安法律文书与模糊修辞》，载《政法论丛》2001 年第 6 期。

安行政法律文书写作始终以概念、判断、推理作为主要的思维方式，以分析、综合、归纳、演绎为主要方法。[①] 只有经过严密的逻辑思维，才能保证案件材料得到充分运用，得出正确结论。因此，执法办案人员除了遵循“以事实为依据，以法律为准绳”的原则之外，还应当具备严谨的逻辑思维与推理能力，在执法办案过程中时刻保持理性，不专断，符合比例原则等要求。[②] 除此之外，相较于填充式、填表式文书，文字叙述式文书具有更大的随机性，仅规定了部分格式内容，具体的文书内容与篇幅需要办案民警根据具体案情制作，所以公安机关在撰写文字叙述式文书时，应当保持思维清晰，理顺逻辑，全面了解案情，并在文书中重点突出关键情节，当涉及违法行为时，应当重点明确行为的时间、地点、动机、方法、情节和其他相关人员等要素，由此才能为正确作出处理决定提供充分依据。

（六）适当简化文书的内容、制作与送达方式

从本质上看，公安行政法律文书是公安机关在行政执法过程中的工具，而非执法办案的主要目的，但是，行政法律文书在时限、审批等方面的要求，一方面规范了警察的行政执法过程，另一方面也增加了民警的工作量，甚至民警不得不将大部分时间花在法律文书的制作与送达上。因此，在现有的公安行政法律文书种类下，应当以保障办案质量为前提，适当简化公安行政法律文书的内容，删减重复性、无效性的文书内容，并紧跟时代需求，顺应技术发展，简化文书的制作方式与送达方式，将公安机关的工作重心拉回到提高执法办案质量，保障群众合法权益上来。

但是，对公安行政法律文书的简化并不能任意而为，而是应当从实际需要出发，遵循相关法律法规的要求，适当予以简化。当前，关于对公安行政法律文书的简化要求大多规定在最新修订的《公安机关办理行政案件程序规定》中，简化内容主要涵盖三类：

第一，简化公安行政法律文书的内容，合并同一案件不同文书中的相同内容。例如，《公安机关办理行政案件程序规定》第五十五条第六项规定，“……勘验、检查时实施行政强制措施，制作勘验、检查笔录的，不再制作现

① 参见章锦：《简论公安法律文书写作中逻辑思维能力训练》，载《法制博览》2017 年第 29 期。

② 参见史全增：《公民住所检查制度的理论检视及其完善》，载《中国人民公安大学学报（社会科学版）》2018 年第 2 期。

场笔录。实施行政强制措施的全程录音录像，已经具备本条第一款第二项、第三项规定的实质要素的，可以替代书面现场笔录，但应当对视听资料的关键内容和相应时间段等作文字说明”。该规定第八十六条第二款规定，“检查时的全程录音录像可以替代书面检查笔录，但应当对视听资料的关键内容和相应时间段等作文字说明”。该规定第一百七十八条规定，“对情节轻微、事实清楚、因果关系明确，不涉及医疗费用、物品损失或者双方当事人对医疗费用和物品损失的赔付无争议，符合治安调解条件，双方当事人同意当场调解并当场履行的治安案件，可以当场调解，并制作调解协议书。当事人基本情况、主要违法事实和协议内容在现场录音录像中明确记录的，不再制作调解协议书”。

第二，简化公安行政法律文书的制作方式，提高制作效率。例如，《公安机关办理行政案件程序规定》第四十五条规定，“对快速办理的行政案件，公安机关可以根据不同案件类型，使用简明扼要的格式询问笔录，尽量减少需要文字记录的内容。被询问人自行书写材料的，办案单位可以提供样式供其参考。使用执法记录仪等设备对询问过程录音录像的，可以替代书面询问笔录，必要时，对视听资料的关键内容和相应时间段等作文字说明”。该规定第四十六条第二款规定，“对快速办理的行政案件，公安机关可以采用口头方式履行处罚前告知程序，由办案人民警察在案卷材料中注明告知情况，并由被告知人签名确认”。该规定第二百六十三条第三款规定，“公安机关可以使用电子签名、电子指纹捺印技术制作电子笔录等材料，可以使用电子印章制作法律文书。对案件当事人进行电子签名、电子指纹捺印的过程，公安机关应当同步录音录像”。

第三，充分利用现代通讯技术，简化公安行政法律文书的送达方式。例如，《公安机关办理行政案件程序规定》第三十六条第三款规定，“无法直接送达的，委托其他公安机关代为送达，或者邮寄送达。经受送达人同意，可以采用传真、互联网通讯工具等能够确认其收悉的方式送达”。该规定第二十八条第三款规定，“需要向有关单位紧急调取证据的，公安机关可以在电话告知人民警察身份的同时，将调取证据通知书连同办案人民警察的人民警察证复印件通过传真、互联网通讯工具等方式送达有关单位”。公安行政法律文书是公安机关办理行政案件的重要工具和形式载体，针对当前基层公安机关执法办案中文书制作压力过大的问题，应当加强上述三个方面的落实情况，一切从实际出发，杜绝形式主义，以充分发挥公安行政法律文书在规范公安机关执法办案和提高执法办案效率的作用。

（七）遵循一般性法律文书的制作要求

相较于其他种类的法律文书，公安行政法律文书以提高公安机关执法管理水平，保障行政相对人的权利，促进公平正义为导向，在部分制作要求与规范上具有特殊性。但是，其特殊性应当与其他种类的法律文书相协调，服从于一般性法律文书的制作要求，保障制作的规范性，促进法治统一。本部分参照《公安机关行政法律文书式样》关于“公安行政法律文书制作与说明”中的一般性要求，对公安行政法律文书的一般性制作规范作简要介绍，后文各章将详细介绍每一类公安行政法律文书的特殊制作要求。

1. 本说明中所称文书，主要是指与《公安机关办理行政案件程序规定》相配套的公安行政法律文书式样。继续盘问适用公安部印发的《继续盘问法律文书格式》（公通字〔2004〕60号）。①

2. 文书由各省、自治区、直辖市公安厅、局和新疆生产建设兵团公安局按照规定的式样自行印制，并由法制部门监制和管理。尽可能使用计算机制作。采用计算机制作文书的，阿拉伯数字用 Times New Roman，除《当场处罚决定书》外，文书名称字体用2号小标宋简体，正文文字用3号仿宋。《当场处罚决定书》采用130毫米×160毫米的版心尺寸制作，其他文书制作时统一使用国际标准 A4 型纸。

3. 制作文书应当完整、准确、规范，符合相应的要求。

4. 文书中注明的“（此处印制公安机关名称）”处，印制使用该文书的公安机关或者其他依法具有独立执法主体资格的公安机关内设机构、出入境边防检查机关的名称。依法不具有独立执法主体资格的公安机关内设机构使用文书时应当以其所属公安机关的名义，所使用的文书应当印制其所属公安机关的名称。

5. 文书填写应当使用钢笔和能够长期保持字迹的墨水，做到字迹清楚、文字规范、文面整洁。文书设定的栏目，应当逐项填写；摘要填写的，应当简明、准确；不需要填写的，应当划去，不能留白。签名和注明日期，必须清楚无误。

---

① 参见《公安行政法律文书式样》（2012年版）。

6. 文书所留空白不够记录时，可加附页，所加附页也应当按照文书所列项目要求制作，由相关人员签名或者捺指印，并按顺序编页码。

7.《当场处罚决定书》《收缴/追缴物品清单》《证据保全决定书》《证据保全清单》等当场出具的文书可以采用复写形式。

8. 文书中的记录内容应当具体详细，涉及案件关键事实和重要线索的，应当尽量记录原话。记录中应当避免使用推测性词句，防止发生词句歧义。描述方位、状态的记录，应当依次有序、准确清楚。

9. 文书文号，即“×公（ ）字〔 〕号”，应当按照以下要求填写：“×”处填写制作法律文书的公安机关代字；“（ ）”处填写公安机关办案单位的简称，治安管理、出入境管理、交通管理、网络安全保卫等业务部门可分别简称为“治”“境”“交”“网”等，公安派出所可填写其名称的简称；“〔 〕”处填写年度；“ 号”处填写该文书的顺序编号。

10. 文书中所称“姓名”，是指法定身份证件或者居民户口簿上载明的姓名，与案件有关的姓名，如曾用名、绰号、化名、笔名等也应当注明。对外国人，应当填写其合法身份证件上的姓名，必要时，注明汉语译名。

11. 文书中所称“出生日期”以公历（阳历）为准，除有特别说明的外，一律具体到年月日。年龄以公历（阳历）周岁为准。

12. 文书中所称“工作单位”，是指机关、团体、企业、事业等单位的名称，填写时应当写全称。

13. 文书中所称“文化程度”，是指国家承认的学历，以学校颁发的毕业证书为准。文化程度分为研究生（博士、硕士）、大学、大专、中专、高中、初中、小学、文盲等档次。

14. 文书中所称的“身份证件种类及号码”，是指居民身份证、驾驶证、军官证、护照等法定身份证件的种类及号码。

15. 文书中所称“现住址”，是指现在的经常居住地。

16. 文书中“______一案”的横线处填写案件名称，即违法嫌疑人姓名或者单位名称加上违法行为名称。违法行为名称适用公安部印发的《违反公安行政管理行为的名称及其适用意见》（公通字〔2020〕8号）等规定。①

17. 文书中的“现查明”后面的横线处填写违法事实情况。

---

① 参见孙茂利主编：《公安机关行政法律文书制作与范例（2021年版）》，中国民主法制出版社2021年版，第14页。

18. 文书中的证据应当写明证据名称。为保护证人，对外使用的文书中，证人证言可以不写明证人姓名。

19. 填写法律依据时应当写明所依据的法律、法规和规章的全称并具体到条、款、项。

20. 文书末尾应当按照要求写明出具文书的单位名称，并加盖该单位的印章。

21. 需要当事人签名确认的文书应当由其本人签名，不能签名的，可以捺指印；属于单位的，由法定代表人、主要负责人或者其授权的人签名，或者加盖单位印章。

22. 文书中的“/”表示其前后内容可供选择，在使用中应当将不用的部分划去。

23. 文书中“□”表示其内容供选择，在选定的“□”中打勾。选择“其他”的，还应当在随后的横线处填写具体情形。

24. 文书中的法律救济途径告知部分应当在相应的横线处写明当事人申请行政复议的具体行政复议机关名称或者提起行政诉讼的具体人民法院名称。

25. 各种清单中“编号”栏一律使用阿拉伯数字填写，按材料、物品的排列顺序从“1”开始逐次填写。“名称”栏填写材料、物品的名称；“数量”栏填写材料、物品的数量，使用中文大写数字填写；“特征”栏填写物品的品牌、型号、颜色、新旧、规格等特点。表格多余部分应当用斜对角线划掉。

26. 附卷或者公安机关留存备案的文书应当由文书中列明的所有人员或者单位签名或者盖章。交当事人或者其他有关单位和人员的文书，当事人或者其他有关单位和人员不必签名或者盖章。附卷的各种清单，应当填写“备注”或者“物品处理情况”栏。其中，《收缴/追缴物品清单》中“物品处理情况”栏以及《调取证据清单》《证据保全清单》中的“备注”栏应当填写移交涉案财物保管人员、返还被侵害人或者善意第三人、上缴国库、销毁等处理情况，返还被侵害人或者善意第三人的，由接收人签名并注明日期；《没收违法所得、非法财物清单》中“备注”栏填写上缴国库、移交涉案财物保管人员等处理情况。

27. 询问/讯问笔录、《行政处罚告知笔录》、听证笔录内容的记录采取问答形式。记录时，每段应当以“问”“答”为句首开始，回答的内容以第一人称“我”记录。

28. 文书内容不得涂改，必须更正的，应当由当事人签名确认，或者重新制作。

第二章　案件受理类法律文书

行政案件受理，是指公安机关对报案、控告、举报或者违反公安行政管理行为人主动投案，以及其他行政主管部门、司法机关移送的违反公安行政管理案件，表示接受，并拟作为公安行政案件调查处理的法律活动。这一阶段所使用的法律文书，可以称之为案件受理类法律文书。

案件受理类法律文书主要包括如下几类：(1)《受案登记表》《接受证据清单》；(2)《受案回执》；(3)《不予调查处理告知书》；(4)《移送案件通知书》等。其中，《接受证据清单》用于在填写《受案登记表》时对报案人、举报人、控告人、投案人、扭送人等提交的证据材料予以登记，所以是《受案登记表》的附属法律文书。

本类法律文书制作的法律依据主要有：《行政处罚法》第五十四条；《治安管理处罚法》第七十七条、第七十八条；《公安机关办理行政案件程序规定》第六十条至第六十五条；《公安机关办理刑事案件程序规定》第一百七十条、第一百七十一条等。

一、受案登记表、证据接受清单

（一）受案登记表（行政刑事通用）

受案登记表

（受案单位名称和印章）　　　　　　×公（　）受案字〔　　〕　号

<table>
<tr><td colspan="2">案件来源</td><td colspan="6">□110 指令 □工作中发现 □报案 □投案 □移送 □扭送 □其他</td></tr>
<tr><td rowspan="4">报
案
人</td><td>姓　名</td><td></td><td>性别</td><td></td><td>出生日期</td><td colspan="2"></td></tr>
<tr><td>身份证件种类</td><td></td><td>证件号码</td><td colspan="4"></td></tr>
<tr><td>工作单位</td><td colspan="3"></td><td>联系方式</td><td colspan="2"></td></tr>
<tr><td>现 住 址</td><td colspan="6"></td></tr>
<tr><td colspan="2">移送单位</td><td></td><td>移送人</td><td></td><td>联系方式</td><td colspan="2"></td></tr>
<tr><td colspan="2">接报民警</td><td></td><td>接报时间</td><td>年　月　日
时　分</td><td>接报
地点</td><td colspan="2"></td></tr>
<tr><td colspan="8">简要案情或者报案记录（发案时间、地点、简要过程、涉案人基本情况、受害情况等）以及是否接受证据：</td></tr>
</table>

续表

受案意见	□属本单位管辖的行政案件，建议及时调查处理 □属本单位管辖的刑事案件，建议及时立案侦查 □不属于本单位管辖，建议移送________________处理 □不属于公安机关职责范围，不予调查处理并当场书面告知当事人 □其他____________________ 受案民警：　　　　　　　　　　年　　月　　日
受案审批	受案部门负责人：　　　　　　　　年　　月　　日

一式两份，一份留存，一份附卷。

【制作说明】

1. 本式样根据《公安机关办理行政案件程序规定》第六十条、第六十一条等规定所制作，是公安机关对接受的报案、控告、举报、群众扭送、违法嫌疑人投案或者其他国家机关移送，以及工作中发现的案件等进行审查、登记，并记录受案处理意见的文书，属于行政案件、刑事案件通用的法律文书。

2.《受案登记表》为一式两份的填表式文书，由接受案件单位存档和附卷。其内容主要包括首部、案件来源、报案人、移送单位、接报情况、简要案情（或报案记录）、受案意见及受案审批等信息。在填写时需注意：

（1）首部。写明办案单位所属公安机关或者依法具有独立执法主体资格的公安机关业务部门的名称、文书名称（已印制好）、文书文号。其中，“（ ）”内填写办案单位简称，治安管理、出入境管理、交通管理、网络安全保卫等业务部门可分别简称为“治”“境”“交”“网”等，公安派出所可填写其名称的简称；“〔 〕”内填写年度，如在2022年受理的案件，应当填写“2022”；“ 号”内的空白处填写该文书的顺序编号，如顺序编号为第八，则填写“8”。

（2）“案件来源”栏：该栏内有“110指令”“工作中发现”“报案”“投案”“移送”“扭送”“其他”等选项，由受案民警根据实际情况，在对应选项前面的“□”内打勾选定，并可以用横线将其他选项前的“□”划去。

（3）“报案人”栏：填写报案人（含报案人、举报人、控告人、投案人、扭送人）的基本信息，包括报案人的姓名、性别、出生日期、身份证件种类及其号码、工作单位、联系方式、现住址等。并可以用从“左上”至“右下”斜线划去“移送单位”栏中的空格。填写本栏时需要注意如下情形：一是如果报案人不愿公开自己的姓名和报案行为的，此栏可注明“匿名”，但应当写明联系方式，对于报案人不愿意提供的其他信息，使用从“左上”至“右下”斜线划去相应的空格；二是如果案件是其他单位移送的，则“报案人”栏不必填写，只填写“移送单位”栏；三是如果案件是公安机关在工作中自行发现的，则“报案人”栏、“移送单位”栏均不必填写，用从“左上”至“右下”斜线划去这两类栏中的空格。

（4）“移送单位”栏：填写移送案件的单位名称、移送人的姓名与联系方式。并可以用从“左上”至“右下”斜线划去“报案人”栏中的空格。

（5）“接报民警”栏：据实填写接报民警的姓名、接报时间和接报地点。

其中，接报时间要详细到“分”；在公安机关内接报的，要填写接报民警所属的公安机关（一般具体到公安民警所属的派出所或公安机关业务部门），在公安机关之外接报的，要填写接报的详细地点。

（6）“简要案情（或者报案记录）”栏：填写简要案情或者报案人报称的基本情况，一般采用陈述式记录（也可采用问答方式记录），主要包括发案时间、地点、简要过程、后果和现状，违法嫌疑人的姓名、性别、出生日期、现住址和工作单位等基本情况以及到案经过，有被害人（被侵害人）的，应当写明人身伤害、财物损失及数量、特征等具体情况。违法犯罪嫌疑人是单位的，应当填写单位名称、地址和法定代表人。若接受报案人、举报人、控告人、投案人、扭送人等提供证据的，应当在该栏中注明“接受证据情况见所附《接受证据清单》”，并按照要求制作《接受证据清单》；若未接受证据的，则可以不再予以单独说明。

（7）“受案意见”栏：由受案民警在初步判定案件性质、管辖权限以及可否追究法律责任等情况后提出的处理建议，由受案民警在相应的“□”内打勾选定。对于不属于本单位管辖且应当移送的案件，应当在“□不属于本单位管辖，建议移送__________处理”栏的“□”内打勾选定，并在“__________”处填写被移送单位的名称。若选择“其他”情形时，不仅应在相应“□”内打勾选定，还需将“具体情况”在随后的“__________”处注明。对于本栏内被选定选项之外的其他选项，可以用横线将其前的“□”内划去。对发现或者受理的案件暂时无法确定为刑事案件或者行政案件的，可以按照行政案件的程序办理。在办理过程中，认为涉嫌构成犯罪的，应当按照《公安机关办理刑事案件程序规定》办理。

（8）“受案审批”栏：由受案部门负责人签署审批意见，根据具体情况填写“同意”或者其他处理意见，并签名、注明日期。

【法律依据】

《中华人民共和国行政处罚法》（2021年1月22日）[①]

第五十四条 除本法第五十一条规定的可以当场作出的行政处罚外，行政机关发现公民、法人或者其他组织有依法应当给予行政处罚的行为的，必须全面、客观、公正地调查，收集有关证据；必要时，依照法律、法规的规

① 此日期一般指有关规定发布时间或最后一次修改时间，本书下同。

定，可以进行检查。

符合立案标准的，行政机关应当及时立案。

《中华人民共和国治安管理处罚法》（2012 年 10 月 26 日）

第七十七条　公安机关对报案、控告、举报或者违反治安管理行为人主动投案，以及其他行政主管部门、司法机关移送的违反治安管理案件，应当及时受理，并进行登记。

第七十八条　公安机关受理报案、控告、举报、投案后，认为属于违反治安管理行为的，应当立即进行调查；认为不属于违反治安管理行为的，应当告知报案人、控告人、举报人、投案人，并说明理由。

《公安机关办理行政案件程序规定》（2020 年 8 月 6 日）

第六十条　县级公安机关及其公安派出所、依法具有独立执法主体资格的公安机关业务部门以及出入境边防检查站对报案、控告、举报、群众扭送或者违法嫌疑人投案，以及其他国家机关移送的案件，应当及时受理并按照规定进行网上接报案登记。对重复报案、案件正在办理或者已经办结的，应当向报案人、控告人、举报人、扭送人、投案人作出解释，不再登记。

第六十一条　公安机关应当对报案、控告、举报、群众扭送或者违法嫌疑人投案分别作出下列处理，并将处理情况在接报案登记中注明：

（一）对属于本单位管辖范围内的案件，应当立即调查处理，制作受案登记表和受案回执，并将受案回执交报案人、控告人、举报人、扭送人；

（二）对属于公安机关职责范围，但不属于本单位管辖的，应当在二十四小时内移送有管辖权的单位处理，并告知报案人、控告人、举报人、扭送人、投案人；

（三）对不属于公安机关职责范围的事项，在接报案时能够当场判断的，应当立即口头告知报案人、控告人、举报人、扭送人、投案人向其他主管机关报案或者投案，报案人、控告人、举报人、扭送人、投案人对口头告知内容有异议或者不能当场判断的，应当书面告知，但因没有联系方式、身份不明等客观原因无法书面告知的除外。

在日常执法执勤中发现的违法行为，适用前款规定。

第六十三条　报案人不愿意公开自己的姓名和报案行为的，公安机关应当在受案登记时注明，并为其保密。

第六十五条　对发现或者受理的案件暂时无法确定为刑事案件或者行政案件的，可以按照行政案件的程序办理。在办理过程中，认为涉嫌构成犯罪的，应当按照《公安机关办理刑事案件程序规定》办理。

《公安机关办理刑事案件程序规定》（2020年7月20日）

第一百七十条 公安机关对扭送人、报案人、控告人、举报人、投案人提供的有关证据材料等应当登记，制作接受证据材料清单，由扭送人、报案人、控告人、举报人、投案人签名，并妥善保管。必要时，应当拍照或者录音录像。

第一百七十一条 公安机关接受案件时，应当制作受案登记表和受案回执，并将受案回执交扭送人、报案人、控告人、举报人。扭送人、报案人、控告人、举报人无法取得联系或者拒绝接受回执的，应当在回执中注明。

【文书范例】

受案登记表

（××市公安局××分局曙光路派出所印章）　　×公（曙）受案字〔2022〕27 号

<table>
<tr><td colspan="2">案件来源</td><td colspan="6">☐110 指令 ☐工作中发现 ☑报案 ☐投案 ☐移送 ☐扭送 ☐其他</td></tr>
<tr><td rowspan="4">报案人</td><td>姓　名</td><td>李××</td><td>性别</td><td>女</td><td>出生日期</td><td colspan="2">19××年××月××日</td></tr>
<tr><td>身份证件种类</td><td>身份证</td><td>证件号码</td><td colspan="4">××××</td></tr>
<tr><td>工作单位</td><td colspan="2">××市××房产</td><td>联系方式</td><td colspan="3">××××</td></tr>
<tr><td>现 住 址</td><td colspan="6">××市××区××路××号××小区××号楼××单元××房间</td></tr>
<tr><td colspan="2">移送单位</td><td></td><td>移 送 人</td><td></td><td>联系方式</td><td colspan="2"></td></tr>
<tr><td colspan="2">接报民警</td><td>曹××</td><td>接报时间</td><td>2022 年 1 月 30 日 16 时 30 分</td><td>接报地点</td><td colspan="2">××分局××派出所</td></tr>
<tr><td colspan="8">简要案情或者报案记录（发案时间、地点、简要过程、涉案人基本情况、受害情况等）以及是否接受证据：
李××到我所报案称，2022 年 1 月 30 日 16 时 00 分许，李××在××房产工作时，2 名男子到公司询问租房事宜，双方发生纠纷，被其中一名自称苏××的穿白色羽绒服的男子用水杯在脸上砸了一下，造成嘴角流血。
接受证据情况见所附《接受证据清单》。</td></tr>
<tr><td colspan="2">受案意见</td><td colspan="6">☑属本单位管辖的行政案件，建议及时调查处理
☐属本单位管辖的刑事案件，建议及时立案侦查
☐不属于本单位管辖，建议移送＿＿＿＿＿＿处理
☐不属于公安机关职责范围，不予调查处理并当场书面告知当事人
☐其他＿＿＿＿＿＿＿＿＿＿＿＿＿＿＿＿
受案民警：曹××　刘×　　　　2022 年 1 月 30 日</td></tr>
<tr><td colspan="2">受案审批</td><td colspan="6">同意受理。由曹××主责办理，刘××协办。

受案部门负责人：王××　　　　2022 年 1 月 30 日</td></tr>
</table>

一式两份，一份留存，一份附卷。

（二）接受证据清单

接受证据清单

编号	名称	数量	特征	备注

提交人	保管人	受案民警
年　月　日	年　月　日	受案单位（印） 年　月　日

一式三份，一份交提交人，一份交保管人，一份附卷。

【制作说明】

1. 本式样根据《公安机关办理行政案件程序规定》第六十四条等规定所制作的《受案登记表》的附属法律文书；是公安机关办案人员在接报案时，对报案人、举报人、控告人、扭送人、投案人等主动提供的有关证据材料进行当场清点和接受后所制作的专门文书，属于行政案件、刑事案件通用的法律文书。

2. 《接受证据清单》为一式三份的填表式文书，一份交提交人，一份交保管人，一份由接受案件单位存档和附卷。其内容主要包括编号、名称、数量、特征、备注、提交人、保管人、受案民警等信息。在填写时需注意：

（1）“编号”栏：采用阿拉伯数字，按物品（文件）的排列顺序从“1”开始逐次填写，中间不留空格。

（2）“名称”栏：填写物品（文件）的名称。

（3）“数量”栏：填写每种物品（文件）的数量，应用中文汉字大写，如“壹”“贰”“叁”等。

（4）“特征”栏：填写每种物品（文件）的品牌、型号、颜色、新旧、规格（尺寸）等具有区别性的特点。

（5）“备注”栏：填写需要特别说明的事项。

（6）提交人。由提交人在提交证据时签名确认，并注明提交日期。提交人拒绝签名的，办案民警应当注明。

（7）保管人。由保管人接收证据时签名确认，并注明接收日期。

（8）受案民警。由接受证据的办案民警在接受证据时签名，并注明接受日期。办案民警通常要对所接受证据材料进行拍照、复印或者录音、录像后交付保管人保管。

3. 表格应当逐格逐项填写，若一页空格不够，可以续页。若表格填写完毕后，还留有空格，应当自空格的左上角到空格的右下角画一条对角线。

【法律依据】

《公安机关办理行政案件程序规定》（2020 年 8 月 6 日）

第六十四条 对报案人、控告人、举报人、扭送人、投案人提供的有关证据材料、物品等应当登记，出具接受证据清单，并妥善保管。必要时，应当拍照、录音、录像。移送案件时，应当将有关证据材料和物品一并移交。

《公安机关办理刑事案件程序规定》（2020年7月20日）

第一百七十条 公安机关对扭送人、报案人、控告人、举报人、投案人提供的有关证据材料等应当登记，制作接受证据材料清单，由扭送人、报案人、控告人、举报人、投案人签名，并妥善保管。必要时，应当拍照或者录音录像。

【文书范例】

接受证据清单

编号	名称	数量	特征	备注
1	水杯	壹个	银灰色 500ml××牌水杯，杯口已经磨损	

提交人　李×× 2022年1月30日	保管人　魏×× 2022年1月30日	受案民警　曹××　刘× ××市公安局××分局曙光路派出所（印） 2022年1月30日

一式三份，一份交提交人，一份交保管人，一份附卷。

二、受案回执

受 案 回 执

________________________：

你（单位）于________年____月____日报称的____________________

____一案我单位已受理

（受案登记表文号为×公（　　）受案字〔　　〕　　号）。

你（单位）可通过____

查询案件进展情况。

联系人、联系方式：____。

受案单位（印）

年　　月　　日

报案人、控告人、

举报人、扭送人

年　　月　　日

一式两份，一份交报案人、控告人、举报人、扭送人，一份附卷。

【制作说明】

1. 本式样根据《公安机关办理行政案件程序规定》第六十一条第一款第一项、《公安机关办理刑事案件程序规定》第一百七十一条等规定所制作，是公安机关受案后交给报案人、控告人、举报人、扭送人的受案凭证和查询办案进展路径的信息告知书，属于行政案件、刑事案件通用的法律文书。

2.《受案回执》为一式两份的填充式文书，一份交报案人、控告人、举报人、扭送人，一份由接受案件单位存档和附卷。在填写时需注意：

（1）抬头部分横线处填写报案人、控告人、举报人、扭送人姓名或者单位名称。

（2）“报称的______________一案”横线处填写案件名称，即违法嫌疑人姓名或者单位名称加上违法行为名称。违法行为名称适用公安部印发的《违反公安行政管理行为的名称及其适用意见》（公通字〔2020〕8 号）。在受案阶段，由于案件性质并不是完全确定，案件名称也可以按照报案人陈述的内容概括填写，不要求严格按照行政案件的命名规则填写。

（3）受案登记表文号为“×公（　）受案字〔　　〕　　号”的空白处，严格按照对应的受案登记表的文号填写。

（4）“可通过________查询案件进展情况”的横线处填写查询案件进展情况的一种或多种方式，包括电话、网址、微信公众号或者其他可以查询到案件进展情况的路径。

（5）“联系人、联系方式”后的横线处填写受案民警（或者办案民警）的姓名、电话或者其他联系方式。

（6）尾部。“受案单位（印）”处加盖受案单位的印章。受案单位是指县级公安机关及其公安派出所、依法具有独立执法主体资格的公安机关业务部门以及出入境边防检查站等。依法不具有独立执法主体资格的公安机关内设机构使用文书时，应当加盖其所属公安机关的印章。文书左下角应当由报案人、控告人、举报人、扭送人签名，并填写收到《受案回执》的日期。附卷的文书应当由文书中列明的所有人员或者单位签名或者盖章。交当事人或者其他有关单位和人员的文书，当事人或者其他有关单位和人员不必签名或者盖章。

（7）属于其他单位移送案件的，受案单位应当在《移送案件通知书》等文书或者有关送达回执上签收，不必制作受案回执。

【法律依据】

《公安机关办理行政案件程序规定》（2020 年 8 月 6 日）

第六十一条 公安机关应当对报案、控告、举报、群众扭送或者违法嫌疑人投案分别作出下列处理，并将处理情况在接报案登记中注明：

（一）对属于本单位管辖范围内的案件，应当立即调查处理，制作受案登记表和受案回执，并将受案回执交报案人、控告人、举报人、扭送人；

（二）对属于公安机关职责范围，但不属于本单位管辖的，应当在二十四小时内移送有管辖权的单位处理，并告知报案人、控告人、举报人、扭送人、投案人；

（三）对不属于公安机关职责范围的事项，在接报案时能够当场判断的，应当立即口头告知报案人、控告人、举报人、扭送人、投案人向其他主管机关报案或者投案，报案人、控告人、举报人、扭送人、投案人对口头告知内容有异议或者不能当场判断的，应当书面告知，但因没有联系方式、身份不明等客观原因无法书面告知的除外。

在日常执法执勤中发现的违法行为，适用前款规定。

《公安机关办理刑事案件程序规定》（2020 年 7 月 20 日）

第一百七十一条 公安机关接受案件时，应当制作受案登记表和受案回执，并将受案回执交扭送人、报案人、控告人、举报人。扭送人、报案人、控告人、举报人无法取得联系或者拒绝接受回执的，应当在回执中注明。

【文书范例】

受案回执

李××：

你（~~单位~~）于 2022 年 1 月 30 日报称的苏××殴打他人一案我单位已受理（受案登记表文号为×公（曙）受案字〔2022〕27 号）。

你（~~单位~~）可通过电话或“××办案查询系统”查询案件进展情况。

联系人、联系方式 曹××　×××—×××××××。

××市公安局××分局曙光路派出所（印）

二〇二二年一月三十日

报案人、控告人、

举报人、扭送人　李××

2022 年 1 月 30 日

一式两份，一份交报案人、控告人、举报人、扭送人，一份附卷。

三、不予调查处理告知书

（此处印制公安机关名称）

不予调查处理告知书

________________________：

你于______年____月____日向______________________________报称的______________________________________一案，不属于公安机关管辖范围。公安机关依法不予调查处理，请向其他有关主管机关报案、投诉或投案。

特此告知。

公安机关（印）

年　　月　　日

报案人、控告人、举报人、

扭送人、投案人

年　　月　　日

一式两份，一份交报案人、控告人、举报人、扭送人、投案人，一份留存。

【制作说明】

1. 本式样根据《公安机关办理行政案件程序规定》第六十一条第一款第三项等规定所制作，是公安机关告知报案人、控告人、举报人、扭送人、投案人依法不予调查处理时使用的文书。公安机关对于不属于公安机关职责范围的事项，当场口头告知报案人、控告人、举报人、扭送人、投案人应当向其他主管机关报案或者投案，而报案人、控告人、举报人、扭送人、投案人对口头告知内容有异议或者不能当场判断的，书面告知时应当使用《不予调查处理告知书》。

2.《不予调查处理告知书》为一式两份的填充式文书，一份交报案人、控告人、举报人、扭送人、投案人，一份由接报单位留存。在填写时需注意：

（1）抬头横线处填写报案人、控告人、举报人、扭送人、投案人姓名或者单位名称。

（2）“你于______年____月____日”的横线处填写报案或投案的实际日期。

（3）“向______报称的”的横线处填写受案单位名称。

（4）“______________一案”的横线处填写案件名称，即违法嫌疑人姓名或者单位名称加上违法行为名称。此处的案件名称可以按照报案人陈述的内容概括填写，不要求严格按照行政案件的命名规则填写。

（6）尾部。“公安机关（印）”处加盖公安机关的印章。此处公安机关是指县级公安机关及其公安派出所、依法具有独立执法主体资格的公安机关业务部门以及出入境边防检查站等。文书左下角应当由报案人、控告人、举报人、扭送人、投案人签名，并填写收到《不予调查处理告知书》的日期。留存的文书应当由报案人、控告人、举报人、扭送人、投案人签名，交给报案人、控告人、举报人、扭送人、投案人的文书，可以不签名。

（7）对不属于公安机关职责范围的事项，在接报案时能够当场判断的，应当立即口头告知报案人、控告人、举报人、扭送人、投案人向其他主管机关报案或者投案。报案人、控告人、举报人、扭送人、投案人对口头告知内容有异议或者不能当场判断的，应当制作《不予调查处理告知书》书面告知，但因没有联系方式、身份不明等客观原因无法书面告知的除外。

【法律依据】

《公安机关办理行政案件程序规定》（2020年8月6日）

第六十一条 公安机关应当对报案、控告、举报、群众扭送或者违法嫌疑人投案分别作出下列处理，并将处理情况在接报案登记中注明：

（一）对属于本单位管辖范围内的案件，应当立即调查处理，制作受案登记表和受案回执，并将受案回执交报案人、控告人、举报人、扭送人；

（二）对属于公安机关职责范围，但不属于本单位管辖的，应当在二十四小时内移送有管辖权的单位处理，并告知报案人、控告人、举报人、扭送人、投案人；

（三）对不属于公安机关职责范围的事项，在接报案时能够当场判断的，应当立即口头告知报案人、控告人、举报人、扭送人、投案人向其他主管机关报案或者投案，报案人、控告人、举报人、扭送人、投案人对口头告知内容有异议或者不能当场判断的，应当书面告知，但因没有联系方式、身份不明等客观原因无法书面告知的除外。

在日常执法执勤中发现的违法行为，适用前款规定。

【文书范例】

××市公安局××分局

不予调查处理告知书

谢××：

你于 2022 年 2 月 25 日向 我分局 报称的 被××公司开除 一案，不属于公安机关管辖范围。公安机关依法不予调查处理，请向其他有关主管机关报案、投诉或投案。

特此告知。

××市公安局××分局（印）

二〇二二年二月二十五日

报案人、控告人、举报人、

扭送人、投案人　　谢××

2022 年 2 月 25 日

一式两份，一份交报案人、控告人、举报人、扭送人、投案人，一份留存。

四、移送案件通知书

（此处印制公安机关名称）

移送案件通知书

×公（　　）行移字〔　　〕　　号

______________________：

我单位于______年____月____日受理的____一案（受案登记表文号______________________）。经审查，根据案件管辖分工，该案属于你单位管辖范围，根据《公安机关办理行政案件程序规定》第六十一条第一款第二项之规定，现移送你单位处理。

附：证据清单

移送单位（印）

年　　月　　日

接收人员　　　　　　　　　　　　　　　报案人、控告人、举报人、

接收单位（印）　　　　　　　　　　　扭送人、投案人

年　　月　　日　　　　　　　　　　　　年　　月　　日

一式三份，一份交接收单位，一份交报案人、控告人、举报人、扭送人、投案人，一份附卷。

【制作说明】

1. 本式样根据《公安机关办理行政案件程序规定》第六十一条第一款第二项等规定所制作，是将不属于本单位管辖或者上级公安机关指定管辖的公安案件，移送给其他公安机关处理时使用的文书。

2.《移送案件通知书》为一式三份的填充式文书，一份交接收单位，一份交报案人、控告人、举报人、扭送人、投案人，一份附卷。在填写时需注意：

（1）抬头横线处填写被移送单位名称。

（2）“我单位于______年____月____日受理的______一案（受案登记表文号____）”的横线处，应当分别填写受案的具体日期、案件名称和《受案登记表》文号。

（3）尾部。“公安机关（印）”处加盖公安机关的印章，并注明日期。此处公安机关是指县级以上公安机关。文书左下角应当由接收人员签名和接收单位加盖印章，注明接收日期；并由报案人、控告人、举报人、扭送人、投案人签名，注明收到日期。

（4）本文书只用于公安案件的移送，而不适用于非公安案件的移送。若接收单位认为自己对移送案件无管辖权的，不得再次移送。

【法律依据】

《中华人民共和国行政处罚法》（2021 年 1 月 22 日）

第二十二条　行政处罚由违法行为发生地的行政机关管辖。法律、行政法规、部门规章另有规定的，从其规定。

《公安机关办理行政案件程序规定》（2020 年 8 月 6 日）

第六十一条　公安机关应当对报案、控告、举报、群众扭送或者违法嫌疑人投案分别作出下列处理，并将处理情况在接报案登记中注明：

（一）对属于本单位管辖范围内的案件，应当立即调查处理，制作受案登记表和受案回执，并将受案回执交报案人、控告人、举报人、扭送人；

（二）对属于公安机关职责范围，但不属于本单位管辖的，应当在二十四小时内移送有管辖权的单位处理，并告知报案人、控告人、举报人、扭送人、投案人；

（三）对不属于公安机关职责范围的事项，在接报案时能够当场判断的，应当立即口头告知报案人、控告人、举报人、扭送人、投案人向其他主管机关报案或者投案，报案人、控告人、举报人、扭送人、投案人对口头告知内容有异议或者不能当场判断的，应当书面告知，但因没有联系方式、身份不明等客观原因无法书面告知的除外。

在日常执法执勤中发现的违法行为，适用前款规定。

第六十二条 属于公安机关职责范围但不属于本单位管辖的案件，具有下列情形之一的，受理案件或者发现案件的公安机关及其人民警察应当依法先行采取必要的强制措施或者其他处置措施，再移送有管辖权的单位处理：

（一）违法嫌疑人正在实施危害行为的；

（二）正在实施违法行为或者违法后即时被发现的现行犯被扭送至公安机关的；

（三）在逃的违法嫌疑人已被抓获或者被发现的；

（四）有人员伤亡，需要立即采取救治措施的；

（五）其他应当采取紧急措施的情形。

行政案件移送管辖的，询问查证时间和扣押等措施的期限重新计算。

【文书范例】

××市公安局××分局

移送案件通知书

×公（治）行移字〔2021〕1号

××县公安局：

我单位于2022年3月1日受理的查×赌博一案（受案登记表文号×公（治）受案字〔2022〕31号）。经审查，根据案件管辖分工，该案属于你单位管辖范围，根据《公安机关办理行政案件程序规定》第六十一条第一款第二项之规定，现移送你单位处理。

附：证据清单

××市公安局××分局（印）

二〇二二年三月二日

接收人员　毛××　　　　报案人、控告人、举报人、

××县公安局（印）　　　扭送人、投案人　　胡××

2022年3月2日　　　　　　　　2022年3月2日

一式三份，一份交接收单位，一份交报案人、控告人、举报人、扭送人、投案人，一份附卷。

第三章　调查取证类法律文书

调查取证，是指公安机关在办理行政案件的过程中，为查明事实真相，按照法定程序，采取一定的措施、手段，对违法嫌疑人、被侵害人、其他证人或者与违法行为有关的人员、物品、场所等进行调查、核实、确认，在作出行政处罚决定之前，告知违法嫌疑人有关事项和权利，并听取利害关系人意见的法律活动。

调查取证类法律文书主要包括如下几类：（1）《传唤证》；（2）《询问/讯问笔录》；（3）《检查证》；（4）《____笔录》；（5）《调查取证通知书》；（6）《调查取证清单》；（7）《鉴定聘请书》；（8）《证据保全决定书》《证据保全清单》；（9）《行政处罚告知笔录》；（10）《不予受理听证通知书》；（11）《举行听证通知书》；（12）《听证笔录》；（13）《听证报告书》。其中，《证据保全清单》是对有关证据信息的记载，是《证据保全决定书》的附属法律文书。

本类法律文书制作的法律依据主要有：《行政处罚法》第四十一条、第四十四条、第四十五条、第五十四条至第五十六条、第六十三条、第六十四条；《治安管理处罚法》第八十二条至第九十条、第九十四条、第九十八条；《出境入境管理法》第五十九条、第六十八条；《道路交通安全法》第七十二条；《反恐怖主义法》第五十二条；《境外非政府组织境内活动管理法》第四十一条；《公安机关办理行政案件程序规定》第二十八条、第三十二条、第四十五条、第五十二条、第五十三条、第五十五条、第六十六条至第八十七条、第一百零一条、第一百零二条、第一百零六条至第一百一十六条、第一百二十条、第一百二十三条、第一百三十二条至第一百三十六条、第一百五十一条至第一百五十三条、第一百六十七条等。

一、传唤证

(此处印制公安机关名称)

传　唤　证

×公（　　）行传字〔　　〕　　号

________________：

因你（单位）涉嫌________________________________，根据

□《中华人民共和国治安管理处罚法》第八十二条

□《中华人民共和国出境入境管理法》第五十九条第三款

□《公安机关办理行政案件程序规定》第六十七条

□其他____

之规定，现传唤你于______年____月____日____时____分前到________

________________________接受询问。

无正当理由拒不接受传唤或者逃避传唤的，依法强制传唤。

公安机关（印）

年　　月　　日

被传唤人到达时间　　　　年　　月　　日　　时　　分

被传唤人

被传唤人离开时间　　　　年　　月　　日　　时　　分

被传唤人

一式两份，一份交被传唤人，一份附卷。

【制作说明】

1. 本式样根据《治安管理处罚法》第八十二条、《出境入境管理法》第五十九条第三款、《公安机关办理行政案件程序规定》第六十七条等规定所制作，是公安机关依法通知违法嫌疑人于指定的时间和地点接受询问时所使用的一种行政法律文书。口头传唤的，办案民警应当在《询问笔录》中注明违法嫌疑人到案的经过、时间以及离开的时间，无须制作该文书。

2.《传唤证》为一式两份的填充式文书，一份在传唤时交予被传唤人，一份由公安机关附卷。其内容主要包括首部、被传唤人、传唤理由、法律依据、公安机关指定被传唤人到达的时间和地点、公安机关（印）以及被传唤人到达时间和离开时间等。填写《传唤证》时需注意以下几个方面：

（1）首部。写明制作文书的公安机关名称和文书名称（已印制好）、文书文号。其中，文书文号的“×”处填写制作法律文书的公安机关代字；“（　　）”填写办案单位简称，治安管理、出入境管理、交通管理、网络安全保卫等业务部门可分别简称为“治”“境”“交”“网”等，公安派出所可填写其名称的简称；“〔　　〕”填写年度，“　　号”空白处填写该文书的顺序号。

（2）抬头横线处应填写被传唤人姓名，并依次填写传唤理由、选择法律依据。其中，“因你（单位）涉嫌＿＿＿＿＿＿”的横线处，应当填写违法嫌疑人涉嫌实施的违法行为，办案民警应当按照公安部印发的《违反公安行政管理行为的名称及其适用意见》（公通字〔2020〕8号），填写违法行为的名称。法律依据部分，办案民警应当根据案件的不同性质，选择相应的法律依据，并在相应的“□”中打勾选定，对于未被选择的法律依据，用横线将“□”划去即可。

（3）公安机关所指定的时间和地点。公安机关指定的时间，应当精确到分钟。公安机关既可以将违法嫌疑人传唤到办案单位，也可以将违法嫌疑人传唤到其所在市、县内的指定地点。

（4）尾部。“公安机关（印）”处加盖办案单位的印章并注明日期。办案单位是指县级以上公安机关及其公安派出所、依法具有独立执法主体资格的公安机关业务部门以及出入境边防检查站等。依法不具有独立执法主体资格的公安机关内设机构使用该文书时，应当加盖其所属公安机关的印章。右下角“被传唤人到达时间”是指被传唤人实际到达指定地点接受询问的时间；

"被传唤人离开时间"是指被传唤人接受询问完毕之后可以离开的时间。"被传唤人到达时间"和"被传唤人离开时间"必须由被传唤人填写并签字确认，被传唤人拒绝填写或者签名的，办案人民警察应当在传唤证上注明。

【法律依据】

《中华人民共和国治安管理处罚法》（2012年10月26日）

第八十二条 需要传唤违反治安管理行为人接受调查的，经公安机关办案部门负责人批准，使用传唤证传唤。对现场发现的违反治安管理行为人，人民警察经出示工作证件，可以口头传唤，但应当在询问笔录中注明。

公安机关应当将传唤的原因和依据告知被传唤人。对无正当理由不接受传唤或者逃避传唤的人，可以强制传唤。

《中华人民共和国出境入境管理法》（2012年6月30日）

第五十九条第三款 县级以上地方人民政府公安机关或者出入境边防检查机关需要传唤涉嫌违反出境入境管理的人员的，依照《中华人民共和国治安管理处罚法》的有关规定执行。

《公安机关办理行政案件程序规定》（2020年8月6日）

第六十七条 需要传唤违法嫌疑人接受调查的，经公安派出所、县级以上公安机关办案部门或者出入境边防检查机关负责人批准，使用传唤证传唤。对现场发现的违法嫌疑人，人民警察经出示人民警察证，可以口头传唤，并在询问笔录中注明违法嫌疑人到案经过、到案时间和离开时间。

单位违反公安行政管理规定，需要传唤其直接负责的主管人员和其他直接责任人员的，适用前款规定。

对无正当理由不接受传唤或者逃避传唤的违反治安管理、出境入境管理的嫌疑人以及法律规定可以强制传唤的其他违法嫌疑人，经公安派出所、县级以上公安机关办案部门或者出入境边防检查机关负责人批准，可以强制传唤。强制传唤时，可以依法使用手铐、警绳等约束性警械。

公安机关应当将传唤的原因和依据告知被传唤人，并通知其家属。公安机关通知被传唤人家属适用本规定第五十五条第一款第五项的规定。

【文书范例】

××市公安局××分局

传 唤 证

×公（光）行传字〔2022〕28号

黄××：

因你~~（单位）~~涉嫌扰乱公共场所秩序，根据

☑《中华人民共和国治安管理处罚法》第八十二条

~~□~~《中华人民共和国出境入境管理法》第五十九条第三款

~~□~~《公安机关办理行政案件程序规定》第六十七条

~~□~~其他____

之规定，现传唤你于2022年1月4日9时00分前到××市公安局××分局光明派出所接受询问。

无正当理由拒不接受传唤或者逃避传唤的，依法强制传唤。

××市公安局××分局光明派出所（印）

二〇二二年一月三日

被传唤人到达时间　　2022年1月4日9时00分

被传唤人　黄××

被传唤人离开时间　　2022年1月4日15时00分

被传唤人　黄××

一式两份，一份交被传唤人，一份附卷。

二、询问/讯问笔录

第____次

询问/讯问笔录

时间____年____月____日____时____分至____年____月____日____时____分
地点____
询问/讯问人（签名）______、______工作单位____________________
记录人（签名）____________工作单位____________________
被询问/讯问人__________性别____年龄____出生日期__________
身份证件种类及号码______________________________□是□否人大代表
现住址______________________________联系方式__________
户籍所在地____
（口头传唤/被扭送/自动投案的被询问/讯问人____月____日____时____分到达，____月____日____时____分离开，本人签名____________）。
问：____
答：____

第____页　共____页

【制作说明】

1. 本式样根据《行政处罚法》第五十五条第二款；《治安管理处罚法》第八十二条第一款，第八十四条，第八十六条；《公安机关办理行政案件程序规定》第四十五条，第五十二条，第五十五条，第六十七条，第七十条第一款，第七十一条第一、二款，第七十三条，第七十五条至第七十六条，第七十七条第一、二款，第八十条，第一百零二条等所制作，是指公安机关在询问违法嫌疑人、被侵害人或者其他证人时，为记录询问过程所使用的法律文书，属于行政案件、刑事案件通用的法律文书，公安机关在制作行政案件的《询问笔录》时，只需把标题中的“讯问”二字用横线划去即可。依据《公安机关办理行政案件程序规定》第六十五条第一款规定，“对发现或者受理的案件暂时无法确定为刑事案件或者行政案件的，可以按照行政案件的程序办理”，即对于上述案件，使用《询问笔录》即可。

2. 《询问笔录》为叙述式文书，其主要内容包括询问时间、询问地点、询问人基本信息、记录人基本信息、被询问人基本信息、被询问人到达与离开时间、问答等信息。在填写时需注意以下问题：

（1）笔录首页右上角的“第____次”的横线处填写本份询问笔录的询问次数排序，使用中文小写数字填写。笔录右下角的“第____页　共____页”的横线处填写阿拉伯数字，其中，“第____页”的横线处填写该页在本份笔录中的页数排序；“共____页”的横线处填写本份笔录的总页数。

（2）“时间______年______月______日______时______分至______年______月______日______时______分”的横线处，应当填写询问违法嫌疑人、被侵害人或者其他证人的起止时间，该起止时间必须精确到分钟，不得随意填写。

（3）“地点________”的横线处，填写询问地点。询问违法嫌疑人的，询问地点应当为公安机关的办案场所，如“××市公安局××分局光明派出所执法办案区第二询问室”；办案民警在公安机关以外的地点进行询问的，则应详细填写询问地点的名称。询问被侵害人或者其他证人，可以在现场进行，也可以到其单位、学校、住所、其居住地居（村）民委员会或者其提出的地点进行。必要时，也可以书面、电话或者当场通知其到公安机关提供证言。

（4）“询问/讯问人（签名）________、________工作单位________”的横线处，填写询问人和记录人的姓名和工作单位，并用横线将“/讯问”划去。其中，询问人原则上应当是两名正式在编人民警察，由两人在“询问人”后的横线处分别签字，并注明工作单位。工作单位一致的，只填写一次即可；工作单位不同的，要分别按前述签字顺序填写各自的工作单位。

（5）被询问人基本信息。填写被询问人的姓名、性别、年龄、出生日期、身份证件种类及号码、是否人大代表、现住址、联系方式、户籍所在地等。其中，被询问人是否为人大代表，办案民警应当根据实际情况在相应的“□”中打勾，并可以用横线将另一选项前的“□”划去。文书正文中还应当载明被询问的违法嫌疑人是否受过刑事处罚或者行政拘留、强制隔离戒毒、社区戒毒等情况。必要时，还应当问明其家庭主要成员、工作单位、文化程度、民族、身体状况等情况。违法嫌疑人为外国人的，首次询问时还应当问明其国籍、出入境证件种类及号码、签证种类、入境时间、入境事由等情况。必要时，还应当问明其在华关系人等情况。

（6）被询问人到达与离开时间。填写被询问的违法嫌疑人到达询问地点与可以离开询问地点的时间，并由被询问人签名。根据《公安机关办理行政案件程序规定》第六十九条、第七十条的规定，对于被传唤、群众扭送或者投案自首的违法嫌疑人，公安机关应当立即进行询问查证，并在《询问笔录》中记明违法嫌疑人到案经过、到案和离开时间，该时间精确到分钟，由违法嫌疑人填写并签字确认。询问查证的时间不得超过八小时；案情复杂，违法行为依法可能适用行政拘留处罚的，询问查证的时间不得超过二十四小时。

（7）询问违法嫌疑人、被侵害人或者其他证人，应当个别进行；有共同违法嫌疑人的，应当在文书中注明，同时还应当体现各个违法嫌疑人在违法行为中的作用；询问未成年人时，应当通知其父母或者其他监护人到场，其父母或者其他监护人不能到场的，也可以通知未成年人的其他成年亲属，所在学校、单位、居住地基层组织或者未成年人保护组织的代表到场，并将有关情况记录在案。确实无法通知或者通知后未到场的，应当在《询问笔录》中注明；询问聋哑人，应当有通晓手语的人提供帮助，并在《询问笔录》中注明被询问人的聋哑情况以及翻译人员的姓名、住址、工作单位和联系方式。对不通晓当地通用的语言文字的被询问人，应当为其配备翻译人员，并在《询问笔录》中注明翻译人员的姓名、住址、工作单位和联系方式。

（8）《询问笔录》中应当根据《公安机关办理行政案件程序规定》第五十五条第一款第五项等规定，注明告知家属等情况。

（9）《询问笔录》应当采取一问一答的形式，违法嫌疑人、被侵害人或者其他证人请求自行提供书面材料的，应当准许。必要时，办案人民警察也可以要求违法嫌疑人、被侵害人或者其他证人自行书写，并在末页签名或捺指印，办案民警在首页签名并注明接收日期。

（10）询问开始时，办案民警应当首先告知被询问人享有的权利和应履行的义务，办案民警既可以在询问开始前制作《行政案件权利义务告知书》交予被询问人阅读、签字、捺指印，也可在《询问笔录》中以问答的形式予以体现。办案民警应当告知被询问人必须如实提供证据、证言和故意作伪证或者隐匿证据应负的法律责任，对与本案无关的问题有拒绝回答的权利。

（11）《询问笔录》的内容应当围绕违法的事实开展，办案民警应当着重询问违法行为的时间、地点、起因、经过、情节、结果等重要信息，并客观、全面地记录被询问人的陈述和申辩，尽量体现被询问人所使用的原话，不能主观臆断。必要时，办案民警还可以记录被询问人的动作、表情、语气等内容。在询问过程中，办案民警应当询问违法嫌疑人是否提出陈述和申辩，对于提出陈述和申辩的，办案民警应当认真听取并记录在案，认真进行核查。

（12）被询问人在阅读完毕办案民警所制作的笔录并核对无误后，应当在笔录末尾写明“以上笔录我看过，和我说的相符”，对于没有阅读能力的被询问人，办案人员应当向其宣读，并在笔录末尾注明“以上笔录已向我宣读，和我说的相符”。记录有遗漏或者有误的，被询问人可以提出补充或者更正，并应当在补充或修改之处捺指印确认。被询问人确认笔录无误后，应当签名或者盖章，询问的人民警察也应当在笔录上签名。被询问人拒绝签名或者捺指印的，办案民警应当在《询问笔录》中注明。

（13）询问查证期间，应当保证违法嫌疑人的饮食和必要的休息时间，并在《询问笔录》中注明。在询问查证的间隙期间，可以将违法嫌疑人送入候问室，并按照候问室的管理规定执行。

（14）《公安机关办理行政案件程序规定》第二章第二节规定了“快速办理”的有关内容，其中，该规定第四十五条规定：“对快速办理的行政案件，公安机关可以根据不同案件类型，使用简明扼要的格式询问笔录，尽量减少需要文字记录的内容。被询问人自行书写材料的，办案单位可以提供样式供其参考。使用执法记录仪等设备对询问过程录音录像的，可以替代书面询问笔录，必要时，对视听资料的关键内容和相应时间段等作文字说明。”因此，对于快速办理的案件，《询问笔录》中记录的内容可以简明扼要，但必须遵守相关的程序要求。

（15）依据《公安机关办理行政案件程序规定》第一百二十条规定，需要进行远程视频询问的，应当由协作地公安机关事先核实被询问、告知人的身份。办案地公安机关应当制作询问、告知笔录并传输至协作地公安机关。询问、告知笔录经被询问人、告知人确认并逐页签名或者捺指印后，由协作地公安机关协作人员签名或者盖章，并将原件或者电子签名笔录提供给办案地公安机关。办案地公安机关负责询问、告知的人民警察应当在首页注明收到日期，并签名或者盖章。询问、告知过程应当全程录音录像。

【法律依据】

《中华人民共和国行政处罚法》（2021年1月22日）

第五十五条第二款 当事人或者有关人员应当如实回答询问，并协助调查或者检查，不得拒绝或者阻挠。询问或者检查应当制作笔录。

《中华人民共和国治安管理处罚法》（2012年10月26日）

第八十二条第一款 需要传唤违反治安管理行为人接受调查的，经公安机关办案部门负责人批准，使用传唤证传唤。对现场发现的违反治安管理行为人，人民警察经出示工作证件，可以口头传唤，但应当在询问笔录中注明。

第八十四条 询问笔录应当交被询问人核对；对没有阅读能力的，应当向其宣读。记载有遗漏或者差错的，被询问人可以提出补充或者更正。被询问人确认笔录无误后，应当签名或者盖章，询问的人民警察也应当在笔录上签名。

被询问人要求就被询问事项自行提供书面材料的，应当准许；必要时，人民警察也可以要求被询问人自行书写。

询问不满十六周岁的违反治安管理行为人，应当通知其父母或者其他监护人到场。

第八十五条 人民警察询问被侵害人或者其他证人，可以到其所在单位或者住处进行；必要时，也可以通知其到公安机关提供证言。

人民警察在公安机关以外询问被侵害人或者其他证人，应当出示工作证件。

询问被侵害人或者其他证人，同时适用本法第八十四条的规定。

第八十六条 询问聋哑的违反治安管理行为人、被侵害人或者其他证人，应当有通晓手语的人提供帮助，并在笔录上注明。

询问不通晓当地通用的语言文字的违反治安管理行为人、被侵害人或者其他证人，应当配备翻译人员，并在笔录上注明。

《公安机关办理行政案件程序规定》（2020 年 8 月 6 日）

第四十五条 对快速办理的行政案件，公安机关可以根据不同案件类型，使用简明扼要的格式询问笔录，尽量减少需要文字记录的内容。

被询问人自行书写材料的，办案单位可以提供样式供其参考。

使用执法记录仪等设备对询问过程录音录像的，可以替代书面询问笔录，必要时，对视听资料的关键内容和相应时间段等作文字说明。

第五十二条 公安机关进行询问、辨认、检查、勘验，实施行政强制措施等调查取证工作时，人民警察不得少于二人，并表明执法身份。

接报案、受案登记、接受证据、信息采集、调解、送达文书等工作，可以由一名人民警察带领警务辅助人员进行，但应当全程录音录像。

第五十五条 实施行政强制措施应当遵守下列规定：

（一）实施前须依法向公安机关负责人报告并经批准；

（二）通知当事人到场，当场告知当事人采取行政强制措施的理由、依据以及当事人依法享有的权利、救济途径。当事人不到场的，邀请见证人到场，并在现场笔录中注明；

（三）听取当事人的陈述和申辩；

（四）制作现场笔录，由当事人和办案人民警察签名或者盖章，当事人拒绝的，在笔录中注明。当事人不在场的，由见证人和办案人民警察在笔录上签名或者盖章；

（五）实施限制公民人身自由的行政强制措施的，应当当场告知当事人家属实施强制措施的公安机关、理由、地点和期限；无法当场告知的，应当在实施强制措施后立即通过电话、短信、传真等方式通知；身份不明、拒不提供家属联系方式或者因自然灾害等不可抗力导致无法通知的，可以不予通知。告知、通知家属情况或者无法通知家属的原因应当在询问笔录中注明。

（六）法律、法规规定的其他程序。

勘验、检查时实施行政强制措施，制作勘验、检查笔录的，不再制作现场笔录。

实施行政强制措施的全程录音录像，已经具备本条第一款第二项、第三项规定的实质要素的，可以替代书面现场笔录，但应当对视听资料的关键内容和相应时间段等作文字说明。

第六十七条第一款 需要传唤违法嫌疑人接受调查的，经公安派出所、县级以上公安机关办案部门或者出入境边防检查机关负责人批准，使用传唤证传唤。对现场发现的违法嫌疑人，人民警察经出示人民警察证，可以口头传唤，并在询问笔录中注明违法嫌疑人到案经过、到案时间和离开时间。

第七十条　对于投案自首或者群众扭送的违法嫌疑人，公安机关应当立即进行询问查证，并在询问笔录中记明违法嫌疑人到案经过、到案和离开时间。询问查证时间适用本规定第六十九条第一款的规定。

对于投案自首或者群众扭送的违法嫌疑人，公安机关应当适用本规定第五十五条第一款第五项的规定通知其家属。

第七十一条　在公安机关询问违法嫌疑人，应当在办案场所进行。

询问查证期间应当保证违法嫌疑人的饮食和必要的休息时间，并在询问笔录中注明。

在询问查证的间隙期间，可以将违法嫌疑人送入候问室，并按照候问室的管理规定执行。

第七十三条　首次询问违法嫌疑人时，应当问明违法嫌疑人的姓名、出生日期、户籍所在地、现住址、身份证件种类及号码，是否为各级人民代表大会代表，是否受过刑事处罚或者行政拘留、强制隔离戒毒、社区戒毒、收容教养等情况。必要时，还应当问明其家庭主要成员、工作单位、文化程度、民族、身体状况等情况。

违法嫌疑人为外国人的，首次询问时还应当问明其国籍、出入境证件种类及号码、签证种类、入境时间、入境事由等情况。必要时，还应当问明其在华关系人等情况。

第七十五条　询问未成年人时，应当通知其父母或者其他监护人到场，其父母或者其他监护人不能到场的，也可以通知未成年人的其他成年亲属，所在学校、单位、居住地基层组织或者未成年人保护组织的代表到场，并将有关情况记录在案。确实无法通知或者通知后未到场的，应当在询问笔录中注明。

第七十六条　询问聋哑人，应当有通晓手语的人提供帮助，并在询问笔录中注明被询问人的聋哑情况以及翻译人员的姓名、住址、工作单位和联系方式。

对不通晓当地通用的语言文字的被询问人，应当为其配备翻译人员，并在询问笔录中注明翻译人员的姓名、住址、工作单位和联系方式。

第七十七条　询问笔录应当交被询问人核对，对没有阅读能力的，应当向其宣读。记录有误或者遗漏的，应当允许被询问人更正或者补充，并要求其在修改处捺指印。被询问人确认笔录无误后，应当在询问笔录上逐页签名或者捺指印。拒绝签名和捺指印的，办案人民警察应当在询问笔录中注明。

办案人民警察应当在询问笔录上签名，翻译人员应当在询问笔录的结尾处签名。

询问时，可以全程录音、录像，并保持录音、录像资料的完整性。

第八十条 违法嫌疑人、被侵害人或者其他证人请求自行提供书面材料的，应当准许。必要时，办案人民警察也可以要求违法嫌疑人、被侵害人或者其他证人自行书写。违法嫌疑人、被侵害人或者其他证人应当在其提供的书面材料的结尾处签名或者捺指印。对打印的书面材料，违法嫌疑人、被侵害人或者其他证人应当逐页签名或者捺指印。办案人民警察收到书面材料后，应当在首页注明收到日期，并签名。

第一百二十条 需要进行远程视频询问、处罚前告知的，应当由协作地公安机关事先核实被询问、告知人的身份。办案地公安机关应当制作询问、告知笔录并传输至协作地公安机关。询问、告知笔录经被询问、告知人确认并逐页签名或者捺指印后，由协作地公安机关协作人员签名或者盖章，并将原件或者电子签名笔录提供给办案地公安机关。办案地公安机关负责询问、告知的人民警察应当在首页注明收到日期，并签名或者盖章。询问、告知过程应当全程录音录像。

【文书范例】

第 一 次

询问/讯问笔录

时间 2022 年 2 月 3 日 14 时 30 分至 2022 年 2 月 3 日 16 时 00 分

地点 ××市公安局××分局光明派出所执法办案区第一询问室

询问/~~讯问人~~（签名） 刘×× 、 潘×× 工作单位 ××省××市公安局××分局光明派出所

记录人（签名） 潘×× 工作单位 ××省××市公安局××分局光明派出所

被询问/~~讯问人~~ 李×× 性别 男 年龄 31 岁 出生日期 1991 年 1 月 28 日

身份证件种类及号码 居民身份证 ×××× □是☑否人大代表

现住址 ××省××市××区光明大道×号×单元 501 室 联系方式 ××××

户籍所在地 ××省××县××镇××村××号

（口头传唤/被扭送/自动投案的被询问/讯问人——月——日——时——分到达，——月——日——时——分离开，本人签名——）。

问：我们是××市公安局××分局光明派出所的民警（出示执法证件），因你涉嫌盗窃他人财物，现依法对你进行询问，你要如实回答我们提出的问题，对与案件无关的问题，你有拒绝回答的权利，你听明白了吗？

答：我听明白了。

问：这是《行政案件权利义务告知书》请你看一下，如不识字，我们可以向你宣读，听清楚了吗？

答：听清楚了。

问：说一下你的姓名、出生日期、民族、身份证号码、婚姻情况、学历等个人情况。

答：我叫李××，出生日期是19××年××月××日，汉族，身份证号码为3×××，未婚，学历为大专。

问：说一下你的现住址和户籍所在地。

答：现住址是××省××市××区光明大道×号×单元 501 室；户籍所在地是××省××县××镇××村××号。

第 1 页 共 3 页

问：你是否是人大代表或政协委员？

答：不是。

问：你的家庭情况？

答：父亲李××，58 岁，××省××县××公司员工；母亲林××，57 岁，××省××县××镇××村务农；哥哥李××，33 岁，××省××市××区××公司员工。

问：你有什么要求，是否申请回避？

答：我没有要求，不需要申请回避。

问：你以前受到过公安机关的处理吗？

答：没有。

问：你知道这次你为什么被传唤到派出所吗？

答：知道，因为我把别人的电动自行车电瓶偷走了。

问：讲一下偷电瓶的具体经过。

答：2022 年 2 月 1 日 20 时许，当时我正打算去××大学门口的××网吧打游戏，途径××大学门口时，忽然有了想进大学里边参观一下的想法，于是我就改变了路线，直接进入了××大学。进入学校以后，我漫无目的地到处转悠，走到图书馆门口时，发现图书馆旁边的车棚里停了很多辆电动自行车，当时我四处观察了一下，发现周围人很少，于是就产生了偷电动车电瓶的想法。有了这个想法以后，我迅速回到家中，从工具箱中取出来一个螺丝刀和一支扳手，并找到了一个黑色编织袋，我把它们装到一个双肩背包里，然后走出家门，前往学校。22 时许，我到了该学校的图书馆门口，在旁边的小树林里观察了大约二十分钟，发现此时学生们可能都已经回去休息了，车棚周围的人很少，我就走进车棚，在靠近车棚中间位置看到了一辆未上锁的电动自行车，于是我就从双肩背包里拿出螺丝刀和扳手把电瓶卸了下来并装进了黑色编织袋里。在这之后我就把工具装回了双肩背包里，提着黑色编织袋走出了学校，并回到我住的地方。

问：说一下偷盗电瓶的具体时间。

答：时间我记得不是很准确，开始动手的时间应该是 2022 年 2 月 1 日 22 时 30 分许。

问：说一下大学的名称和偷盗电动车电瓶的具体位置。

答：××大学××校区，具体位置是××大学××校区图书馆南面的停车棚。

问：是否有其他人和你一起？

答：就我一个人，没有其他人。

问：说一下电动自行车的情况。

答：是一辆绿色××牌电动车，电动车牌号我不记得了，它前面的车筐里还放了一本书，具体什么书我也忘记了。

问：说一下电动自行车电瓶的情况。

答：是一个长方形的黑色电池，长度大约20厘米，宽度大约10厘米，高度大约15厘米，其他的我就不知道了。

问：电瓶上一般都有序列号，你知道被偷电瓶的序列号吗？

答：这个我不清楚，我也不知道有序列号。

问：你当时偷的是多大容量的电瓶？

答：这个我没注意，我也不知道。

问：讲一下你所使用的工具情况。

答：我当时从家里带走的是一把螺丝刀、一支扳手、一个双肩背包和一个黑色编织袋。螺丝刀长度约20厘米，手柄处是红色条纹状，顶端是扁平的，呈“一”字形。扳手是银白色的，长度也是大约20厘米，具体型号我不记得了。双肩背包是××牌的蓝色背包，最外层有一个很显著的品牌标志。黑色编织袋就是纯黑的，没有任何图案和标志，呈长方形状，长度大约80厘米，宽度大约40厘米，本来是用来装被褥的。

问：电瓶你是如何处理的？

答：我还没来得及处理，现在就放在我的卧室靠近窗户的一侧。

问：你所说的卧室是否就是你的现住址的卧室？

答：是的，地址是××省××市××区光明大道××号×单元501室。

问：你以前还有过类似的行为吗？

答：没有，这是第一次。

问：你还有要补充的吗？

答：没有了。

以上笔录我看过，和我说的相符。（被询问人手写）

被询问人（签名）：李××

2022年2月3日

三、检查证

(此处印制公安机关名称)

检　查　证

×公（　　）检查字〔　　〕　　号

根据

□《中华人民共和国行政处罚法》第五十四条和第五十五条

□《中华人民共和国治安管理处罚法》第八十七条第一款

□其他＿＿＿＿＿＿＿＿＿＿＿＿＿＿＿＿＿＿＿＿＿＿＿＿之

规定，兹派我局民警＿＿＿＿＿＿＿＿＿＿＿＿＿＿＿＿＿＿＿＿＿

对＿＿＿＿＿＿＿＿＿＿＿＿＿＿＿＿＿＿＿＿＿＿＿＿＿＿＿＿

依法进行检查。

公安机关（印）

年　　月　　日

被检查人或见证人

年　　月　　日　　时　　分

检查完毕后附卷

【制作说明】

1. 本式样根据《行政处罚法》第五十四条第一款、第五十五条；《治安管理处罚法》第八十七条第一款；《公安机关办理行政案件程序规定》第五十三条、第八十二条等规定所制作，是公安机关对与违法行为有关的场所、物品、人身进行检查时所使用的法律文书。依据《公安机关办理行政案件程序规定》第五十三条第一款、第八十二条规定，办案民警对查获或者到案的违法嫌疑人进行安全检查，对确有必要立即进行检查的，以及对机关、团体、企业、事业单位或者公共场所进行日常执法监督检查，无须制作《检查证》。

2. 《检查证》为填充式文书，检查完毕后，办案民警应当将《检查证》附卷。其主要内容主要包括首部、法律依据、执行检查任务的办案民警姓名、检查对象（有关的场所、物品、人身）、尾部等信息。在填写时需注意：

（1）首部。《检查证》应当由县级以上人民政府公安机关制作并使用。

（2）“法律依据”在文书中已印制好，办案民警应当根据案件的实际情况选择相对应的法律依据，并在相应的“□”中打勾，对于未选中的法律依据，办案民警用横线划去“□”即可。如果选定的是“其他”，办案民警还应在“其他”后的横线处填写相应的法律条款。

（3）公安机关对与违法行为有关的场所、物品、人身可以进行检查。《治安管理处罚法》第八十七条规定，检查时，人民警察不得少于二人。因此，“兹派我局民警”后的横线处应当填写2名以上办案人民警察的姓名。

（4）“对”后的横线处应当填写办案人民警察所检查的场所、物品或人身的具体名称。

（5）尾部。“公安机关（印）”处应当加盖县级以上公安机关印章并注明日期。左下角应当由被检查人签名并注明日期，被检查人不在的，由见证人签名并注明日期，时间应当精确到分钟。

【法律依据】

《中华人民共和国行政处罚法》（2021年1月22日）

第五十四条第一款 除本法第五十一条规定的可以当场作出的行政处罚外，行政机关发现公民、法人或者其他组织有依法应当给予行政处罚的行为的，必须全面、客观、公正地调查，收集有关证据；必要时，依照法律、法规的规定，可以进行检查。

第五十五条 执法人员在调查或者进行检查时，应当主动向当事人或者有关人员出示执法证件。当事人或者有关人员有权要求执法人员出示执法证件。执法人员不出示执法证件的，当事人或者有关人员有权拒绝接受调查或者检查。

当事人或者有关人员应当如实回答询问，并协助调查或者检查，不得拒绝或者阻挠。询问或者检查应当制作笔录。

《中华人民共和国治安管理处罚法》（2012 年 10 月 26 日）

第八十七条 公安机关对与违反治安管理行为有关的场所、物品、人身可以进行检查。检查时，人民警察不得少于二人，并应当出示工作证件和县级以上人民政府公安机关开具的检查证明文件。对确有必要立即进行检查的，人民警察经出示工作证件，可以当场检查，但检查公民住所应当出示县级以上人民政府公安机关开具的检查证明文件。

检查妇女的身体，应当由女性工作人员进行。

《公安机关办理行政案件程序规定》（2020 年 8 月 6 日）

第五十三条 对查获或者到案的违法嫌疑人应当进行安全检查，发现违禁品或者管制器具、武器、易燃易爆等危险品以及与案件有关的需要作为证据的物品的，应当立即扣押；对违法嫌疑人随身携带的与案件无关的物品，应当按照有关规定予以登记、保管、退还。安全检查不需要开具检查证。

前款规定的扣押适用本规定第五十五条和第五十六条以及本章第七节的规定。

第八十二条 对与违法行为有关的场所、物品、人身可以进行检查。检查时，人民警察不得少于二人，并应当出示人民警察证和县级以上公安机关开具的检查证。对确有必要立即进行检查的，人民警察经出示人民警察证，可以当场检查；但检查公民住所的，必须有证据表明或者有群众报警公民住所内正在发生危害公共安全或者公民人身安全的案（事）件，或者违法存放危险物质，不立即检查可能会对公共安全或者公民人身、财产安全造成重大危害。

对机关、团体、企业、事业单位或者公共场所进行日常执法监督检查，依照有关法律、法规和规章执行，不适用前款规定。

【文书范例】

××市公安局××分局

检 查 证

×公（治）检查字〔2022〕10号

根据

□《中华人民共和国行政处罚法》第五十四条和第五十五条

☑《中华人民共和国治安管理处罚法》第八十七条第一款

□其他 ______________________

之规定，兹派我局民警 潘×× 牟××

对 ××市××区××小区×单元×××室

依法进行检查。

××市公安局××分局（印）

二〇二二年二月一日

被检查人或见证人 杨××

2022年2月1日9时20分

检查完毕后附卷

四、________笔录

（此处印制公安机关名称）

____________笔录

（本文书可用于制作勘验笔录、检查笔录、辨认笔录和现场笔录）

时间____年____月____日____时____分至____年____月____日____时____分

地点____

办案民警或者勘验、检查人姓名及工作单位____________________

检查或者辨认对象______________________________________

当事人/辨认人基本情况（姓名、性别、身份证件种类及号码）__________

____

见证人基本情况（姓名、性别、身份证件种类及号码）______________

____

事由和目的____

过程和结果____

____

____

____

____

____

____

____

____

____

办案民警或者勘验、检查人　　　　　　　　　　年　　月　　日

当事人、辨认人或者见证人　　　　　　　　　　年　　月　　日

【制作说明】

1. 本式样根据《行政处罚法》第五十五条第二款；《治安管理处罚法》第八十八条；《公安机关办理行政案件程序规定》第三十二条第二款、第五十五条、第八十一条、第八十六条、第一百零六条等规定所制作，是公安机关在进行勘验、检查、辨认或者在实施行政强制措施时记录现场过程与情况所使用的一类法律文书。

2. 《____笔录》可用于制作《勘验笔录》《检查笔录》《辨认笔录》和《现场笔录》，办案民警根据现场情况的需要，依照相关法律法规的要求制作相对应的法律文书。其内容主要包括首部，时间，地点，办案民警或者勘验、检查人姓名及工作单位，检查或者辨认对象，当事人/辨认人基本情况，见证人基本情况，事由和目的，过程和结果等信息。制作时需注意：

（1）首部。写明制作文书的公安机关名称（已印制好）和文书名称。公安机关名称应当依据具体的文书内容进行调整。其中，制作《检查笔录》的公安机关，应当为县级以上公安机关或者出入境边防检查机关；制作《勘验笔录》和《辨认笔录》的公安机关，应当为办案单位所属公安机关或者依法具有独立执法主体资格的公安机关业务部门以及出入境边防检查站。《现场笔录》应当依据公安机关采取的强制措施，确定制作文书的公安机关。办案民警根据制作种类和要求在横线处填写“勘验”“检查”“辨认”或者“现场”字样，以将文书名称补充完整。

（2）“时间______年____月____日____时____分至______年____月____日____时____分”的横线处，应当填写实际进行勘验、检查、辨认或者其他强制措施的起止时间，该起止时间必须精确到分钟，不得随意填写。

（3）“地点______”的横线处，应当填写实际进行勘验、检查、辨认或者其他强制措施的实际地点，该地点应当详细填写，以能够准确定位。

（4）“办案民警或者勘验、检查人姓名及工作单位”后的横线处，应当依据《公安机关办理行政案件程序规定》第五十五条的规定，填写两名以上人民警察的姓名，工作单位一致的只需填写一次即可。对办案民警或勘验、检查人有特殊规定的，从其规定。办案民警应当根据制作的笔录类型选择“办案民警”“勘验人”“检查人”，并将未选中的用横线划去即可，如《勘验笔录》中应当划去“办案民警或者”“、检查”字样，并在横线处填写勘验人的姓名与工作单位。

（4）“检查或者辨认对象______”，适用于制作《检查笔录》或者《辨认笔录》。制作《检查笔录》时，应当如实填写被检查人的姓名、性别、身份证件种类及号码或者被检查的物品和场所名称；制作《辨认笔录》时，应当如实填写被辨认人的姓名、性别、身份证件种类及号码或者与违法行为有关的物品和场所名称等。

（5）“当事人/辨认人基本情况（姓名、性别、身份证件种类及号码）______”，只适用于制作《现场笔录》或者《辨认笔录》，填写当事人或辨认人的姓名、性别、身份证件种类及号码。

（6）“见证人基本情况______”，只适用于制作《检查笔录》和《现场笔录》。被检查人或者当事人在场的，不需要见证人，“见证人基本情况”后面的横线处用横线划去即可，并由被检查人或者当事人、办案民警在笔录末尾处签名；被检查人或者当事人不在场的，需要填写见证人的姓名、性别、身份证件种类及号码，并由见证人、办案民警在笔录末尾处签名。

（7）“事由和目的”后的横线处，应当根据实际办案需要来填写，尽量简要。例如，《勘验笔录》中可以填写“提取××案的证据”，《检查笔录》中可以填写“搜集固定刘××涉嫌吸毒的证据”，《辨认笔录》中可以填写“辨认与××案有关的物品”，《现场笔录》中可以填写“记录对王××实施强制传唤的现场情况”。

（8）“过程和结果”后的横线处，填写具体的勘验、检查、辨认或者现场情况及实施结果。在填写该部分时，尤其应当注意严格遵循相关法律法规中对于勘验、检查、辨认或其他强制措施的规定，并客观记录在笔录中，如依据《公安机关办理行政案件程序规定》第五十五条第一款第一、二项的规定，公安机关实施行政强制措施前须依法向公安机关负责人报告并经批准；通知当事人到场，当场告知当事人采取行政强制措施的理由、依据以及当事人依法享有的权利、救济途径。当事人不到场的，邀请见证人到场，并在《现场笔录》中注明等。

3. 除以上基本注意事项外，公安机关在制作具体笔录时还应当注意：

（1）《勘验笔录》是公安机关对违法行为的案发现场进行勘察时所制作的笔录，目的是提取相关证据，判断案件性质，确定调查方向和范围。但是，应当注意，并非所有的行政案件都需要制作《勘验笔录》，只有在办案民警认为必要时，才应当进行勘察。

（2）在制作《勘验笔录》时，办案民警应当与现场勘验的顺序保持一致，同时应当遵循依法、及时、客观、公正、全面、细致的原则，写明现场概况及现场勘验情况，并严格遵守保密规定，不得擅自发布案件现场有关情况，泄露国家秘密、商业秘密和个人隐私。

(3) 办案民警在勘查现场时，应当拍摄现场照片，绘制现场图，必要时，应当录像。拍摄的照片或者录像内容应当清晰、准确记录现场方位、周围环境及原始状态，记录痕迹、物证所在部位、形状、大小及其相互之间的关系，反映现场原貌，能够作为核查现场有关情况的依据。绘制的现场图应当完整反映现场的位置、范围，准确反映与违法活动有关的主要物体，标明主要痕迹、主要物证、作案工具等具体位置。现场图注明方向、图例、绘图单位、绘图日期和绘图人。办案民警应当在《勘验笔录》中写明照相、录像的内容和数量，绘图的种类和数量；对现场勘验中发现和提取的物证，应当根据物证的不同特点，分别写明物品的名称、品质、重量、尺寸、体积、标识等。

(4)《检查笔录》是公安机关对与违法行为有关的场所、物品、人身进行检查时所制作的一种法律文书，办案民警在制作《检查笔录》时，应当写明是否当场检查，记录检查的过程以及发现与案件事实有关的真实情况。在制作《检查笔录》时，办案民警应当始终遵循依法、准确、客观的原则。

(5) 办案民警在检查与违反治安管理行为有关的场所时，应当在《检查笔录》中"地点"一栏填写场所的具体地址，检查相关人员与物品时，应当填写办案民警实施检查行为的具体地点。

(6) 办案民警应当在《检查笔录》中着重突出检查的过程，如检查的范围、顺序、方法，使用的工具，被检查人是否配合等，还应当写明检查的结果，如是否发现了可疑的物证、人身检查是否存在异常等。

(7)《检查笔录》由检查人员、被检查人或者见证人签名；被检查人不在场或者拒绝签名的，办案人民警察应当在《检查笔录》中注明。检查时的全程录音录像可以替代书面检查笔录，但应当对视听资料的关键内容和相应时间段等作文字说明。

(8)《辨认笔录》是公安机关人民警察为了查明案情，让违法嫌疑人、被侵害人或者其他证人对与违法行为有关的物品、场所或者违法嫌疑人进行辨认时所制作的法律文书。办案民警制作《辨认笔录》时，应当写明辨认的组织实施过程以及辨认的结果。

(9) 依据《公安机关办理行政案件程序规定》第一百零二条第一款之规定，辨认应当由两名以上办案民警主持，所以《辨认笔录》中的"办案民警或者勘验、检查人姓名及工作单位”后的横线处应当填写两名以上办案民警的姓名及工作单位，并用横线划去“或者勘验、检查人”字样。

（10）《辨认笔录》应当由办案民警和辨认人签名或者捺指印。必要时，应当对辨认过程进行录音、录像。

（11）《现场笔录》是行政机关实施行政强制措施或者实施其他执法活动时所制作的一种行政法律文书，目的是客观记录公安机关办理行政案件的现场情况。根据《公安机关办理行政案件程序规定》第五十四条的规定，公安机关在办理行政案件时，可以依法采取的行政强制措施包括对物品、设施、场所采取扣押、扣留、查封、先行登记保存、抽样取证、封存文件资料等强制措施，对恐怖活动嫌疑人的存款、汇款、债券、股票、基金份额等财产还可以采取冻结措施；对违法嫌疑人采取保护性约束措施、继续盘问、强制传唤、强制检测、拘留审查、限制活动范围，对恐怖活动嫌疑人采取约束措施等强制措施。同时，《行政强制法》第十八条第一款第七项和《公安机关办理行政案件程序规定》第五十五条第一款第四项明确规定了公安机关在实施行政强制措施时应当制作现场笔录，因此，公安民警在实施以上行政强制措施时，应当严格按照相关规定制作《现场笔录》，并应当在“事由和目的”后的横线处写明办案民警实施的行政强制措施的具体名称及事由、目的。但是，《公安机关办理行政案件程序规定》第五十五条第二款和第三款作了例外规定，“勘验、检查时实施行政强制措施，制作勘验、检查笔录的，不再制作现场笔录。实施行政强制措施的全程录音录像，已经具备本条第一款第二项、第三项规定的实质要素的，可以替代书面现场笔录，但应当对视听资料的关键内容和相应时间段等作文字说明”。

（12）制作《现场笔录》时，办案民警应当写明现场概况、民警在现场开展工作的情况、现场人员情况；实施行政强制措施时制作《现场笔录》的，还应当记录民警告知当事人采取行政强制措施的理由、依据以及当事人依法享有的权利、救济途径，并听取其陈述和申辩的情况。

（13）制作《现场笔录》，办案民警应当做到全面、客观、准确，当场对过程及结果进行详细记录，采取行政强制措施的，应当详细记录有关情况，不得遗漏。

【法律依据】

《中华人民共和国行政处罚法》（2021 年 1 月 22 日）

第五十五条第二款 当事人或者有关人员应当如实回答询问，并协助调查或者检查，不得拒绝或者阻挠。询问或者检查应当制作笔录。

《中华人民共和国治安管理处罚法》（2012 年 10 月 26 日）

第八十八条 检查的情况应当制作检查笔录，由检查人、被检查人和见证人签名或者盖章；被检查人拒绝签名的，人民警察应当在笔录上注明。

《公安机关办理行政案件程序规定》（2020 年 8 月 6 日）

第三十二条第二款 无法扣押原始存储介质的，可以提取电子数据。提取电子数据，应当制作笔录，并附电子数据清单，由办案人民警察、电子数据持有人签名。持有人无法或者拒绝签名的，应当在笔录中注明。

第五十五条 实施行政强制措施应当遵守下列规定：

（一）实施前须依法向公安机关负责人报告并经批准；

（二）通知当事人到场，当场告知当事人采取行政强制措施的理由、依据以及当事人依法享有的权利、救济途径。当事人不到场的，邀请见证人到场，并在现场笔录中注明；

（三）听取当事人的陈述和申辩；

（四）制作现场笔录，由当事人和办案人民警察签名或者盖章，当事人拒绝的，在笔录中注明。当事人不在场的，由见证人和办案人民警察在笔录上签名或者盖章；

（五）实施限制公民人身自由的行政强制措施的，应当当场告知当事人家属实施强制措施的公安机关、理由、地点和期限；无法当场告知的，应当在实施强制措施后立即通过电话、短信、传真等方式通知；身份不明、拒不提供家属联系方式或者因自然灾害等不可抗力导致无法通知的，可以不予通知。告知、通知家属情况或者无法通知家属的原因应当在询问笔录中注明。

（六）法律、法规规定的其他程序。

勘验、检查时实施行政强制措施，制作勘验、检查笔录的，不再制作现场笔录。

实施行政强制措施的全程录音录像，已经具备本条第一款第二项、第三项规定的实质要素的，可以替代书面现场笔录，但应当对视听资料的关键内容和相应时间段等作文字说明。

第八十一条 对于违法行为案发现场，必要时应当进行勘验，提取与案件有关的证据材料，判断案件性质，确定调查方向和范围。

现场勘验参照刑事案件现场勘验的有关规定执行。

第八十二条 对与违法行为有关的场所、物品、人身可以进行检查。检查时，人民警察不得少于二人，并应当出示人民警察证和县级以上公安机关开具的检查证。对确有必要立即进行检查的，人民警察经出示人民警察证，可以当场检查；但检查公民住所的，必须有证据表明或者有群众报警公民住所内正在发生危害公共安全或者公民人身安全的案（事）件，或者违法存放危险物质，不立即检查可能会对公共安全或者公民人身、财产安全造成重大危害。

对机关、团体、企业、事业单位或者公共场所进行日常执法监督检查，依照有关法律、法规和规章执行，不适用前款规定。

第八十四条 对违法嫌疑人进行检查时，应当尊重被检查人的人格尊严，不得以有损人格尊严的方式进行检查。

检查妇女的身体，应当由女性工作人员进行。

依法对卖淫、嫖娼人员进行性病检查，应当由医生进行。

第八十五条 检查场所或者物品时，应当注意避免对物品造成不必要的损坏。

检查场所时，应当有被检查人或者见证人在场。

第八十六条 检查情况应当制作检查笔录。检查笔录由检查人员、被检查人或者见证人签名；被检查人不在场或者拒绝签名的，办案人民警察应当在检查笔录中注明。

检查时的全程录音录像可以替代书面检查笔录，但应当对视听资料的关键内容和相应时间段等作文字说明。

第一百零一条 为了查明案情，办案人民警察可以让违法嫌疑人、被侵害人或者其他证人对与违法行为有关的物品、场所或者违法嫌疑人进行辨认。

第一百零二条 辨认由二名以上办案人民警察主持。

组织辨认前，应当向辨认人详细询问辨认对象的具体特征，并避免辨认人见到辨认对象。

第一百零六条 辨认经过和结果，应当制作辨认笔录，由办案人民警察和辨认人签名或者捺指印。必要时，应当对辨认过程进行录音、录像。

【文书样式】

××县公安局

勘验　　笔录

时间 2022 年 3 月 10 日 10 时 10 分至 2022 年 3 月 10 日 10 时 50 分

地点 ××县××镇××村××号

~~办案民警或者~~勘验~~、检查~~人姓名及工作单位 刘××　申××　××县公安局××派出所

检查或者辨认对象 ________

当事人~~/辨认人~~基本情况（姓名、性别、身份证件种类及号码）________

见证人基本情况（姓名、性别、身份证件种类及号码）________

事由和目的 调查××盗窃案的案发现场情况

过程和结果 2022 年 3 月 10 日 10 时许，××县公安局××派出所接到××镇××村村民吴××报案称，在其位于××镇××村××号的家中价值一千元的手机和二百余元现金被盗。接警后，民警刘××和申××于 10 时 10 分赶到位于××镇××村××号的现场。

民警到达现场后，吴××讲述了事情的经过（详见询问笔录）。××时许，吴××干完田地里的农活回到家，发现离开家之前放在桌子上的手机不见了，就用家中的固定电话拨打自己手机的电话号码，提示手机已关机。于是他找遍了家中的各个角落，依旧没有发现自己的手机，同时放在卧室枕头下的二百余元现金也不见了，后询问在他之后回家的妻子，妻子也表示毫不知情。

吴××的房子位于××村的最东头，靠近通往一片庄稼地的土路，房屋只有一层。民警通过对案发现场的仔细检查，发现吴××家的门锁和窗户都没有被破坏的痕迹，进一步检查发现吴××房屋靠近土路一侧的屋墙有两枚蹬踏的脚印，2 枚脚印长均约 25 厘米，经比对，系一人的脚印，鞋底花纹呈平底条纹状。

现场经搜查后，未发现其他痕迹物证。

现场勘查于 10 时 50 分结束。勘查人员记录了被盗物品，分别是××牌手机 1 部，现金二百余元（具体数目不详）；提取了 2 枚脚印；拍摄现场照片 12

张，绘制现场图 2 份。

办案民警或者勘验、检查人　刘××　申××　　2022 年 3 月 10 日

当事人、辨认人或者见证人　吴××　　2022 年 3 月 10 日

××县公安局

检查 笔录

时间 2022 年 3 月 10 日 10 时 20 分至 2022 年 3 月 10 日 10 时 40 分

地点 ××县××镇××村××号

~~办案民警或者勘验、~~检查人姓名及工作单位 许×× 李×× ××县公安局××派出所

检查~~或者辨认~~对象 违法嫌疑人金××的住宅

当事人/辨认人基本情况（姓名、性别、身份证件种类及号码）

见证人基本情况（姓名、性别、身份证件种类及号码）

事由和目的 寻找违法嫌疑人金××的作案工具及所盗电动自行车蓄电池

过程和结果 根据《中华人民共和国治安管理处罚法》第八十七条之规定，依法对违法嫌疑人金××的住宅进行检查。检查人员检查了违法嫌疑人金××的客厅，在客厅沙发的坐垫下发现不同型号的螺丝刀2把（分别长约15cm和20cm，握柄呈红色条纹状），在金××的厨房，发现电动自行车电池一个（电池颜色呈黑色，规格为48V）。在检查过程中未损坏任何物品，被检查人金××配合检查工作。

根据《公安机关办理行政案件程序规定》第一百零一条之规定，对上述螺丝刀和电动自行车电池予以扣押（附证据保全清单）。

~~办案民警或者勘验、~~检查人 许×× 李×× 2022 年 3 月 10 日

当事人~~、辨认人或者见证人~~ 金×× 2022 年 3 月 10 日

××县公安局

辨认　　笔录

时间 2022 年 3 月 10 日 11 时 15 分至 2022 年 3 月 10 日 11 时 35 分

地点 ××县公安局××派出所

办案民警~~或者勘验、检查人~~姓名及工作单位 曲×× 牟×× ××县公安局××派出所

~~检查或者~~辨认对象 违法嫌疑人李××

~~当事人/~~辨认人基本情况（姓名、性别、身份证件种类及号码） 周××，男，居民身份证号码为4×××

见证人基本情况（姓名、性别、身份证件种类及号码）

事由和目的 让辨认人辨认违法嫌疑人李××

过程和结果 2022 年 3 月 9 日，辨认人周××在××小区门口，发现有一名男子正在使用工具拆卸一辆蓝色××牌电动自行车电瓶，周××感到可疑，遂上前询问，此时该男子撒腿就跑，于是周××报警。周××记住了该男子长相，能够指认该男子。

为此，在曲××和牟××两名办案民警的主持下，7 名男性进入辨认室站成一排（7 人中有本案中的违法嫌疑人），分别编号为 1—7 号。对辨认人周××说明要求后，让辨认人站在单向透明玻璃后进行辨认。

周××将 7 人逐一仔细观察了一遍，指出 2 号即为 3 月 9 日在××小区门口偷盗电瓶的男子。办案人员对辨认过程进行了录音、录像，具体内容详见××××。

至此，辨认结束。

办案民警~~或者勘验、检查人~~ 曲×× 牟×× 2022 年 3 月 10 日

~~当事人、~~辨认人~~或者见证人~~ 周×× 2022 年 3 月 10 日

××县公安局

现场　笔录

时间 2022 年 3 月 10 日 12 时 30 分至 2022 年 3 月 10 日 13 时 00 分

地点 ××县××大酒店

办案民警或~~者勘验、检查人~~姓名及工作单位 潘×× 王×× ××县公安局××派出所

检查或者辨认对象 ————————

当事人~~/辨认人~~基本情况（姓名、性别、身份证件种类及号码）吕××，男，居民身份证号码为3×××

见证人基本情况（姓名、性别、身份证件种类及号码） 蒋××，男，居民身份证号码为3×××

事由和目的 扣押××大酒店用于赌博的麻将机和老虎机

过程和结果 有群众电话举报，位于××县××路××号的××大酒店存在用麻将机进行巨额赌博的行为，我所民警持检查证对××大酒店进行了检查，于该酒店××号房间内发现四台麻将桌，并在××大酒店地下室发现二台老虎机。在检查前和检查过程中，××大酒店的法定代表人许××全程在场，办案民警当场告知许××，因其存在为赌博提供条件的行为，根据《中华人民共和国治安管理处罚法》第八十九条的规定，决定对该酒店的四台麻将机和二台老虎机进行扣押。如不服，可以在六十日内向××县人民政府或者××市公安局申请行政复议，或者在六个月内向××县人民法院提起行政诉讼。××大酒店大堂经理黄××和法定代表人许××对麻将机和老虎机用于赌博行为没有异议，许××对公安机关扣押其麻将机和老虎机也没有提出异议。在扣押现场，没有损坏任何其他物品，××大酒店法定代表人许××和大堂经理黄××配合执法工作。

办案民警或~~者勘验、检查人~~　潘××　王××　2022 年 3 月 10 日

当事人~~、辨认人或者见证人~~　吕××　2022 年 3 月 10 日

五、调取证据通知书[①]

(此处印制公安机关名称)

调取证据通知书

×公（　　）调证字〔　　〕　　号

____________________：

根据《公安机关办理行政案件程序规定》第二十八条之规定，现调取与______________________________一案有关的下列证据：____，请于____年____月____日前提供我单位。

伪造证据、隐匿证据、毁灭证据或者无正当理由未在规定期限内提供证据的，依法承担相应法律责任。

公安机关（印）

年　　月　　日

本通知书已收到。

证据持有人

年　　月　　日

一式两份，一份交证据持有人，一份附卷。

① 参见孙茂利主编：《公安行政法律文书制作与范例（2021年版）》，中国民主法制出版社2021年版，第60—62页。

【制作说明】

1. 本式样根据《公安机关办理行政案件程序规定》第二十八条规定所制作，是公安机关在办理行政案件的过程中，依法向有关单位和个人调取证据时所使用的法律文书，该文书仅供办案民警一次调取证据时使用，若需再次调取证据，应当重新制作《调取证据通知书》。

2.《调取证据通知书》为一式两份填充式文书，一份交证据持有人，一份附卷。其内容主要包括首部、证据持有人、法律依据、案件名称、需要调取的证据、提供证据时限、法律责任等信息。在填写时需注意：

（1）首部。写明制作文书的公安机关名称和文书名称（已印制好）、文书文号。其中，依据《公安机关办理行政案件程序规定》第二十八条第二款的规定，办案民警向有关单位和个人调取证据的，应当经公安机关办案部门负责人批准。因此，首部的公安机关名称应当是办案单位所属公安机关或者依法具有独立执法主体资格的公安机关业务部门以及出入境边防检查站。发文字号的“×”处填写制作法律文书的公安机关代字；“（　　）”填写办案单位简称，治安管理、出入境管理、交通管理、网络安全保卫等业务部门可分别简称为“治”“境”“交”“网”等，公安派出所可填写其名称的简称；“〔　　〕”填写年度，“　　号”空白处填写该文书的顺序号。

（2）抬头横线处填写证据持有单位的名称或个人姓名。

（3）“现调取与________一案”的横线处填写案件名称，如“钱××寻衅滋事”“孙××扰乱单位秩序”等。

（4）“下列证据：”后的横线处填写需要调取的证据，包括证据的名称、种类、数量、特征等，以可以具体确定所需证据为准，其中，数量需要用中文大写填写。

（5）提供证据的时限应填写具体日期，精确到“日”。本处填写，需要公安机关综合考虑案件办理的客观需要和证据持有单位或个人的具体情况，不可随意指定日期。

（6）尾部。“公安机关（印）”处应当加盖县级以上公安机关、公安派出所或者具有独立执法主体资格的公安机关业务部门以及出入境边防检查站的印章并注明日期。没有独立执法主体资格的公安机关业务部门需要调取证据的，应当使用其所属的县级以上公安机关开具的《调取证据通知书》。文书左下角应当由证据持有人签名或者盖章，并注明日期，被调取人拒绝的，公安机关应当注明。必要时，公安机关应当采用录音、录像等方式固定证据内容及取证过程。

【法律依据】

《公安机关办理行政案件程序规定》（2020 年 8 月 6 日）

第二十八条 公安机关向有关单位和个人收集、调取证据时，应当告知其必须如实提供证据，并告知其伪造、隐匿、毁灭证据，提供虚假证词应当承担的法律责任。

需要向有关单位和个人调取证据的，经公安机关办案部门负责人批准，开具调取证据通知书，明确调取的证据和提供时限。被调取人应当在通知书上盖章或者签名，被调取人拒绝的，公安机关应当注明。必要时，公安机关应当采用录音、录像等方式固定证据内容及取证过程。

需要向有关单位紧急调取证据的，公安机关可以在电话告知人民警察身份的同时，将调取证据通知书连同办案人民警察的人民警察证复印件通过传真、互联网通讯工具等方式送达有关单位。

【文书范例】

××市公安局××分局

调取证据通知书

×公（治）调证字〔2022〕12号

郑××：

根据《公安机关办理行政案件程序规定》第二十八条之规定，现调取与吴××诈骗一案有关的下列证据：1. ××牌××型号智能手机壹部；2. 你与吴××2022年×月×日的微信聊天记录截图壹份，请于2022年2月1日前提供我单位。

伪造证据、隐匿证据、毁灭证据或者无正当理由未在规定期限内提供证据的，依法承担相应法律责任。

××市公安局××分局（印）

二〇二二年一月二十九日

本通知书已收到。

证据持有人　郑××

2022年1月29日

一式两份，一份交证据持有人，一份附卷。

六、调取证据清单

调取证据清单

编号	名称	数量	特征	备注

持有人	保管人	办案民警
		办案单位（印）
年　月　日	年　月　日	年　月　日

一式三份，一份交持有人，一份交保管人，一份附卷。

【制作说明】

1. 本式样参照《接受证据清单》所制作，属于《调取证据通知书》的附属法律文书，是公安机关在办理案件的过程中，向有关单位或者个人调取证据时所制作的记录证据信息的专门文书，目前尚没有相关法律条文对本文书的制作与使用情况作出具体规定。

2. 《调取证据清单》为一式三份的填表式文书，一份交持有人，一份交保管人，一份附卷。其内容主要包括编号、名称、数量、特征、备注、持有人、保管人、办案民警等信息。在填写时需注意：

（1）"编号"栏：采用阿拉伯数字按物品（文件）的排列顺序从"1"开始逐次填写，中间不留空格。

（2）"名称"栏：填写物品（文件）的名称。

（3）"数量"栏：填写每种物品（文件）的数量，使用中文大写。

（4）"特征"栏：填写每种物品的品牌、型号、颜色、新旧、规格、材质、尺寸等特点；调取的证据是文件的，应当写明文件的制作单位或人员、制作日期、文号、是否为复印文件等。

（5）"备注"栏：填写需要特别说明的事项。

（6）持有人。由证据持有人在提交证据时签名确认，并注明提交证据的日期。

（7）保管人。由保管人接收证据时签名确认，并注明接收证据的日期。

（8）办案民警。由两名以上办案民警在接受证据时签名，加盖办案单位的印章，并注明接受证据的日期。

3. 表格应当逐格逐页填写，若一页空格不够，可以续页。若表格填写完毕后，应当自空格的左上角到空格的右下角画一条对角线。

【文书范例】

调取证据清单

编号	名称	数量	特征	备注
1	手机	壹部	白色××6S 手机，总容量为 16GB，型号为 ML7C2C H/A	
2	眼镜	壹副	××牌眼镜，黑色边框	

持有人　艾×× 2022 年×月×日	保管人　唐×× 2022 年×月×日	办案民警　郭×× 许×× ××市公安局（印） 2022 年×月×日

一式三份，一份交持有人，一份交保管人，一份附卷。

七、鉴定聘请书

（此处印制公安机关名称）

鉴定聘请书

×公（ ）鉴聘字〔 〕 号

______________________：

为了查明______________________________________一案，根据《公安机关办理行政案件程序规定》第八十七条之规定，特聘请你（单位）对______________________________________

____进行鉴定。

请于_____年____月____日前将书面鉴定意见送交我（分）局。

公安机关（印）

年 月 日

本聘请书已收到。

接收人

年 月 日

一式两份，一份交被聘请人，一份附卷。

【制作说明】

1. 本式样根据《治安管理处罚法》第九十条、《公安机关办理行政案件程序规定》第八十七条等规定所制作，是公安机关为了查明案情，需要聘请本公安机关以外的且具有专门知识的人进行鉴定时所使用的一种法律文书。该文书仅供一次聘请鉴定人时使用，若需再次聘请鉴定人时，应当重新制作《鉴定聘请书》。

2.《鉴定聘请书》为一式两份填充式文书，一份交被聘请人，一份附卷。其内容主要包括首部、被聘请鉴定人所在单位名称、案件名称、法律依据、鉴定内容、鉴定意见送交时限、尾部等信息。在填写时需注意：

（1）首部。写明制作文书的公安机关名称和文书名称（已印制好）、文书文号。其中，依据《公安机关办理行政案件程序规定》第八十七条第一款的规定，该文书的制作应当经办案机关办案部门负责人批准，因此，此处的公安机关名称应当是办案单位所属公安机关或者依法具有独立执法主体资格的公安机关业务部门以及出入境边防检查站。文书文号处的“×”处填写制作法律文书的公安机关代字；“（　）”填写办案单位简称，治安管理、出入境管理、交通管理、网络安全保卫等业务部门可分别简称为“治”“境”“交”“网”等，公安派出所可填写其名称的简称；“〔　〕”填写年度，“　号”空白处填写该文书的顺序号。

（2）抬头横线处应填写被聘请人的单位名称。

（3）“为了查明________一案”后的横线处填写具体的案件名称。

（4）“对________进行鉴定”的横线处填写需要进行鉴定的具体内容，如物品损坏程度、物品价值、身体损伤程度、精神障碍程度等。

（5）“请于____年____月____日前”的横线处填写送交鉴定意见的具体时间。

（6）尾部。“公安机关（印）”处应当加盖县级以上公安机关、公安派出所、依法具有独立执法主体资格的公安机关业务部门以及出入境边防检查站的印章，并注明日期。《鉴定聘请书》被接收后，应当由接收人签字，并注明日期，同时加盖被聘请人单位印章。

【法律依据】

《中华人民共和国治安管理处罚法》（2012 年 10 月 26 日）

第九十条　为了查明案情，需要解决案件中有争议的专门性问题的，应当指派或者聘请具有专门知识的人员进行鉴定；鉴定人鉴定后，应当写出鉴定意见，并且签名。

《公安机关办理行政案件程序规定》（2020 年 8 月 6 日）

第八十七条　为了查明案情，需要对专门性技术问题进行鉴定的，应当指派或者聘请具有专门知识的人员进行。

需要聘请本公安机关以外的人进行鉴定的，应当经公安机关办案部门负责人批准后，制作鉴定聘请书。

【文书范例】

××市公安局××分局

鉴定聘请书

×公（治）鉴聘字〔2022〕11号

××市××检测技术服务有限公司：

为了查明赵××非法制造危险物质一案，根据《公安机关办理行政案件程序规定》第八十七条之规定，特聘请你（单位）对赵××非法制造的不明液体的成分与含量进行鉴定。请于2022年2月1日前将书面鉴定意见送交我（分）局。

××市公安局××分局（印）

二〇二二年一月二十六日

本聘请书已收到。

接收人　蒋××

2022年1月26日

一式两份，一份交被聘请人，一份附卷。

八、证据保全决定书、证据保全清单

(一) 证据保全决定书[①]

(此处印制公安机关名称)

证据保全决定书

×公（　　）证保决字〔　　〕　　号

当事人（姓名及其身份证件种类、号码，或者单位名称及其法定代表人姓名，现住址及联系方式等）________________________________

____

因调查________________________________一案，

□根据《________________》第____条第____款第__项之规定，

○决定对证据保全清单中的物品进行扣押、扣留/延长扣押、扣留____日（自____年____月____日至____年____月____日）。

○决定对证据保全清单中的场所、设施、财物予以查封/延长查封____日（自____年____月____日至____年____月____日）。

○决定对证据保全清单中的文件、资料予以封存（自____年____月____日至____年____月____日）。

□根据《中华人民共和国行政处罚法》第五十六条之规定，

○决定对证据保全清单中的物品予以先行登记保存______日（自______年____月____日至______年____月____日），保存地点为________________________________，在此期间，当事人或者有关人员不得销毁或者转移证据。

○决定对下列物品进行抽样取证。

① 参见孙茂利主编：《公安行政法律文书制作与范例（2021年版）》，中国民主法制出版社2021年版，第68—72页。

续表

□根据《中华人民共和国治安管理处罚法》第八十九条第一款之规定，决定对证据保全清单中的物品予以登记。 如不服本决定，可以在收到本决定书之日起六十日内向____________________________申请行政复议或者在六个月内依法向__________________人民法院提起行政诉讼。 附：证据保全清单 公安机关（印） 年 月 日 当事人 年 月 日

一式两份，一份交当事人，一份附卷。

【制作说明】

1. 本式样根据《行政处罚法》第五十六条；《治安管理处罚法》第八十九条；《公安机关办理行政案件程序规定》第一百一十一条第一、三款等规定所制作，是公安机关在实施扣押、扣留、查封、封存、先行登记保存、抽样取证等证据保全措施时制作并使用的法律文书，使用本文书时应当附《证据保全清单》。

2.《证据保全决定书》为一式两份的填充式文书，一份交当事人，一份附卷。其内容主要包括首部、当事人基本信息、证据保全原因、法律依据、采取的证据保全措施及期限、法律救济、尾部等信息。在填写时需注意：

（1）首部。写明制作文书的公安机关名称和文书名称（已印制好）、文书文号。其中，公安机关名称应当是办案单位所属公安机关或者依法具有独立执法主体资格的公安机关业务部门以及出入境边防检查站。但是，公安机关实施封存的，公安机关的名称应当是县级以上公安机关或者出入境边防检查机关。文书文号的“×”处填写制作法律文书的公安机关代字；“（　）”填写办案单位简称，治安管理、出入境管理、交通管理、网络安全保卫等业务部门可分别简称为“治”“境”“交”“网”等，公安派出所可填写其名称的简称；“〔　〕”填写年度，“　号”空白处填写该文书的顺序号。

（2）当事人基本信息。填写当事人的姓名、身份证件种类及号码、现住址及联系方式；当事人为单位的，办案民警应当填写单位的名称、法定代表人姓名、单位地址及联系方式。

（3）“因调查______一案”的横线处，规范填写案件名称。

（4）法律依据。办案民警应当根据案件需要，选择相对应的法律依据，并在“□”中打勾选中，未被选中的法律依据用横线划去即可。除了文书中列明的法律条文之外，其他法律法规也规定了公安机关在办理行政案件过程中的证据保全措施，可以作为公安机关采取证据保全措施的法律依据，如《中华人民共和国出境入境管理法》《中华人民共和国道路交通安全法》《中华人民共和国反恐怖主义法》《境外非政府组织境内活动管理法》等。因此，在“根据《____________________》第____条第____款第____项之规定”的横线处，公安机关应当根据欲采取的证据保全措施填写相关的法律依据，应具体到条、款、项。

（5）相关的证据保全措施在文书中已经印制好，办案民警应当根据案件的具体情况，选择适用恰当的证据保全措施，在相应的“○”中打勾，并用横向划去未被选中的证据保全措施前的“○”，同时在选定的证据保全措施后的横线处填写实施证据保全措施的期限和起止日期。如果是根据《行政处罚法》第五十六条规定决定对《证据保全清单》中的物品予以先行登记保存，还应填写具体的保存地点。

（6）法律救济。由办案民警根据《行政复议法》《行政诉讼法》等相关法律法规和司法解释的规定，在横线处填写有权受理案件的行政复议机关和人民法院的名称。

（7）尾部。本文书应当加盖县级以上公安机关、派出所、依法具有独立执法主体资格的公安机关业务部门以及出入境边防检查站的印章。附卷的文书应当由当事人签名并注明日期。

（8）依据《行政强制法》第十条第三款的规定，法律、法规以外的其他规范性文件不得设定行政强制措施，因此，《公安机关办理行政案件程序规定》作为部门规章不能作为采取以上证据保全措施的依据。

（9）《境外非政府组织境内活动管理法》第四十一条第二款第四项规定了对文件、资料予以封存，办案民警在办理相关案件过程中可以参照该部法律的规定。

【法律依据】

《中华人民共和国行政处罚法》（2021年1月22日）

第五十六条 行政机关在收集证据时，可以采取抽样取证的方法；在证据可能灭失或者以后难以取得的情况下，经行政机关负责人批准，可以先行登记保存，并应当在七日内及时作出处理决定，在此期间，当事人或者有关人员不得销毁或者转移证据。

《中华人民共和国治安管理处罚法》（2012年10月26日）

第八十九条第一款 公安机关办理治安案件，对与案件有关的需要作为证据的物品，可以扣押；对被侵害人或者善意第三人合法占有的财产，不得扣押，应当予以登记。对与案件无关的物品，不得扣押。

《中华人民共和国出境入境管理法》（2012年6月30日）

第六十八条 对用于组织、运送、协助他人非法出境入境的交通运输工具，以及需要作为办案证据的物品，公安机关可以扣押。

对查获的违禁物品，涉及国家秘密的文件、资料以及用于实施违反出境入境管理活动的工具等，公安机关应当予以扣押，并依照相关法律、行政法规规定处理。

《中华人民共和国道路交通安全法》（2021 年 4 月 29 日）

第七十二条 公安机关交通管理部门接到交通事故报警后，应当立即派交通警察赶赴现场，先组织抢救受伤人员，并采取措施，尽快恢复交通。

交通警察应当对交通事故现场进行勘验、检查，收集证据；因收集证据的需要，可以扣留事故车辆，但是应当妥善保管，以备核查。

对当事人的生理、精神状况等专业性较强的检验，公安机关交通管理部门应当委托专门机构进行鉴定。鉴定结论应当由鉴定人签名。

《中华人民共和国反恐怖主义法》（2018 年 4 月 27 日）

第五十二条 公安机关调查恐怖活动嫌疑，经县级以上公安机关负责人批准，可以查询嫌疑人员的存款、汇款、债券、股票、基金份额等财产，可以采取查封、扣押、冻结措施。查封、扣押、冻结的期限不得超过二个月，情况复杂的，可以经上一级公安机关负责人批准延长一个月。

《中华人民共和国境外非政府组织境内活动管理法》（2017 年 11 月 4 日）

第四十一条 公安机关负责境外非政府组织代表机构的登记、年度检查，境外非政府组织临时活动的备案，对境外非政府组织及其代表机构的违法行为进行查处。

公安机关履行监督管理职责，发现涉嫌违反本法规定行为的，可以依法采取下列措施：

（一）约谈境外非政府组织代表机构的首席代表以及其他负责人；

（二）进入境外非政府组织在中国境内的住所、活动场所进行现场检查；

（三）询问与被调查事件有关的单位和个人，要求其对与被调查事件有关的事项作出说明；

（四）查阅、复制与被调查事件有关的文件、资料，对可能被转移、销毁、隐匿或者篡改的文件、资料予以封存；

（五）查封或者扣押涉嫌违法活动的场所、设施或者财物。

《公安机关办理行政案件程序规定》（2020 年 8 月 6 日）

第一百一十一条 实施扣押、扣留、查封、抽样取证、先行登记保存等证据保全措施时，应当会同当事人查点清楚，制作并当场交付证据保全决定书。必要时，应当对采取证据保全措施的证据进行拍照或者对采取证据保全的过程进行录像。证据保全决定书应当载明下列事项：

（一）当事人的姓名或者名称、地址；

（二）抽样取证、先行登记保存、扣押、扣留、查封的理由、依据和期限；

（三）申请行政复议或者提起行政诉讼的途径和期限；

（四）作出决定的公安机关的名称、印章和日期。

证据保全决定书应当附清单，载明被采取证据保全措施的场所、设施、物品的名称、规格、数量、特征等，由办案人民警察和当事人签名后，一份交当事人，一份附卷。有见证人的，还应当由见证人签名。当事人或者见证人拒绝签名的，办案人民警察应当在证据保全清单上注明。

对可以作为证据使用的录音带、录像带，在扣押时应当予以检查，记明案由、内容以及录取和复制的时间、地点等，并妥为保管。

对扣押的电子数据原始存储介质，应当封存，保证在不解除封存状态的情况下，无法增加、删除、修改电子数据，并在证据保全清单中记录封存状态。

【文书范例】

××市公安局××分局

证据保全决定书

×公（治）证保决字〔2022〕10号

当事人（姓名及其身份证件种类、号码，或者单位名称及其法定代表人姓名，现住址及联系方式等）吴×× 居民身份证号码为××× 现住××市××区××小区×号楼××室 联系方式为××××

因调查 吴××故意损毁财物 一案，

☑根据 《中华人民共和国治安管理处罚法》 第八十九条第一款第——项之规定，

☑决定对证据保全清单中的物品进行扣押、扣留~~/延长扣押、扣留~~ 20 日（自 2022 年 2 月 5 日至 2022 年 2 月 25 日）。

~~□~~决定对证据保全清单中的场所、设施、财物予以查封/延长查封——日（自——年——月——日至——年——月——日）。

~~□~~决定对证据保全清单中的文件、资料予以封存（自——年——月——日至——年——月——日）。

~~□~~根据《中华人民共和国行政处罚法》第五十六之规定，

~~□~~决定对证据保全清单中的物品予以先行登记保存——日（自——年——月——日至——年——月——日），保存地点为______________________，在此期间，当事人或者有关人员不得销毁或者转移证据。

~~□~~决定对下列物品进行抽样取证。

~~□~~根据《中华人民共和国治安管理处罚法》第八十九条第一款之规定，决定对证据保全清单中的物品予以登记。

续表

如不服本决定，可以在收到本决定书之日起六十日内向<u>××市公安局或者××市××区人民政府</u>申请行政复议或者在六个月内依法向<u>××市××区</u>人民法院提起行政诉讼。 附：证据保全清单 ××市公安局××分局（印） 二〇二二年二月四日 当事人　吴×× 2022 年 2 月 4 日

一式两份，一份交当事人，一份附卷。

（二）证据保全清单

证据保全清单

编号	名称	数量	物品特征或者场所地址	备注

当事人或者见证人	保管人	办案民警
年 月 日	年 月 日	办案单位（印） 年 月 日

一式三份，一份交当事人，一份交保管人，一份附卷。

【制作说明】

1. 本式样根据《治安管理处罚法》第八十九条第二款，《公安机关办理行政案件程序规定》第一百一十一条第二款、第四款等规定所制作，是公安机关在办理行政案件的过程中，采取证据保全措施时制作的记载有关证据信息的法律文书，是《证据保全决定书》的附属法律文书。

2.《证据保全清单》为一式三份的填表式文书，一份交当事人，一份交保管人，一份附卷。其内容主要包括编号、名称、数量、物品特征或者场所地址、备注、当事人或者见证人、保管人、办案民警等信息。在填写时需注意：

（1）“编号”栏：采用阿拉伯数字，按物品（文件）的排列顺序从“1”开始逐次填写，中间不留空格。

（2）“名称”栏：填写物品（文件）的名称。

（3）“数量”栏：填写每种物品（文件）的数量，应用中文大写，如“壹”“贰”“叁”等。

（4）“物品特征或场所地址”栏：“物品特征”是指填写每种物品的品牌、型号、颜色、新旧、规格等特征；“场所地址”是指场所所在的具体位置。

（5）“备注”栏：填写需要特别说明的事项，如涉案证据为需要退还的财物时，应当在此栏中注明并由当事人签收。

（6）当事人或者见证人。由当事人或者见证人签字并注明日期。当事人或者见证人拒绝签名的，办案人民警察应当注明。

（7）保管人。由保管人在接收证据时签名确认，并注明日期。

（8）办案民警。由接收证据的办案民警在接收证据时签字，加盖办案单位印章，并注明日期。

3. 表格应当逐格逐页填写，若一页空格不够，可以续页。若表格填写完毕后，应当自空格的左上角到空格的右下角画一条对角线。

【法律依据】

《中华人民共和国治安管理处罚法》（2012 年 10 月 26 日）

第八十九条第二款 对扣押的物品，应当会同在场见证人和被扣押物品持有人查点清楚，当场开列清单一式二份，由调查人员、见证人和持有人签名或者盖章，一份交给持有人，另一份附卷备查。

《公安机关办理行政案件程序规定》（2020 年 8 月 6 日）

第一百一十一条第二款　证据保全决定书应当附清单，载明被采取证据保全措施的场所、设施、物品的名称、规格、数量、特征等，由办案人民警察和当事人签名后，一份交当事人，一份附卷。有见证人的，还应当由见证人签名。当事人或者见证人拒绝签名的，办案人民警察应当在证据保全清单上注明。

第一百一十一条第四款　对扣押的电子数据原始存储介质，应当封存，保证在不解除封存状态的情况下，无法增加、删除、修改电子数据，并在证据保全清单中记录封存状态。

第一百一十五条　有下列情形之一的，公安机关应当立即退还财物，并由当事人签名确认；不涉及财物退还的，应当书面通知当事人解除证据保全：

（一）当事人没有违法行为的；

（二）被采取证据保全的场所、设施、物品、财产与违法行为无关的；

（三）已经作出处理决定，不再需要采取证据保全措施的；

（四）采取证据保全措施的期限已经届满的；

（五）其他不再需要采取证据保全措施的。

作出解除冻结决定的，应当及时通知金融机构。

第一百一十六条　行政案件变更管辖时，与案件有关的财物及其孳息应当随案移交，并书面告知当事人。移交时，由接收人、移交人当面查点清楚，并在交接单据上共同签名。

【文书范例】

证据保全清单

编号	名称	数量	物品特征或者场所地址	备注
1	笔记本电脑	壹台	××牌××型号，黑色	
2	衬衫	壹件	××牌，短袖，白色	

当事人或者见证人 李×× 2022 年×月××日	保管人 张×× 2022 年×月××日	办案民警　孙×× 刘×× ××县公安局（印） 2022 年×月××日

一式三份，一份交当事人，一份交保管人，一份附卷。

九、行政处罚告知笔录

（此处印制公安机关名称）

行政处罚告知笔录

执行告知单位＿＿＿＿＿＿＿＿＿＿告知人＿＿＿＿＿＿＿＿＿＿＿

被告知人＿＿＿＿＿＿＿＿＿＿＿＿单位法定代表人＿＿＿＿＿＿＿

告知内容：

□ **处罚前告知**

根据《中华人民共和国行政处罚法》第四十四条之规定，现将拟作出行政处罚决定的内容及事实、理由、依据告知如下：＿＿＿＿＿＿＿＿＿＿

＿＿＿＿＿＿＿＿＿＿＿＿＿＿＿＿＿＿＿＿＿＿＿＿＿＿＿＿＿＿＿＿＿＿

＿＿＿＿＿＿＿＿＿＿＿＿＿＿＿＿＿＿＿＿＿＿＿＿＿＿＿＿＿＿＿＿＿＿

＿＿＿＿＿＿＿＿＿＿＿＿＿＿＿＿＿＿＿＿＿＿＿＿＿＿＿＿＿＿＿＿＿＿

问：对上述告知事项，你（单位）是否提出陈述和申辩？（对被告知人的陈述和申辩可附页记录，被告知人提供书面陈述、申辩材料的，应当附上，并在本告知笔录中注明）

答：＿＿＿＿＿＿＿＿＿＿＿＿＿＿＿＿＿＿＿＿＿＿＿＿＿＿＿＿＿＿＿＿

＿＿＿＿＿＿＿＿＿＿＿＿＿＿＿＿＿＿＿＿＿＿＿＿＿＿＿＿＿＿＿＿＿＿

＿＿＿＿＿＿＿＿＿＿＿＿＿＿＿＿＿＿＿＿＿＿＿＿＿＿＿＿＿＿＿＿＿＿

＿＿＿＿＿＿＿＿＿＿＿＿＿＿＿＿＿＿＿＿＿＿＿＿＿＿＿＿＿＿＿＿＿＿

＿＿＿＿＿＿＿＿＿＿＿＿＿＿＿＿＿＿＿＿＿＿＿＿＿＿＿＿＿＿＿＿＿＿

＿＿＿＿＿＿＿＿＿＿＿＿＿＿＿＿＿＿＿＿＿＿＿＿＿＿＿＿＿＿＿＿＿＿

对你提出的陈述和申辩，公安机关将进行复核。

被告知人

年　　月　　日　　时　　分

□ **听证告知**

公安机关拟对你（单位）作出____的行政处罚，根据《中华人民共和国行政处罚法》第六十三条之规定，你（单位）有权要求听证。如果要求听证，你（单位）应在被告知后五日内向________________________________提出，逾期视为放弃听证。

问：对上述告知事项，你是否要求组织听证？

答：____

____

对要求听证的，公安机关将在二日内决定是否受理。符合听证条件的，公安机关将在十日内举行听证。对放弃听证的，公安机关将依法作出处理决定。

被告知人

年　　月　　日　　时　　分

【制作说明】

1. 本式样根据《行政处罚法》第四十一条第三款、第四十四条、第四十五条、第六十三条；《治安管理处罚法》第九十四条、第九十八条；《公安机关办理行政案件程序规定》第一百二十三条，第一百三十二条，第一百三十三条，第一百六十七条第一款、第二款等所制作，是公安机关适用一般程序作出行政处罚决定前履行告知义务时使用的法律文书。

2.《行政处罚告知笔录》属于叙述式文书，其内容主要包括首部、执行告知单位、告知人、被告知人、单位法定代表人和告知内容，告知内容包括处罚前告知和听证告知。拟作出的行政处罚不属于可以申请听证范围的，不填写听证告知部分。在填写时需注意以下问题：

（1）首部。写明制作文书的公安机关名称和文书名称（已印制好）、文书文号。其中，公安机关名称应当是办案单位所属公安机关或者依法具有独立执法主体资格的公安机关业务部门以及出入境边防检查站。文书文号的“×”处填写制作法律文书的公安机关代字；“（　　）”填写办案单位简称，治安管理、出入境管理、交通管理、网络安全保卫等业务部门可分别简称为“治”“境”“交”“网”等，公安派出所可填写其名称的简称；“〔　　〕”填写年度，“　　号”空白处填写该文书的顺序号。

（2）“执行告知单位”后的横线处填写公安机关办案单位的名称。

（3）“告知人”后的横线处填写告知人员的姓名，告知人员可以与案件调查人员不一致。

（4）“被告知人”后的横线处填写被告知人的姓名，被告知人是单位的，应当填写单位名称，并在“单位法定代表人”后的横线处填写单位法定代表人的姓名。被告知人是自然人的，“单位法定代表人”后的横线处无须填写，用横线划去即可。

3. 填写处罚前告知内容，应当在之前的“□”内划勾选中。

（1）“现将拟作出行政处罚决定的内容及事实、理由、依据告知如下：”后的横线处应当填写拟作出行政处罚决定的具体内容及事实、理由、依据。应当注意此处拟作出的行政处罚决定并非最终的行政处罚决定，公安机关应当在充分听取当事人的陈述和申辩后综合考虑，并作出最终的行政处罚决定。

（2）“问：对上述告知事项，你（单位）是否提出陈述和申辩？答：”之后的横线处应当写明当事人是否提出陈述和申辩，同时写明其陈述和申辩的具体内容。如果当事人对拟作出的行政处罚决定不提出陈述和申辩，则直接写明不提出陈述和申辩即可。对被告知人的陈述和申辩可附页记录，被告知人提供书面陈述、申辩材料的，应当附上，并在本告知笔录中注明。

（3）尾部。由被告人对处罚前告知的内容进行确认后签名，并根据实际填写被告知的日期与时间，时间应当具体到分钟。

3. 适用听证告知的，应当在之前的“□”中画钩选中，并填写听证告知部分，否则用横线划去“□”，不用填写听证告知部分的相关内容。

（1）“拟对你（单位）作出______的行政处罚”横线处应当填写属于听证范围的行政处罚的种类和幅度，如“责令停产停业”“罚款一万元”等。

（2）“向______提出”横线处填写应当受理听证申请的公安机关的名称。

（3）“问：对上述告知事项，你是否要求听证？答：”之后的横线处应当具体填写当事人针对拟作出的行政处罚决定是否提出听证，如“我要求对拟罚款三千元的行政处罚决定进行听证”或者“我不要求听证”。

（4）尾部。由被告人对听证告知的内容进行确认后签名，并根据实际填写被告知的日期与时间，时间应当具体到分钟。

【法律依据】

《中华人民共和国行政处罚法》（2021年1月22日）

第四十一条 行政机关依照法律、行政法规规定利用电子技术监控设备收集、固定违法事实的，应当经过法制和技术审核，确保电子技术监控设备符合标准、设置合理、标志明显，设置地点应当向社会公布。

电子技术监控设备记录违法事实应当真实、清晰、完整、准确。行政机关应当审核记录内容是否符合要求；未经审核或者经审核不符合要求的，不得作为行政处罚的证据。

行政机关应当及时告知当事人违法事实，并采取信息化手段或者其他措施，为当事人查询、陈述和申辩提供便利。不得限制或者变相限制当事人享有的陈述权、申辩权。

第四十四条 行政机关在作出行政处罚决定之前，应当告知当事人拟作出的行政处罚内容及事实、理由、依据，并告知当事人依法享有的陈述、申辩、要求听证等权利。

第四十五条 当事人有权进行陈述和申辩。行政机关必须充分听取当事人的意见，对当事人提出的事实、理由和证据，应当进行复核；当事人提出的事实、理由或者证据成立的，行政机关应当采纳。

行政机关不得因当事人陈述、申辩而给予更重的处罚。

第六十三条　行政机关拟作出下列行政处罚决定，应当告知当事人有要求听证的权利，当事人要求听证的，行政机关应当组织听证：

（一）较大数额罚款；

（二）没收较大数额违法所得、没收较大价值非法财物；

（三）降低资质等级、吊销许可证件；

（四）责令停产停业、责令关闭、限制从业；

（五）其他较重的行政处罚；

（六）法律、法规、规章规定的其他情形。

当事人不承担行政机关组织听证的费用。

《中华人民共和国治安管理处罚法》（2012 年 10 月 26 日）

第九十四条　公安机关作出治安管理处罚决定前，应当告知违反治安管理行为人作出治安管理处罚的事实、理由及依据，并告知违反治安管理行为人依法享有的权利。

违反治安管理行为人有权陈述和申辩。公安机关必须充分听取违反治安管理行为人的意见，对违反治安管理行为人提出的事实、理由和证据，应当进行复核；违反治安管理行为人提出的事实、理由或者证据成立的，公安机关应当采纳。

公安机关不得因违反治安管理行为人的陈述、申辩而加重处罚。

第九十八条　公安机关作出吊销许可证以及处二千元以上罚款的治安管理处罚决定前，应当告知违反治安管理行为人有权要求举行听证；违反治安管理行为人要求听证的，公安机关应当及时依法举行听证。

《公安机关办理行政案件程序规定》（2020 年 8 月 6 日）

第一百二十三条　在作出下列行政处罚决定之前，应当告知违法嫌疑人有要求举行听证的权利：

（一）责令停产停业；

（二）吊销许可证或者执照；

（三）较大数额罚款；

（四）法律、法规和规章规定违法嫌疑人可以要求举行听证的其他情形。

前款第三项所称“较大数额罚款”，是指对个人处以二千元以上罚款，对单位处以一万元以上罚款，对违反边防出境入境管理法律、法规和规章的个人处以六千元以上罚款。对依据地方性法规或者地方政府规章作出的罚款处罚，适用听证的罚款数额按照地方规定执行。

第一百三十二条 对适用听证程序的行政案件，办案部门在提出处罚意见后，应当告知违法嫌疑人拟作出的行政处罚和有要求举行听证的权利。

第一百三十三条 违法嫌疑人要求听证的，应当在公安机关告知后三日内提出申请。

第一百六十七条 在作出行政处罚决定前，应当告知违法嫌疑人拟作出行政处罚决定的事实、理由及依据，并告知违法嫌疑人依法享有陈述权和申辩权。单位违法的，应当告知其法定代表人、主要负责人或者其授权的人员。

适用一般程序作出行政处罚决定的，采用书面形式或者笔录形式告知。

依照本规定第一百七十二条第一款第三项作出不予行政处罚决定的，可以不履行本条第一款规定的告知程序。

【文书范例】

××县公安局

行政处罚告知笔录

执行告知单位 ××县公安局　　告知人 曹××，张××

被告知人 王××　　单位法定代表人 ——————

告知内容：

☑**处罚前告知**

根据《中华人民共和国行政处罚法》第四十四条之规定，现将拟作出行政处罚决定的事实、理由、依据告知如下：公安机关查明你于2022年3月1日晚10时许在××县××路××号利用计算机网络传播淫秽信息。以上事实有你的××牌手机一个（型号××）、你的微信号截图、你在××聊天群等15个聊天群内的聊天记录和你的陈述与申辩等证据为证。你的行为已构成传播淫秽信息，公安机关拟根据《中华人民共和国治安管理处罚法》第六十八条的规定，对你作出行政拘留十日并处五百元罚款的处罚。

问：对上述告知事项，你（单位）是否提出陈述和申辩？（对被告知人的陈述和申辩可附页记录，被告知人提供书面陈述、申辩材料的，应当附上，并在本告知笔录中注明）

答：我承认自己的违法行为，不提出陈述和申辩。

对你提出的陈述和申辩，公安机关将进行复核。

被告知人　王××

2022年3月2日10时10分

☑**听证告知**

公安机关拟对你（单位）作出 行政拘留十二日并处两千五百元罚款 的行政处罚，根据《中华人民共和国行政处罚法》第六十三条之规定，你（单位）有权要求听证。如果要求听证，你（单位）应在被告知后五日内向 ××县公安局 提出，逾期视为放弃听证。

问：对上述告知事项，你是否要求组织听证？

答： 我要求组织听证。

对要求听证的，公安机关将在二日内决定是否受理。符合听证条件的，公安机关将在十日内举行听证。对放弃听证的，公安机关将依法作出处理决定。

被告知人 王××

2022年3月2日10时10分

十、不予受理听证通知书

(此处印制公安机关名称)

不予受理听证通知书

×公（　　）听不受字〔　　〕　　号

______________________：

你（单位）因______________________一案，提出举行听证要求，本机关经审查认为：____。

根据《中华人民共和国行政处罚法》第六十三条之规定，决定不予受理。

特此通知。

公安机关（印）

年　　月　　日

申请人

年　　月　　日

一式两份，一份交申请人，一份附卷。

【制作说明】

1. 本式样根据《行政处罚法》第六十三条；《公安机关办理行政案件程序规定》第一百三十五条等所制作，是公安机关收到申请人的听证申请后，认为听证申请人的要求不符合听证条件，告知当事人不予受理听证时使用的文书。

2.《不予受理听证通知书》是一式两份的填充式文书，一份交申请人，一份附卷。主要内容包括首部、听证申请人名称、案件名称、听证审查机关的审查结论、尾部等信息。在填写时需注意：

（1）首部。写明制作文书的公安机关名称和文书名称（已印制好）、文书文号。其中，此处的公安机关是指县级以上公安机关或者出入境边防检查机关。文书文号的“×”处填写制作法律文书的公安机关代字；“（　　）”填写办案单位简称，治安管理、出入境管理、交通管理、网络安全保卫等业务部门可分别简称为“治”“境”“交”“网”等，公安派出所可填写其名称的简称；“〔　　〕”填写年度，“　　号”空白处填写该文书的顺序号。

（2）抬头横线处填写听证申请人的姓名，申请人为单位的，填写单位名称。

（3）“你（单位）因________一案，”横线处填写被申请听证案件的名称。

（4）“本机关经审查认为：________。”横线处填写公安机关不予受理听证的理由和依据，如“申请听证的案件不符合法定的听证范围”“听证申请已超过申请时效”等。

（5）尾部。“公安机关（印）”处加盖办案单位的印章并注明日期。办案单位是指县级公安机关、依法具有独立执法主体资格的公安机关业务部门以及出入境边防检查站等。依法不具有独立执法主体资格的公安机关内设机构使用该文书时，应当加盖其所属公安机关的印章。听证申请人应当签字并填写日期。

【法律依据】

《中华人民共和国行政处罚法》（2021年1月22日）

第六十三条　行政机关拟作出下列行政处罚决定，应当告知当事人有要求听证的权利，当事人要求听证的，行政机关应当组织听证：

（一）较大数额罚款；

（二）没收较大数额违法所得、没收较大价值非法财物；

（三）降低资质等级、吊销许可证件；

（四）责令停产停业、责令关闭、限制从业；

（五）其他较重的行政处罚；

（六）法律、法规、规章规定的其他情形。

当事人不承担行政机关组织听证的费用。

《中华人民共和国治安管理处罚法》（2012年10月26日）

第九十八条　公安机关作出吊销许可证以及处二千元以上罚款的治安管理处罚决定前，应当告知违反治安管理行为人有权要求举行听证；违反治安管理行为人要求听证的，公安机关应当及时依法举行听证。

《公安机关办理行政案件程序规定》（2020年8月6日）

第一百三十五条　公安机关收到听证申请后，应当在二日内决定是否受理。认为听证申请人的要求不符合听证条件，决定不予受理的，应当制作不予受理听证通知书，告知听证申请人。逾期不通知听证申请人的，视为受理。

【文书范例】

××县公安局

不予受理听证通知书

×公（治）听不受字〔2022〕12号

许××：

你（单位）因许××殴打他人一案，提出举行听证要求，本机关经审查认为：该案不属于《中华人民共和国行政处罚法》所规定的听证范围。

根据《中华人民共和国行政处罚法》第六十三条之规定，决定不予受理。

特此通知。

××县公安局（印）

二〇二二年四月二日

申请人　许××

2022年4月2日

一式两份，一份交申请人，一份附卷。

十一、举行听证通知书

(此处印制公安机关名称)

举 行 听 证 通 知 书

×公（　　）听通字〔　　〕　　号

________________：

本机关定于______年____月____日____时____分在______________________________就____________________一案举行听证会，请按时出席。听证申请人（代理人）无正当理由拒不出席的，终止听证。

特此通知。

公安机关（印）

年　　月　　日

被通知人

年　　月　　日

一式两份，一份交被通知人，一份附卷。

【制作说明】

1. 本式样根据《行政处罚法》第六十四条第一款第二项；《治安管理处罚法》第九十八条；《公安机关办理行政案件程序规定》第一百三十六条等所制作，是公安机关通知听证申请人及有关人员参加听证时使用的文书。

2. 《举行听证通知书》为一式两份的填充式文书，一份交被通知人，一份附卷，其内容主要包括首部、被通知人、听证时间、地点、案件名称、尾部等信息，在填写时需注意：

（1）首部。写明制作文书的公安机关名称和文书名称（已印制好）、文书文号。其中，此处的公安机关是指县级以上公安机关、依法具有独立执法主体资格的公安机关业务部门或者出入境边防检查机关。文书文号的“×”处填写制作法律文书的公安机关代字；“（　　）”填写办案单位简称，治安管理、出入境管理、交通管理、网络安全保卫等业务部门可分别简称为“治”“境”“交”“网”等，公安派出所可填写其名称的简称；“〔　　〕”填写年度，“　　号”空白处填写该文书的顺序号。

（2）抬头填写被通知人的姓名，被通知人为单位的，填写单位名称。

（3）“本机关定于______年____月____日____时____分”横线处填写举行听证的实际时间，该时间应当精确到分钟。

（4）“在______”横线处填写举行听证的具体地点。

（5）“就______一案”横线处填写听证案件的具体名称。

（6）尾部。“公安机关（印）”处加盖办案单位的印章并注明日期。办案单位是指县级以上公安机关、依法具有独立执法主体资格的公安机关业务部门以及出入境边防检查站等。依法不具有独立执法主体资格的公安机关内设机构使用该文书时，应当加盖其所属公安机关的印章。被通知人应当签字并注明日期。

【法律依据】

《中华人民共和国行政处罚法》（2021年1月22日）

第六十四条　听证应当依照以下程序组织：

（一）当事人要求听证的，应当在行政机关告知后五日内提出；

（二）行政机关应当在举行听证的七日前，通知当事人及有关人员听证的时间、地点；

（三）除涉及国家秘密、商业秘密或者个人隐私依法予以保密外，听证公开举行；

（四）听证由行政机关指定的非本案调查人员主持；当事人认为主持人与本案有直接利害关系的，有权申请回避；

（五）当事人可以亲自参加听证，也可以委托一至二人代理；

（六）当事人及其代理人无正当理由拒不出席听证或者未经许可中途退出听证的，视为放弃听证权利，行政机关终止听证；

（七）举行听证时，调查人员提出当事人违法的事实、证据和行政处罚建议，当事人进行申辩和质证；

（八）听证应当制作笔录。笔录应当交当事人或者其代理人核对无误后签字或者盖章。当事人或者其代理人拒绝签字或者盖章的，由听证主持人在笔录中注明。

《中华人民共和国治安管理处罚法》（2012年10月26日）

第九十八条　公安机关作出吊销许可证以及处二千元以上罚款的治安管理处罚决定前，应当告知违反治安管理行为人有权要求举行听证；违反治安管理行为人要求听证的，公安机关应当及时依法举行听证。

《公安机关办理行政案件程序规定》（2020年8月6日）

第一百三十六条　公安机关受理听证后，应当在举行听证的七日前将举行听证通知书送达听证申请人，并将举行听证的时间、地点通知其他听证参加人。

【文书范例】

××县公安局

举行听证通知书

×公（法）听通字〔2022〕15号

赵××：

本机关定于2022年3月10日14时30分在××县公安局听证室就赵××传播淫秽信息一案举行听证会，请按时出席。听证申请人（代理人）无正当理由拒不出席的，终止听证。

特此通知。

××县公安局（印）

二〇二二年三月三日

被通知人 赵××

2022年3月3日

一式两份，一份交被通知人，一份附卷。

十二、听证笔录

（此处印制公安机关名称）

听　证　笔　录

案由＿＿＿＿＿＿＿＿＿＿＿＿＿＿＿＿＿＿＿＿＿＿＿＿＿＿＿＿＿＿

时间＿＿年＿＿月＿＿日＿＿时＿＿分至＿＿年＿＿月＿＿日＿＿时＿＿分

地点＿＿＿＿＿＿＿＿＿＿＿＿＿举行方式＿＿＿＿＿＿＿＿＿＿＿＿

听证主持人＿＿＿＿＿＿＿＿＿＿听证员＿＿＿＿＿＿＿＿＿＿＿＿＿

记录员＿＿＿＿＿＿＿＿＿＿＿＿＿＿＿＿＿＿＿＿＿＿＿＿＿＿＿＿

听证申请人＿＿＿＿＿＿＿＿＿＿＿＿＿＿＿＿＿＿＿＿＿＿＿＿＿＿

法定代表人＿＿＿＿＿＿＿＿＿＿＿＿＿＿＿＿＿＿＿＿＿＿＿＿＿＿

委托代理人＿＿＿＿＿＿＿＿＿＿＿＿＿＿＿＿＿＿＿＿＿＿＿＿＿＿

本案其他利害关系人＿＿＿＿＿＿＿＿＿＿＿＿＿＿＿＿＿＿＿＿＿＿

本案其他利害关系人的代理人＿＿＿＿＿＿＿＿＿＿＿＿＿＿＿＿＿＿

本案办案人民警察＿＿＿＿＿＿＿＿＿＿＿＿＿＿＿＿＿＿＿＿＿＿＿

听证内容记录（可加页）＿＿＿＿＿＿＿＿＿＿＿＿＿＿＿＿＿＿＿＿

＿＿＿＿＿＿＿＿＿＿＿＿＿＿＿＿＿＿＿＿＿＿＿＿＿＿＿＿＿＿＿＿

＿＿＿＿＿＿＿＿＿＿＿＿＿＿＿＿＿＿＿＿＿＿＿＿＿＿＿＿＿＿＿＿

＿＿＿＿＿＿＿＿＿＿＿＿＿＿＿＿＿＿＿＿＿＿＿＿＿＿＿＿＿＿＿＿

＿＿＿＿＿＿＿＿＿＿＿＿＿＿＿＿＿＿＿＿＿＿＿＿＿＿＿＿＿＿＿＿

＿＿＿＿＿＿＿＿＿＿＿＿＿＿＿＿＿＿＿＿＿＿＿＿＿＿＿＿＿＿＿＿

＿＿＿＿＿＿＿＿＿＿＿＿＿＿＿＿＿＿＿＿＿＿＿＿＿＿＿＿＿＿＿＿

＿＿＿＿＿＿＿＿＿＿＿＿＿＿＿＿＿＿＿＿＿＿＿＿＿＿＿＿＿＿＿＿

＿＿＿＿＿＿＿＿＿＿＿＿＿＿＿＿＿＿＿＿＿＿＿＿＿＿＿＿＿＿＿＿

听证申请人或者代理人＿＿＿＿＿＿＿＿＿＿＿＿＿＿＿＿＿＿＿＿＿

其他利害关系人或者代理人＿＿＿＿＿＿＿＿＿＿＿＿＿＿＿＿＿＿＿

证人＿＿＿＿＿＿＿＿＿＿＿＿＿＿＿＿＿＿＿＿＿＿＿＿＿＿＿＿＿

听证员＿＿＿＿＿＿＿＿＿＿＿＿＿＿＿＿＿＿＿＿＿＿＿＿＿＿＿＿＿＿＿＿

听证主持人＿＿＿＿＿＿＿＿＿＿＿＿＿＿＿＿＿＿＿＿＿＿＿＿＿＿＿＿＿＿

记录员＿＿＿＿＿＿＿＿＿＿＿＿年　　月　　日＿＿＿＿＿＿＿＿＿＿＿＿

第＿＿页　共＿＿页

【制作说明】

1. 本式样根据《公安机关办理行政案件程序规定》第一百五十一条、第一百五十二条等所制作，是对听证过程和内容的记录。

2.《听证笔录》属于叙述式文书，主要包括首部、案由、时间、地点、举行方式、听证人员和听证参加人的身份情况、听证内容记录和尾部等信息。在填写时需注意：

（1）首部。写明制作文书的公安机关名称和文书名称（已印制好）。此处的公安机关是指县级以上公安机关、依法具有独立执法主体资格的公安机关业务部门以及出入境边防检查站。

（2）“案由”后的横线处填写听证案件的名称；“时间”后的横线处应当填写听证的实际开始时间和结束时间，该时间应当精确到分钟；“地点”后的横线处填写举行听证的实际具体地点；“举行方式”后的横线处填写“公开举行”或“不公开举行”，依据《行政处罚法》第六十四条第三项的规定，“除涉及国家秘密、商业秘密或者个人隐私依法予以保密外，听证公开举行”。此外，“听证主持人”“听证员”“记录员”“本案办案人民警察”后的横线处分别填写上述人员的姓名、工作单位及职务，其中，本案办案人民警察应当为两人。

（3）“听证申请人”后的横线处填写听证申请人的姓名、性别、年龄、现住址和工作单位；听证申请人是单位的，填写单位名称和地址，并在“法定代表人”后的横线处填写法定代表人的姓名、性别、年龄。听证申请人有委托代理人的，在“委托代理人”后的横线处填写委托代理人的姓名、性别、年龄、工作单位。

（4）“本案其他利害关系人”后的横线处填写该利害关系人的姓名、性别、年龄、现住址和工作单位，并注明利害关系的种类。其他利害关系人有代理人的，在“本案其他利害关系人的代理人”后的横线处填写代理人的姓名、性别、年龄、工作单位。

（5）“听证内容记录（可加页）”后的横线处应当写明听证的程序性内容以及具体的问答内容。其中，程序性内容包括听证主持人核对听证参加人、宣布案由、宣布听证员、记录员名单等；问答内容应当依据《公安机关办理行政案件程序规定》第一百五十一条第四项至第九项进行。问答内容应当尽可能地遵照表述原意进行记录，语言清晰准确，重复性内容可以省略，不规范的表述可以整理后记录，但不得改变原意。格式上应当分段记录，条理清晰。

（6）尾部。尾部应当分别由听证申请人或者代理人、其他利害关系人或者代理人、证人、听证员、听证主持人和记录员签字。文书右下角相应位置应当标明时间和听证笔录的页数。依据《公安机关办理行政案件程序规定》第一百五十二条规定："听证笔录应当交听证申请人阅读或者向其宣读。听证笔录中的证人陈述部分，应当交证人阅读或者向其宣读。听证申请人或者证人认为听证笔录有误的，可以请求补充或者改正。听证申请人或者证人审核无误后签名或者捺指印。听证申请人或者证人拒绝的，由记录员在听证笔录中记明情况。听证笔录经听证主持人审阅后，由听证主持人、听证员和记录员签名。"

【法律依据】

《公安机关办理行政案件程序规定》（2020 年 8 月 6 日）

第一百五十一条 记录员应当将举行听证的情况记入听证笔录。听证笔录应当载明下列内容：

（一）案由；

（二）听证的时间、地点和方式；

（三）听证人员和听证参加人的身份情况；

（四）办案人民警察陈述的事实、证据和法律依据以及行政处罚意见；

（五）听证申请人或者其代理人的陈述和申辩；

（六）第三人陈述的事实和理由；

（七）办案人民警察、听证申请人或者其代理人、第三人质证、辩论的内容；

（八）证人陈述的事实；

（九）听证申请人、第三人、办案人民警察的最后陈述意见；

（十）其他事项。

第一百五十二条 听证笔录应当交听证申请人阅读或者向其宣读。听证笔录中的证人陈述部分，应当交证人阅读或者向其宣读。听证申请人或者证人认为听证笔录有误的，可以请求补充或者改正。听证申请人或者证人审核无误后签名或者捺指印。听证申请人或者证人拒绝的，由记录员在听证笔录中记明情况。

听证笔录经听证主持人审阅后，由听证主持人、听证员和记录员签名。

【文书范例】

××县公安局

听　证　笔　录

案由　赵××传播淫秽信息

时间 2022 年 3 月 10 日 14 时 30 分至 2022 年 3 月 10 日 16 时 30 分

地点　××县公安局法制大队一楼 102 室　举行方式　公开举行

听证主持人　王××，××县公安局法制大队，大队长

听证员　孙××，××县公安局法制大队，民警

记录员　张××，××县公安局法制大队，民警

听证申请人　赵××，男，35 岁，现住××县××小区 1 号楼 201 室，××公司业务员

法定代表人 ——

委托代理人 ——

本案其他利害关系人 ——

本案其他利害关系人的代理人 ——

本案办案人民警察　闫××，楚××，××县公安局，民警

听证内容记录（可加页）　听证主持人核对听证参加人；宣布案由；宣布听证员、记录员名单；告知当事人在听证中的权利和义务；询问当事人是否提出回避申请；宣布听证会纪律。

办案人民警察闫××：2022 年 3 月 1 日晚 10 时许，我们接到群众举报，网名为××利用微信传播淫秽信息，经查明，该微信号为赵××持有，赵××现居住在我辖区××小区 1 号楼 201 室，我和民警楚××赶往上述地址，将赵××带回公安机关调查。以上事实有××牌手机（型号××）、赵××的微信号截图、赵××在××聊天群等 15 个聊天群内的聊天记录和赵××的陈述与申辩等证据为证。赵××的行为已构成传播淫秽信息，公安机关根据《中华人民共和国治安管理处罚法》第六十八条的规定拟对赵××进行行政拘留十日并处罚款两千五百元的处罚。

违法嫌疑人赵××：我确实发了淫秽图片和视频，但并不是基于盈利目的，我也没有赚钱，只是单纯地分享，你可以查看我的交易记录，没有想要借此盈利的目的。

办案人民警察闫××：是否基于盈利目的并不影响传播淫秽信息行为的成立，只要客观上传播了淫秽图片、视频等信息，即构成传播淫秽信息，就应当受到行政处罚。

违法嫌疑人赵××：我意识到自己的错误了，以后不会再犯了。

办案人民警察闫××：该案的事实认定清楚，法律适用正确，证据确凿，程序合法，拟作出的行政处罚决定适当，建议将拟作出的行政处罚决定报局领导审批。

（听证主持人宣布听证会结束。）

听证申请人或者代理人 赵××

办案人民警察 闫××，楚××

其他利害关系人或者代理人 ____

证人 ____

听证员 孙××

听证主持人 王××

记录员 张×× 2022年3月10日

第 2 页 共 2 页

十三、听证报告书

（此处印制公安机关名称）

听 证 报 告 书

案由______________________________

时间____年____月____日____时____分至____年____月____日____时____分

地点______________________________

举行方式______________________________

听证主持人______________________________

听证员______________________________

记录员______________________________

听证申请人______________________________

法定代表人______________________________

委托代理人______________________________

本案其他利害关系人______________________________

本案其他利害关系人的代理人______________________________

本案办案人民警察______________________________

听证会基本情况______________________________

____

____

____

听证后认定的案件事实及处理意见和建议______________________________

____

____

听证主持人

年　　月　　日

第____页　共____页

【制作说明】

1. 本式样根据《公安机关办理行政案件程序规定》第一百五十三条所制作，是听证主持人在听证结束后，就听证情况以及该案的处理意见和建议向公安机关负责人报告时使用的文书。该文书相关项目的填写应当与听证笔录一致。

2.《听证报告书》属于叙述式文书，主要包括首部、案由、时间、地点、举行方式、听证人员和听证参加人的身份情况、听证会基本情况、听证后认定的案件事实及处理意见和建议、尾部等信息。在填写时需注意：

（1）首部。写明制作文书的公安机关名称和文书名称（已印制好）。此处的公安机关是指县级以上公安机关、依法具有独立执法主体资格的公安机关业务部门以及出入境边防检查站。

（2）“案由”后的横线处填写听证案件的名称；“时间”后的横线处填写听证的实际开始时间和结束时间，该时间应当精确到分钟；“地点”后的横线处填写举行听证的具体地点；“举行方式”后的横线处填写“公开举行”或“不公开举行”，依据《行政处罚法》第六十四条第三项的规定，“除涉及国家秘密、商业秘密或者个人隐私依法予以保密外，听证公开举行”。“听证主持人”“听证员”“记录员”“本案办案人民警察”后的横线处分别填写上述人员的姓名、工作单位及职务，其中，本案办案人民警察应当为两人。

（3）“听证申请人”后的横线处填写听证申请人的姓名、性别、年龄、现住址和工作单位；听证申请人是单位的，填写单位名称和地址，并在“法定代表人”后的横线处填写法定代表人的姓名、性别、年龄。听证申请人有委托代理人的，在“委托代理人”后的横线处填写委托代理人的姓名、性别、年龄、工作单位。

（4）“本案其他利害关系人”后的横线处填写该利害关系人的姓名、性别、年龄、现住址和工作单位，并注明利害关系的种类。其他利害关系人有代理人的，在“本案其他利害关系人的代理人”后的横线处填写代理人的姓名、性别、年龄、工作单位。

（5）“听证会基本情况”后的横线处应当填写听证会的基本情况、当事人和案件承办人的主要理由等，听证员有不同意见的，也应当注明。该部分应当对听证过程中的主要程序和对答内容进行概括总结，其中，程序性内容主要包括听证延期、中止、终止，申请回避、违反听证纪律及其处理结果等；

对答内容主要包括《听证笔录》中的听证内容记录，即《公安机关办理行政案件程序规定》第一百五十一条第四项至第九项规定的内容，只需概括总结即可，无须全部罗列。

（6）“听证后认定的案件事实及处理意见和建议”后的横线处，应当填写听证会查明的案件主要事实、对该听证案件的具体处理意见和建议，包括建议采用原处理意见，或者提出新的处理意见等。其中，认定的案件事实应当聚焦听证对答过程中的争论点，并就认定的主要案件事实提供证据并说明理由。处理意见和建议部分应当提出对听证申请人的具体处理意见，即是否进行行政处罚，行政处罚的种类及幅度，并同时列明相关法律依据。

（7）尾部。尾部应当由听证主持人签字并注明日期，文书每一页右下角相应位置应当标明听证笔录的页数。

【法律依据】

《公安机关办理行政案件程序规定》（2020 年 8 月 6 日）

第一百五十三条　听证结束后，听证主持人应当写出听证报告书，连同听证笔录一并报送公安机关负责人。

听证报告书应当包括下列内容：

（一）案由；

（二）听证人员和听证参加人的基本情况；

（三）听证的时间、地点和方式；

（四）听证会的基本情况；

（五）案件事实；

（六）处理意见和建议。

【文书范例】

××县公安局

听 证 报 告 书

案由 赵××传播淫秽信息

时间 2022 年 03 月 10 日 14 时 30 分至 2022 年 03 月 10 日 16 时 30 分

地点 ××县公安局法制大队一楼 102 室

举行方式 公开举行

听证主持人 王××，××县公安局法制大队，大队长

听证员 孙××，××县公安局法制大队，民警

记录员 张××，××县公安局法制大队，民警

听证申请人 赵××，男，35 岁，现住××县××小区 1 号楼 201 室，××公司业务员

法定代表人 ________

委托代理人 ________

本案其他利害关系人 ________

本案其他利害关系人的代理人 ________

本案办案人民警察 闫××，楚××，××县公安局，民警

听证会基本情况 办案人民警察闫××称，2022 年×月××日晚××时接到群众举报，网名为××利用微信传播淫秽信息，经查明，该微信号为赵××持有，赵××现居住在××小区 1 号楼 201 室，民警闫××和民警楚××赶往上述地址，将赵××带回公安机关调查。以上事实有××牌手机（型号××）、赵××的微信号截图、赵××在××聊天群等 15 个聊天群内的聊天记录和赵××的陈述与申辩等证据为证。赵××的行为已构成传播淫秽信息，公安机关根据《中华人民共和国治安管理处罚法》第六十八条的规定拟对赵××进行行政拘留十日并处罚款两千五百元的行政处罚。

违法嫌疑人赵××承认通过微信传播淫秽图片和视频，但认为其并没有牟利的目的，实际也并未收取群内人员财物，所以并不构成违法。

第 1 页 共 2 页

办案人民警察闫××称，是否基于盈利目的并不影响传播淫秽信息行为的成立，只要客观上传播了淫秽图片、视频等信息，即构成传播淫秽信息行为，就应当受到行政处罚。

违法嫌疑人赵××承认错误，并表示悔过。

听证后认定的案件事实及处理意见和建议 办案民警闫××接到群众举报，赵××利用微信传播淫秽信图片和视频，虽然没有盈利目的，也并未向群内人员收取费用，但是不影响传播淫秽信息行为的成立，赵××的行为应当被认定为构成传播淫秽信息的行为。以上事实有××牌手机（型号××）、赵××的微信号截图、赵××在××聊天群等15个聊天群内的聊天记录和赵××的陈述与申辩等证据为证。

依据《中华人民共和国治安管理处罚法》第六十八条的规定，建议对赵××行政拘留十日，并处罚款两千五百元。

听证主持人　王××

2022年3月10日

第 2 页　共 2 页

第四章　行政处理类法律文书

行政处理，是公安机关根据行政案件的事实、性质、情节以及社会危害程度，依据相关法律法规，对违法行为人与涉案财物等作出行政处罚或者其他行政处理决定的法律活动。行政处理对行政相对人的权利和义务带来实质性影响，因此，被处理人有权针对公安机关作出的行政处理决定寻求法律救济。这一阶段所使用的法律文书，可以称之为行政处理类法律文书。

行政处理类法律文书主要包括如下几类：（1）《治安调解协议书》；(2)《当场处罚决定书》；(3)《不予处罚决定书》；(4)《行政处罚决定书》《没收违法所得、非法财物清单》；(5)《收缴/追缴物品清单》；(6)《责令__________通知书》；（7)《强制隔离戒毒/延长强制隔离戒毒决定书》；(8)《提前解除强制隔离戒毒决定书》；(9)《社区戒毒/社区康复决定书》；(10)《解除社区戒毒/社区康复通知书》等。其中，《没收违法所得、非法财物清单》《收缴/追缴物品清单》，是行政处罚类法律文书的配套使用法律文书。

本类法律文书制作的法律依据主要有：《行政处罚法》第九条、第二十八条、第三十条、第三十一条、第三十三条、第五十一条、第五十二条、第五十七条、第五十九条等；《治安管理处罚法》第九条、第十一条至第十四条、第十九条、第二十四条、第三十八条、第三十九条、第五十四条、第九十五条至第九十七条、第一百条至第一百零二条等；《禁毒法》第三十三条、第三十八条、第四十条、第四十七条、第四十八条等；《戒毒条例》第十三条、第十四条、第十九条、第二十三条、第二十五条、第二十七条、第三十三条、第三十七条、第三十八条、第四十条等；《公安机关办理行政案件程序规定》第三十七条至第四十条、第四十六条、第一百五十七条至第一百五十九条、第一百六十一条、第一百六十六条、第一百七十二条至第一百七十八条、第一百八十四条、第一百九十三条至第一百九十七条等。

一、治安调解协议书

（此处印制公安机关名称）

治安调解协议书

×公（　　）调解字〔　　〕　　号

主持人姓名＿＿＿＿＿＿＿＿＿＿＿工作单位＿＿＿＿＿＿＿＿＿＿＿＿＿＿

调解地点＿＿＿＿＿＿＿＿＿＿＿＿＿＿＿＿＿＿＿＿＿＿＿＿＿＿＿＿＿

当事人基本情况（姓名、性别、年龄、出生日期、身份证件种类及号码、工作单位、现住址）＿＿＿＿＿＿＿＿＿＿＿＿＿＿＿＿＿＿＿＿＿＿＿＿＿

＿＿＿＿＿＿＿＿＿＿＿＿＿＿＿＿＿＿＿＿＿＿＿＿＿＿＿＿＿＿＿＿＿＿

＿＿＿＿＿＿＿＿＿＿＿＿＿＿＿＿＿＿＿＿＿＿＿＿＿＿＿＿＿＿＿＿＿＿

＿＿＿＿＿＿＿＿＿＿＿＿＿＿＿＿＿＿＿＿＿＿＿＿＿＿＿＿＿＿＿＿＿＿

其他在场人员基本情况（姓名、性别、年龄、出生日期、身份证件种类及号码、工作单位、现住址）＿＿＿＿＿＿＿＿＿＿＿＿＿＿＿＿＿＿＿＿＿＿

＿＿＿＿＿＿＿＿＿＿＿＿＿＿＿＿＿＿＿＿＿＿＿＿＿＿＿＿＿＿＿＿＿＿

主要事实（包括案发时间、地点、人员、起因、经过、情节、结果等）：

＿＿＿＿＿＿＿＿＿＿＿＿＿＿＿＿＿＿＿＿＿＿＿＿＿＿＿＿＿＿＿＿＿＿

＿＿＿＿＿＿＿＿＿＿＿＿＿＿＿＿＿＿＿＿＿＿＿＿＿＿＿＿＿＿＿＿＿＿

＿＿＿＿＿＿＿＿＿＿＿＿＿＿＿＿＿＿＿＿＿＿＿＿＿＿＿＿＿＿＿＿＿＿

＿＿＿＿＿＿＿＿＿＿＿＿＿＿＿＿＿＿＿＿＿＿＿＿＿＿＿＿＿＿＿＿＿＿

＿＿＿＿＿＿＿＿＿＿＿＿＿＿＿＿＿＿＿＿＿＿＿＿＿＿＿＿＿＿＿＿＿＿

＿＿＿＿＿＿＿＿＿＿＿＿＿＿＿＿＿＿＿＿＿＿＿＿＿＿＿＿＿＿＿＿＿＿

＿＿＿＿＿＿＿＿＿＿＿＿＿＿＿＿＿＿＿＿＿＿＿＿＿＿＿＿＿＿＿＿＿＿

经调解，双方自愿达成如下协议（包括协议内容、履行期限和方式等）：

＿＿＿＿＿＿＿＿＿＿＿＿＿＿＿＿＿＿＿＿＿＿＿＿＿＿＿＿＿＿＿＿＿＿

＿＿＿＿＿＿＿＿＿＿＿＿＿＿＿＿＿＿＿＿＿＿＿＿＿＿＿＿＿＿＿＿＿＿

____
____
____
____
____
____
____。

本协议自双方签字之时起生效。对已履行协议的，公安机关对违反治安管理行为人不再予以处罚。不履行协议的，公安机关将依法对违反治安管理行为人予以处罚；当事人可以就民事争议依法向人民法院提起民事诉讼。

本协议书一式三份，双方当事人各执一份，调解机关留存一份。

主持人　　　　　　　　　　　　　　　　年　　月　　日

见证人　　　　　　　　　　　　　　　　年　　月　　日

当事人　　　　　　　　　　　　　　　　年　　月　　日

调解机关（印）

年　　月　　日

【制作说明】

1. 本式样根据《治安管理处罚法》第九条；《公安机关办理行政案件程序规定》第一百七十八条等所制作，是公安机关在主持调解治安案件，双方当事人就民事争议等的解决达成一致时所使用的法律文书。

2.《治安调解协议书》为一式三份的叙述式文书，双方当事人各执一份，调解机关留存一份。其内容主要包括首部、主持人基本信息、调解地点、当事人基本情况、其他在场人员基本情况、主要事实、达成协议的内容、尾部等信息。在填写时需注意：

（1）首部。写明办案单位所属公安机关或者依法具有独立执法主体资格的公安机关业务部门的名称和文书名称（已印制好）、文书文号。其中，“×公（　　）调解字〔　　〕　　号”的填写，“公”字前的“×”处填写办案单位所属公安机关的简称或者依法具有独立执法主体资格的公安机关业务部门的简称（已印制好）；“（　　）”内填写办案单位或者依法具有独立执法主体资格的公安机关业务部门的简称；“〔　　〕”内填写年度，如在2022年受理的案件，应当填写“2022”；“　　号”内的空白处填写该文书的顺序编号，如顺序编号为第十二，则填写“12”。

（2）主持人基本信息。填写主持调解的人民警察的姓名及其工作单位。公安机关在实施调解时，应当由几名人民警察在场，法律并没有明确规定，在实务中一般是由一名人民警察居中调解，因此，此处的主持人可以是一名，也可以是两名。

（3）调解地点。填写实施调解的具体地点。若是在公安机关内实施调解的，可以直接填写公安机关的名称，如“××县公安局××派出所”；若是在公安机关外实施调解的，可以填写具体的地址，如“××县××镇××村××路××号××单位”。

（4）当事人基本情况。填写当事人的基本信息，包括姓名、性别、年龄、出生日期、身份证件种类及号码、工作单位、现住址等。

（5）其他在场人员基本情况。其他在场人员包括当事人居住地的居（村）民委员会的人员或者双方当事人熟悉的人员，未成年人的父母或者其他监护人等调解见证人。

（6）主要事实。包括案发时间、地点、人员、起因、经过、情节、结果等，这是《治安调解协议书》的重要组成部分，也是实施治安调解的前提，应当详细填写。

（7）协议内容。应当详细填写协议内容、履行期限和履行方式。双方达成的协议要具有可履行性。

（8）尾部。包括主持人、见证人、当事人的签字及其应当注明的日期，文书右下角应当加盖调解机关（办案单位或者依法具有独立执法主体资格的公安机关业务部门）的印章。

【法律依据】

《中华人民共和国治安管理处罚法》（2012年10月26日）

第九条 对于因民间纠纷引起的打架斗殴或者损毁他人财物等违反治安管理行为，情节较轻的，公安机关可以调解处理。经公安机关调解，当事人达成协议的，不予处罚。经调解未达成协议或者达成协议后不履行的，公安机关应当依照本法的规定对违反治安管理行为人给予处罚，并告知当事人可以就民事争议依法向人民法院提起民事诉讼。

《公安机关办理行政案件程序规定》（2020年8月6日）

第一百七十八条 对于因民间纠纷引起的殴打他人、故意伤害、侮辱、诽谤、诬告陷害、故意损毁财物、干扰他人正常生活、侵犯隐私、非法侵入住宅等违反治安管理行为，情节较轻，且具有下列情形之一的，可以调解处理：

（一）亲友、邻里、同事、在校学生之间因琐事发生纠纷引起的；

（二）行为人的侵害行为系由被侵害人事前的过错行为引起的；

（三）其他适用调解处理更易化解矛盾的。

对不构成违反治安管理行为的民间纠纷，应当告知当事人向人民法院或者人民调解组织申请处理。

对情节轻微、事实清楚、因果关系明确，不涉及医疗费用、物品损失或者双方当事人对医疗费用和物品损失的赔付无争议，符合治安调解条件，双方当事人同意当场调解并当场履行的治安案件，可以当场调解，并制作调解协议书。当事人基本情况、主要违法事实和协议内容在现场录音录像中明确记录的，不再制作调解协议书。

第一百八十四条 调解达成协议的，在公安机关主持下制作调解协议书，双方当事人应当在调解协议书上签名，并履行调解协议。

调解协议书应当包括调解机关名称、主持人、双方当事人和其他在场人员的基本情况，案件发生时间、地点、人员、起因、经过、情节、结果等情况、协议内容、履行期限和方式等内容。

对调解达成协议的，应当保存案件证据材料，与其他文书材料和调解协议书一并归入案卷。

【文书范例】

××县公安局

治安调解协议书

×公（治）调解字〔2022〕12号

主持人姓名 郭×× 霍×× 工作单位 ××县公安局××派出所

调解地点 ××县公安局××派出所

当事人基本情况（姓名、性别、年龄、出生日期、身份证件种类及号码、工作单位、现住址） 杨××，男，32岁，1990年12月30日，居民身份证号码为××××，××县农业机械有限公司员工，现住址为××县××小区×单元××室；秦××，女，32岁，1990年11月29日，居民身份证号码为××××，××县××商场前台服务人员，现住址为××县××小区××单元××室

其他在场人员基本情况（姓名、性别、年龄、出生日期、身份证件种类及号码、工作单位、现住址） 调解见证人刘××，男，42岁，出生日期为1980年11月21日，居民身份证号码为××××，××县××社区居委会副主任，现住址为××县××小区××单元××号××室

主要事实（包括案发时间、地点、人员、起因、经过、情节、结果等）：2022年1月28日下午5时许，××县农业机械有限公司员工杨××因把自己家里的垃圾堆放到其邻居秦××房屋的门口，而与秦××发生口角，在此过程中，杨××用右手打了秦××左脸一巴掌，致使秦××左脸红肿。以上事实有杨××的陈述和申辩、被侵害人秦××的陈述及其被打左脸颊伤情照片、秦××房屋门口的监控录像等证据证实。现双方提出希望公安机关调解处理，因此，民警依据《中华人民共和国治安管理处罚法》第九条的规定对双方展开调解。

经调解，双方自愿达成如下协议（包括协议内容、履行期限和方式等）：

1. 杨××当场一次性赔付秦××医药费、误工费、精神损失费等各项费用共计人民币贰千元，并当场向秦××赔礼道歉，秦××门口所堆放的垃圾由杨××负责打扫干净；

2. 秦××不再就此事追究杨××任何法律责任；

3. 双方达成谅解，保证以后不再因此事发生纠纷。

本协议自双方签字之时起生效。对已履行协议的，公安机关对违反治安

管理行为人不再予以处罚。不履行协议的，公安机关将依法对违反治安管理行为人予以处罚；当事人可以就民事争议依法向人民法院提起民事诉讼。

本协议书一式三份，双方当事人各执一份，调解机关留存一份。

主持人　郭××　霍××　　2022年1月29日

见证人　刘××　　2022年1月29日

当事人　杨××　秦××　　2022年1月29日

××县公安局××派出所（印）

二〇二二年一月二十九日

二、当场处罚决定书

（此处印制公安机关名称）

当场处罚决定书

编号：

违法行为人姓名或者单位名称＿＿＿＿＿＿＿＿＿＿＿＿＿＿＿

性别＿＿年龄＿＿出生日期＿＿＿＿身份证件种类及号码＿＿＿＿＿＿

法定代表人＿＿＿＿＿＿＿＿＿＿＿＿＿＿＿＿＿＿＿＿＿＿＿＿

现住址或者单位地址＿＿＿＿＿＿＿＿＿＿＿＿＿＿＿＿＿＿＿＿

现查明＿＿＿＿＿＿＿＿＿＿＿＿＿＿＿＿＿＿＿＿＿＿＿＿＿

＿＿＿＿＿＿＿＿＿＿，以上事实有＿＿＿＿＿＿＿＿＿＿＿＿＿＿

＿＿＿＿＿＿＿＿＿＿＿＿＿＿＿＿＿＿等证据证实。

根据《＿＿＿＿＿＿＿＿＿＿＿＿＿＿》第＿＿条第＿＿款第＿＿项之规定，决定给予＿＿＿＿＿＿＿＿＿＿＿＿＿＿＿的处罚。

执行方式：□当场训诫 □当场收缴罚款 □被处罚人持本决定书在十五日内到＿＿＿＿＿＿＿＿银行缴纳罚款。逾期不缴纳的，每日按罚款数额的百分之三加处罚款，加处罚款的数额不超过罚款本数。

如不服本决定，可以在收到本决定书之日起六十日内向＿＿＿＿＿＿＿＿＿＿＿＿＿＿＿＿＿＿＿申请行政复议或者在六个月内依法向＿＿＿＿＿＿＿＿＿＿＿＿＿＿＿＿＿＿＿人民法院提起行政诉讼。

处罚地点＿＿＿＿＿＿＿＿＿＿＿＿＿＿＿＿＿＿＿＿＿＿＿＿＿

办案人民警察＿＿＿＿＿＿＿＿＿＿＿＿＿＿＿＿＿＿＿＿＿＿＿

续表

□附：收缴物品清单 公安机关（印） 年 月 日 处罚前已口头告知违法行为人拟作出处罚的事实、理由和依据，并告知违法行为人依法享有陈述权和申辩权。 被处罚人 年 月 日

一式两份，一份交被处罚人，一份交所属公安机关备案。治安案件有被侵害人的，复印送达被侵害人。

【制作说明】

1. 本式样根据《公安机关办理行政案件程序规定》第三十七条至第三十九条等所制作，是公安机关对在执法办案过程中发现的、违法事实确凿的轻微违法行为依照简易程序当场进行行政处罚时使用的文书，公安交通管理当场处罚不适用该文书。

2.《当场处罚决定书》为一式两份的填充式文书，一份交被处罚人，一份交所属公安机关备案。治安案件有被侵害人的，复印送达被侵害人。其内容主要包括首部、违法行为人或者单位基本信息、违法事实及证据、法律依据及处罚决定、执行方式、法律救济、处罚地点、办案人民警察、尾部等信息。在填写时需注意：

（1）首部。由制作文书的公安机关名称和文书名称（已印制好）、文书编号组成。此处的公安机关，是指有权以自己的名义作出当场处罚决定的公安机关，包括县级以上公安机关、公安派出所、依法具有独立执法主体资格的公安机关业务部门以及出入境边防检查站。依法不具有独立执法主体资格的公安机关内设机构使用《当场处罚决定书》时，应当以其所属公安机关的名义，所使用的文书应当印制其所属公安机关的名称。编号后的空白处按照办案单位统一的编号规则填写案件编号。

（2）违法行为人或者单位。填写违法行为人的基本信息，包括姓名、性别、年龄、出生日期、身份证件种类及号码、现住址；违法行为人是单位的，应当填写单位名称、法定代表人及单位地址。

（3）违法事实及证据。填写简要的违法事实，主要包括人物、时间、地点、方式、结果等，有被侵害人的，应当写明人身伤害、财物损失及数量、特征等情况。该栏还应当写明已经查证属实且能支撑上述违法事实成立的相关证据。

（4）法律依据及处罚决定。填写作出处罚决定所依据的具体法律规定，包括法律法规的名称和具体的条、款、项，以可以准确定位相关法律法规的条文为标准。该栏还应当由办案民警依据案件性质、情节等确定具体的行政处罚种类及幅度，具体包括警告、罚款及具体金额（中文大写数字）等。

（5）执行方式。办案民警依据作出的处罚决定选择对应的执行方式，并在相应的“□”内打勾选定。注意非当场收缴罚款的应当在横线处写明缴纳罚款的银行名称。对于不予选择的选项，可以将相应选项前的“□”划去。

（6）办案人民警察。由当场作出行政处罚决定的民警签字。适用简易程序当场作出行政处罚的，可以只填写一名办案民警的姓名。

（7）法律救济。办案民警根据《行政复议法》《行政诉讼法》等相关法律法规和司法解释的规定，在横线处填写有权受理案件的行政复议机关和人民法院的名称。

（8）收缴物品清单。办案民警当场收缴用于违法活动的非法财物的，应当在该栏的“□”内打勾选定，并按照要求制作收缴物品清单。若无收缴物品的，可以将“□”划去。

（9）尾部。“公安机关（印）”处加盖公安机关的印章并注明成文日期。此处公安机关是指县级公安机关、公安派出所、依法具有独立执法主体资格的公安机关业务部门以及出入境边防检查站等。左下角权利告知部分，交所属公安机关备案的《当场处罚决定书》应当由被处罚人签名或盖章。被处罚人拒绝签名或盖章的，由办案民警在文书上注明。

【法律依据】

《中华人民共和国行政处罚法》（2021 年 1 月 22 日）

第五十一条　违法事实确凿并有法定依据，对公民处以二百元以下、对法人或者其他组织处以三千元以下罚款或者警告的行政处罚的，可以当场作出行政处罚决定。法律另有规定的，从其规定。

第五十二条　执法人员当场作出行政处罚决定的，应当向当事人出示执法证件，填写预定格式、编有号码的行政处罚决定书，并当场交付当事人。当事人拒绝签收的，应当在行政处罚决定书上注明。

前款规定的行政处罚决定书应当载明当事人的违法行为，行政处罚的种类和依据、罚款数额、时间、地点，申请行政复议、提起行政诉讼的途径和期限以及行政机关名称，并由执法人员签名或者盖章。

执法人员当场作出的行政处罚决定，应当报所属行政机关备案。

《中华人民共和国治安管理处罚法》（2012 年 10 月 26 日）

第一百条　违反治安管理行为事实清楚，证据确凿，处警告或者二百元以下罚款的，可以当场作出治安管理处罚决定。

第一百零一条　当场作出治安管理处罚决定的，人民警察应当向违反治安管理行为人出示工作证件，并填写处罚决定书。处罚决定书应当当场交付被处罚人；有被侵害人的，并将决定书副本抄送被侵害人。

前款规定的处罚决定书，应当载明被处罚人的姓名、违法行为、处罚依据、罚款数额、时间、地点以及公安机关名称，并由经办的人民警察签名或者盖章。

当场作出治安管理处罚决定的，经办的人民警察应当在二十四小时内报所属公安机关备案。

第一百零二条 被处罚人对治安管理处罚决定不服的，可以依法申请行政复议或者提起行政诉讼。

《公安机关办理行政案件程序规定》（2020年8月6日）

第三十七条 违法事实确凿，且具有下列情形之一的，人民警察可以当场作出处罚决定，有违禁品的，可以当场收缴：

（一）对违反治安管理行为人或者道路交通违法行为人处二百元以下罚款或者警告的；

（二）出入境边防检查机关对违反出境入境管理行为人处五百元以下罚款或者警告的；

（三）对有其他违法行为的个人处五十元以下罚款或者警告、对单位处一千元以下罚款或者警告的；

（四）法律规定可以当场处罚的其他情形。

涉及卖淫、嫖娼、赌博、毒品的案件，不适用当场处罚。

第三十八条 当场处罚，应当按照下列程序实施：

（一）向违法行为人表明执法身份；

（二）收集证据；

（三）口头告知违法行为人拟作出行政处罚决定的事实、理由和依据，并告知违法行为人依法享有的陈述权和申辩权；

（四）充分听取违法行为人的陈述和申辩。违法行为人提出的事实、理由或者证据成立的，应当采纳；

（五）填写当场处罚决定书并当场交付被处罚人；

（六）当场收缴罚款的，同时填写罚款收据，交付被处罚人；未当场收缴罚款的，应当告知被处罚人在规定期限内到指定的银行缴纳罚款。

第三十九条 适用简易程序处罚的，可以由人民警察一人作出行政处罚决定。

人民警察当场作出行政处罚决定的，应当于作出决定后的二十四小时内将当场处罚决定书报所属公安机关备案，交通警察应当于作出决定后的二日内报所属公安机关交通管理部门备案。在旅客列车、民航飞机、水上作出行政处罚决定的，应当在返回后的二十四小时内报所属公安机关备案。

【文书范例】

××市公安局××分局

当场处罚决定书

编号：0006

违法行为人姓名或者单位名称 王×× 性别 男 年龄 30岁 出生日期 1992年1月1日 身份证件种类及号码 居民身份证号码为××××

法定代表人 ——————

现住址或者单位地址 ××区××小区3单元302室

现查明 2022年1月1日14时18分，王××于××公司大吵大闹，扰乱××公司正常工作秩序，致使工作不能正常进行，但尚未造成严重损失，以上事实有 大堂监控视频、公司经理张××证人证言 等证据证实。

根据《中华人民共和国治安管理处罚法》第 二十三 条第 一 款第 一 项之规定，决定给予 罚款壹佰元 的处罚。

执行方式：□当场训诫 ☑当场收缴罚款 □被处罚人持本决定书在十五日内到 —— 银行缴纳罚款。逾期不缴纳的，每日按罚款数额的百分之三加处罚款，加处罚款的数额不超过罚款本数。

如不服本决定，可以在收到本决定书之日起六十日内向 ××市公安局或××区人民政府 申请行政复议或者在六个月内依法向 ××区 人民法院提起行政诉讼。

处罚地点 ××区××路××号××公司

办案人民警察 张××

□附：收缴物品清单

××市公安局××分局（印）

二〇二二年一月一日

处罚前已口头告知违法行为人拟作出处罚的事实、理由和依据，并告知违法行为人依法享有陈述权和申辩权。

被处罚人：王××

2022年1月1日

一式两份，一份交被处罚人，一份交所属公安机关备案。治安案件有被侵害人的，复印送达被侵害人。

三、不予行政处罚决定书

（此处印制公安机关名称）

不予行政处罚决定书

×公（　　）不罚决字〔　　〕　　号

违法行为人（姓名、性别、年龄、出生日期、身份证件种类及号码、户籍所在地、现住址、工作单位以及违法单位的名称、地址和法定代表人）＿＿＿

现查明＿＿＿＿＿＿＿＿＿＿＿＿＿＿＿＿＿＿＿＿＿＿＿＿＿＿＿＿＿＿＿＿＿＿＿＿＿＿，以上事实有＿＿＿＿＿＿＿＿＿＿＿＿＿＿＿＿＿＿＿＿＿＿＿＿＿＿＿＿＿等证据证实。

根据＿＿＿＿＿＿＿＿＿＿＿＿＿＿＿＿＿＿＿＿之规定，现决定不予行政处罚，并对＿＿＿＿＿＿＿＿＿＿予以收缴，对＿＿＿＿＿＿＿＿＿＿＿＿予以追缴。

如不服本决定，可以在收到本决定书之日起六十日内向＿＿＿＿＿＿＿＿＿＿＿＿＿＿＿＿申请行政复议或者在六个月内依法向＿＿＿＿＿＿＿＿＿＿＿＿＿＿＿人民法院提起行政诉讼。

□附：收缴/追缴物品清单

公安机关（印）

年　　月　　日

续表

不予行政处罚决定书已向我宣告并送达。 违法行为人 年 月 日

一式两份，一份交违法行为人，一份附卷。治安案件有被侵害人的，复印送达被侵害人。

【制作说明】

1. 本式样根据《公安机关办理行政案件程序规定》第四十六条、第一百五十七条至第一百五十九条和第一百七十二条等所制作，是公安机关针对确有违法行为，但有依法不予行政处罚的情形，或者违法事实不能成立的情形作出不予行政处罚决定时所使用文书。

2.《不予处罚决定书》为一式两份的填充式文书，一份交违法行为人，一份附卷。治安案件有被侵害人的，复印送达被侵害人。其内容主要包括首部、违法行为人、违法事实及证据、法律依据与收缴/追缴情况、法律救济、尾部等信息。在填写时需注意：

（1）首部。写明制作文书的公安机关名称和文书名称（已印制好）、文书文号。其中，公安机关是指县级以上公安机关、依法具有独立执法主体资格的公安机关业务部门或者出入境边防检查站；文书文号的“×”处填写制作法律文书的公安机关代字；“（　　）”填写办案单位简称，治安管理、出入境管理、交通管理、网络安全保卫等业务部门可分别简称为“治”“境”“交”“网”等，公安派出所可填写其名称的简称；“〔　　〕”填写年度，“　　号”空白处填写该文书的顺序号。

（2）违法行为人。填写违法行为人的基本信息，包括姓名、性别、年龄、出生日期、身份证件及号码、现住址；违法行为人是单位的，填写单位名称、法定代表人和单位住址。

（3）违法事实及证据。填写违法事实不能成立，或者确有违法行为，但有依法不予行政处罚情形的具体情况，该栏还应当填写证明上述违法事实的证据。

（4）法律依据与收缴/追缴情况。填写作出不予行政处罚、收缴、追缴或其他行政处理决定所依据的具体法律规定，包括法律法规的名称和具体的条、款、项，以可以准确定位所依据的法律规定为标准。同时作出收缴、追缴决定的，该栏还应当填写收缴与追缴的物品的名称和数量，在“□附：收缴/追缴物品清单”内打勾选定，并按照要求制作《收缴/追缴物品清单》，只作出收缴/追缴其中一种处理决定的，只保留对涉案财物作出的处理决定，将“/”及前后不需要的“收缴”或“追缴”字样划去；没有作出收缴、追缴决定的，在相应“________予以收缴”或“________予以收缴”的横线处填写“无”，同时可以将相应的“□”划去。

（5）法律救济。由办案民警根据《行政复议法》《行政诉讼法》等相关法律法规和司法解释的规定，在横线处填写有权受理案件的行政复议机关和人民法院的名称。

（6）尾部。“公安机关（印）”处加盖公安机关的印章和注明成文日期。此处公安机关，是指县级以上公安机关、公安派出所、[①] 依法具有独立执法主体资格的公安机关业务部门以及出入境边防检查站等。

3. 根据《公安机关办理行政案件程序规定》第一百五十七条、第一百五十八条的规定，对于不满十四周岁的违法行为人，公安机关应当在《不予行政处罚决定书》中写明责令其监护人严加管教；对于精神病人在不能辨认或者不能控制自己行为时有违法行为的，办案民警应当在《不予行政处罚决定书》中写明责令其监护人严加看管和治疗。

4. 对于《公安机关办理行政案件程序规定》第一百八十五条中“调解达成协议并履行，公安机关不再处罚”和第一百八十六条中“当事人申请人民调解或者自行和解，达成协议并履行后，双方当事人书面申请并经公安机关认可的，公安机关不予治安管理处罚”的情形，属于该规定第二百五十八条第一款第二项的“达成调解、和解协议并已履行”情形，公安机关应当予以结案，不再制作本文书。

【法律依据】

《中华人民共和国行政处罚法》（2021 年 1 月 22 日）

第三十条　不满十四周岁的未成年人有违法行为的，不予行政处罚，责令监护人加以管教；已满十四周岁不满十八周岁的未成年人有违法行为的，应当从轻或者减轻行政处罚。

第三十一条　精神病人、智力残疾人在不能辨认或者不能控制自己行为时有违法行为的，不予行政处罚，但应当责令其监护人严加看管和治疗。间歇性精神病人在精神正常时有违法行为的，应当给予行政处罚。尚未完全丧失辨认或者控制自己行为能力的精神病人、智力残疾人有违法行为的，可以从轻或者减轻行政处罚。

第三十三条　违法行为轻微并及时改正，没有造成危害后果的，不予行

① 需要指出的是，公安派出所对于在其法定授权范围内的治安案件，有权作出处罚决定或者不予处罚决定。

政处罚。初次违法且危害后果轻微并及时改正的，可以不予行政处罚。

当事人有证据足以证明没有主观过错的，不予行政处罚。法律、行政法规另有规定的，从其规定。

对当事人的违法行为依法不予行政处罚的，行政机关应当对当事人进行教育。

第五十七条 调查终结，行政机关负责人应当对调查结果进行审查，根据不同情况，分别作出如下决定：

（一）确有应受行政处罚的违法行为的，根据情节轻重及具体情况，作出行政处罚决定；

（二）违法行为轻微，依法可以不予行政处罚的，不予行政处罚；

（三）违法事实不能成立的，不予行政处罚；

（四）违法行为涉嫌犯罪的，移送司法机关。

对情节复杂或者重大违法行为给予行政处罚，行政机关负责人应当集体讨论决定。

《中华人民共和国治安管理处罚法》（2012 年 10 月 26 日）

第十二条 已满十四周岁不满十八周岁的人违反治安管理的，从轻或者减轻处罚；不满十四周岁的人违反治安管理的，不予处罚，但是应当责令其监护人严加管教。

第十三条 精神病人在不能辨认或者不能控制自己行为的时候违反治安管理的，不予处罚，但是应当责令其监护人严加看管和治疗。间歇性的精神病人在精神正常的时候违反治安管理的，应当给予处罚。

第十四条 盲人或者又聋又哑的人违反治安管理的，可以从轻、减轻或者不予处罚。

第十九条 违反治安管理有下列情形之一的，减轻处罚或者不予处罚：

（一）情节特别轻微的；

（二）主动消除或者减轻违法后果，并取得被侵害人谅解的；

（三）出于他人胁迫或者诱骗的；

（四）主动投案，向公安机关如实陈述自己的违法行为的；

（五）有立功表现的。

《公安机关办理行政案件程序规定》（2020 年 8 月 6 日）

第四十六条 对快速办理的行政案件，公安机关可以根据违法行为人认错悔改、纠正违法行为、赔偿损失以及被侵害人谅解情况等情节，依法对违法行为人从轻、减轻处罚或者不予行政处罚。

对快速办理的行政案件，公安机关可以采用口头方式履行处罚前告知程序，由办案人民警察在案卷材料中注明告知情况，并由被告知人签名确认。

第一百五十七条　不满十四周岁的人有违法行为的，不予行政处罚，但是应当责令其监护人严加管教，并在不予行政处罚决定书中载明。已满十四周岁不满十八周岁的人有违法行为的，从轻或者减轻行政处罚。

第一百五十八条　精神病人在不能辨认或者不能控制自己行为时有违法行为的，不予行政处罚，但应当责令其监护人严加看管和治疗，并在不予行政处罚决定书中载明。间歇性精神病人在精神正常时有违法行为的，应当给予行政处罚。尚未完全丧失辨认或者控制自己行为能力的精神病人有违法行为的，应当予以行政处罚，但可以从轻或者减轻行政处罚。

第一百五十九条　违法行为人有下列情形之一的，应当从轻、减轻处罚或者不予行政处罚：

（一）主动消除或者减轻违法行为危害后果，并取得被侵害人谅解的；

（二）受他人胁迫或者诱骗的；

（三）有立功表现的；

（四）主动投案，向公安机关如实陈述自己的违法行为的；

（五）其他依法应当从轻、减轻或者不予行政处罚的。

违法行为轻微并及时纠正，没有造成危害后果的，不予行政处罚。

盲人或者又聋又哑的人违反治安管理的，可以从轻、减轻或者不予行政处罚；醉酒的人违反治安管理的，应当给予处罚。

第一百七十二条　公安机关根据行政案件的不同情况分别作出下列处理决定：

（一）确有违法行为，应当给予行政处罚的，根据其情节和危害后果的轻重，作出行政处罚决定；

（二）确有违法行为，但有依法不予行政处罚情形的，作出不予行政处罚决定；有违法所得和非法财物、违禁品、管制器具的，应当予以追缴或者收缴；

（三）违法事实不能成立的，作出不予行政处罚决定；

（四）对需要给予社区戒毒、强制隔离戒毒、收容教养等处理的，依法作出决定；

（五）违法行为涉嫌构成犯罪的，转为刑事案件办理或者移送有权处理的主管机关、部门办理，无需撤销行政案件。公安机关已经作出行政处理决定的，应当附卷；

（六）发现违法行为人有其他违法行为的，在依法作出行政处理决定的同时，通知有关行政主管部门处理。

对已经依照前款第三项作出不予行政处罚决定的案件，又发现新的证据的，应当依法及时调查；违法行为能够认定的，依法重新作出处理决定，并撤销原不予行政处罚决定。

治安案件有被侵害人的，公安机关应当在作出不予行政处罚或者处罚决定之日起二日内将决定书复印件送达被侵害人。无法送达的，应当注明。

【文书范例】

××市公安局××分局

不予行政处罚决定书

×公（治）不罚决字〔2022〕12号

违法行为人（姓名、性别、年龄、出生日期、身份证件种类及号码、户籍所在地、现住址、工作单位以及违法单位的名称、地址和法定代表人）章××，男，20岁，2002年1月1日出生，居民身份证号码为××××，户籍所在地为××市××区××小区2单元101室，现住××市××区××小区2单元101室，工作单位为××区××公司。

现查明2022年1月1日晚上9时30分许，章××于××区××街道与吴××（居民身份证号码为××××）发生口角而殴打吴××，造成吴××受轻微伤。经查证，章××为盲人且主动道歉并承担医药费，已取得被侵害人吴××的谅解，以上事实有小区监控视频、违法行为人章××的陈述和申辩、吴××的陈述、小区居民张××证言等证据证实。

根据《中华人民共和国治安管理处罚法》第十四条、第十九条第一款第二项之规定，现决定不予行政处罚，并对无予以收缴，对无予以追缴。

如不服本决定，可以在收到本决定书之日起六十日内向××市公安局或××区人民政府申请行政复议或者在六个月内依法向××区人民法院提起行政诉讼。

□附：收缴/追缴物品清单

××市公安局××分局（印）

二〇二二年一月一日

不予行政处罚决定书已向我宣告并送达。

违法行为人：章××

2022年1月1日

一式两份，一份交违法行为人，一份附卷。治安案件有被侵害人的，复印送达被侵害人。

四、行政处罚决定书，没收违法所得、非法财物清单

（一）行政处罚决定书

（此处印制公安机关名称）

行政处罚决定书

×公（　　）行罚决字〔　　〕　　号

决定书正文载明以下内容：

1. 违法行为人的基本情况（姓名、性别、年龄、出生日期、身份证件种类及号码、户籍所在地、现住址、工作单位、违法经历以及被处罚单位的名称、地址和法定代表人）；

2. 违法事实和证据以及从重、从轻等情节（证人不愿意暴露姓名的，应当注意保密）；

3. 法律依据；

4. 处罚种类及幅度（包括对外国人适用或者附加适用限期出境）；

5. 执行方式及期限（包括当场训诫、当场收缴罚款、到指定银行缴纳罚款、送拘留所执行以及合并执行的情况，对罚款处罚，要注明逾期不缴纳罚款时加处罚款的标准和上限）；

6. 对涉案财物的处理情况及对被处罚人的其他处理情况；

7. 不服本决定的救济途径；

8. 附没收违法所得、非法财物清单及收缴/追缴物品清单。

公安机关名称、印章及决定日期

一式三份，被处罚人和执行单位各一份，一份附卷。治安案件有被侵害人的，复印送达被侵害人。

（此处印制公安机关名称）

行政处罚决定书

×公（　　）行罚决字〔　　〕　　号

违法行为人（姓名、性别、年龄、出生日期、身份证件种类及号码、户籍所在地、现住址、工作单位、违法经历以及被处罚单位的名称、地址和法定代表人）________________________________

____

现查明____

____，以上事实有

____

____等证据证实。

根据________________________________之规定，现决定____。

执行方式和期限____________________________________

____。

逾期不交纳罚款的，每日按罚款数额的百分之三加处罚款，加处罚款的数额不超过罚款本数。

如不服本决定，可以在收到本决定书之日起六十日内向________________________申请行政复议或者在六个月内依法向________________________人民法院提起行政诉讼。

附：________________清单共____份

公安机关（印）

年　　月　　日

行政处罚决定书已向我宣告并送达。

被处罚人

年　　月　　日

一式三份，被处罚人和执行单位各一份，一份附卷。治安案件有被侵害人的，复印送达被侵害人。

【制作说明】

1. 本式样根据《公安机关办理行政案件程序规定》第一百六十一条、第一百七十二条、第一百七十三条、第一百七十五条、第一百七十六条等所制作，是公安机关按照行政处罚的一般程序对违法行为人予以行政处罚时使用的文书。一人多案的，可以制作一份《行政处罚决定书》；多人一案的，可以制作一式多份的《行政处罚决定书》。对外国人作出驱逐出境处罚的，不使用该文书。

2.《行政处罚决定书》分为叙述式文书和填充式文书，各地公安机关可以根据实际办案需要选择使用。该文书一式三份，被处罚人和执行单位各一份，一份附卷。治安案件有被侵害人的，复印送达被侵害人。其内容主要包括首部、违法行为人、违法事实与证据、法律依据、处罚种类及幅度、执行方式及期限、法律救济、尾部等。在填写时需注意：

（1）首部。写明制作文书的公安机关名称和文书名称（已印制好）、文书文号。其中，文书文号的“×”处填写制作法律文书的公安机关代字（已印制好）；“（　）”填写办案单位简称，治安管理、出入境管理、交通管理、网络安全保卫等业务部门可分别简称为“治”“境”“交”“网”等，公安派出所可填写其名称的简称；“〔　〕”填写年度，“　号”空白处填写该文书的顺序号。

（2）违法行为人基本信息。填写违法行为人的基本信息，包括姓名、性别、年龄、出生日期、身份证件种类及号码、户籍所在地、现住址、工作单位和违法经历。违法行为人是单位的，应当填写单位名称、地址和法定代表人。其中，违法经历可以只填写对本次行政处理决定产生实质性影响的内容，如依据《公安机关办理行政案件程序规定》第一百六十条第一款第四项、第五项的规定，违法行为人在“六个月内曾受过治安管理处罚或者一年内因同类违法行为受到两次以上公安行政处罚的”“刑罚执行完毕三年内，或者在缓刑期间，违反治安管理的”，办案民警应当在违法经历中写明。

（3）违法事实及证据。填写简要的违法事实，主要包括人物、时间、地点、方式、结果等，有被害人（被侵害人）的，应当写明人身伤害及程度、财物损失及数量、特征等情况。该栏还应当写明已经查证属实、且能支撑上述违法事实成立的相关证据。

（4）法律依据及行政处罚决定。填写作出处罚决定、收缴/追缴或其他行政处理决定所依据的具体法律规定，包括法律法规的名称和具体的条、款、项，以可以准确定位相关法律法规的条文为标准。该栏还应当由办案民警依据案件性质、情节等确定具体的行政处罚种类及幅度，具体包括警告、罚款及具体金额、行政拘留及具体天数等，还应当填写对涉案财物的处理结果及对被处罚人的其他处理决定。对于一人实施多个违法行为的，应当写明每个违法行为的行政处罚的种类及幅度；对于一个案件中有多个违法行为人的，应当分别写明每个违法行为人的行政处罚种类及幅度。

（5）执行方式和期限。办案民警根据行政处罚决定的内容填写执行的具体方式和期限，如缴纳罚款的日期、地点、缴纳方式以及行政拘留的起止时间、执行地点（或者行政拘留依法不执行的情况）等；对涉案财物进行没收、收缴/追缴的，也应当写明对涉案财物的执行方式和期限，在文末注明清单的名称与数量，并附相应的清单；有合并执行或不予执行的情况，也应当写明；无须写明履行的具体方式和期限的，或者已经履行的，如吊销公安机关发放的许可证等，应当在横线处填写“无”或者画一条横线，能够表示无内容即可。

（6）法律救济。由办案民警根据《行政复议法》《行政诉讼法》等相关法律法规和司法解释的规定，在横线处填写有权受理案件的行政复议机关和人民法院的名称。

（7）尾部。“公安机关（印）”处加盖公安机关的印章和写明成文日期。此处的公安机关，是指作出行政处罚决定的县级以上公安机关、公安派出所、依法具有独立执法主体资格的公安机关业务部门或者出入境边防检查站等。

3. 地方公安机关选择使用制作型的《行政处罚决定书》的，应当按照制作要求在文书中写明相关内容。相较于填充式文书，制作型文书的格式要求相对较弱，公安机关可以根据具体案件的需要在文书中详细说理，以此提升法律文书的准确性、合理性与权威性。此外，“对被处罚人的其他处理情况”包括强制隔离戒毒等强制措施的，办案民警应当在文书中写明强制隔离戒毒的依据、期限和执行单位的名称、地点等，可不再另行制作《强制隔离戒毒决定书》，但应当将该《行政处罚决定书》按照要求送强制隔离戒毒所一份，将该《行政处罚决定书》复印件送达被强制隔离戒毒人员家属、所在单位和户籍所在地公安派出所；其他内容制作要求同填充式文书相同。

4. 附卷的决定书应当由被处罚人签名或盖章，注明“行政处罚决定书已向我宣告并送达”，不再使用送达回执。拒绝签名、盖章的，由办案民警在文书上注明。

【法律依据】

《中华人民共和国行政处罚法》（2021年1月22日）

第五十七条 调查终结，行政机关负责人应当对调查结果进行审查，根据不同情况，分别作出如下决定：

（一）确有应受行政处罚的违法行为的，根据情节轻重及具体情况，作出行政处罚决定；

（二）违法行为轻微，依法可以不予行政处罚的，不予行政处罚；

（三）违法事实不能成立的，不予行政处罚；

（四）违法行为涉嫌犯罪的，移送司法机关。

对情节复杂或者重大违法行为给予行政处罚，行政机关负责人应当集体讨论决定。

第五十九条 行政机关依照本法第五十七条的规定给予行政处罚，应当制作行政处罚决定书。行政处罚决定书应当载明下列事项：

（一）当事人的姓名或者名称、地址；

（二）违反法律、法规、规章的事实和证据；

（三）行政处罚的种类和依据；

（四）行政处罚的履行方式和期限；

（五）申请行政复议、提起行政诉讼的途径和期限；

（六）作出行政处罚决定的行政机关名称和作出决定的日期。

行政处罚决定书必须盖有作出行政处罚决定的行政机关的印章。

《中华人民共和国治安管理处罚法》（2012年10月26日）

第九十五条 治安案件调查结束后，公安机关应当根据不同情况，分别作出以下处理：

（一）确有依法应当给予治安管理处罚的违法行为的，根据情节轻重及具体情况，作出处罚决定；

（二）依法不予处罚的，或者违法事实不能成立的，作出不予处罚决定；

（三）违法行为已涉嫌犯罪的，移送主管机关依法追究刑事责任；

（四）发现违反治安管理行为人有其他违法行为的，在对违反治安管理行为作出处罚决定的同时，通知有关行政主管部门处理。

第九十六条 公安机关作出治安管理处罚决定的，应当制作治安管理处罚决定书。决定书应当载明下列内容：

（一）被处罚人的姓名、性别、年龄、身份证件的名称和号码、住址；

（二）违法事实和证据；

（三）处罚的种类和依据；

（四）处罚的执行方式和期限；

（五）对处罚决定不服，申请行政复议、提起行政诉讼的途径和期限；

（六）作出处罚决定的公安机关的名称和作出决定的日期。

决定书应当由作出处罚决定的公安机关加盖印章。

第九十七条　公安机关应当向被处罚人宣告治安管理处罚决定书，并当场交付被处罚人；无法当场向被处罚人宣告的，应当在二日内送达被处罚人。决定给予行政拘留处罚的，应当及时通知被处罚人的家属。

有被侵害人的，公安机关应当将决定书副本抄送被侵害人。

《公安机关办理行政案件程序规定》（2020年8月6日）

第一百六十一条　一人有两种以上违法行为的，分别决定，合并执行，可以制作一份决定书，分别写明对每种违法行为的处理内容和合并执行的内容。

一个案件有多个违法行为人的，分别决定，可以制作一式多份决定书，写明给予每个人的处理决定，分别送达每一个违法行为人。

第一百七十二条　公安机关根据行政案件的不同情况分别作出下列处理决定：

（一）确有违法行为，应当给予行政处罚的，根据其情节和危害后果的轻重，作出行政处罚决定；

（二）确有违法行为，但有依法不予行政处罚情形的，作出不予行政处罚决定；有违法所得和非法财物、违禁品、管制器具的，应当予以追缴或者收缴；

（三）违法事实不能成立的，作出不予行政处罚决定；

（四）对需要给予社区戒毒、强制隔离戒毒、收容教养等处理的，依法作出决定；

（五）违法行为涉嫌构成犯罪的，转为刑事案件办理或者移送有权处理的主管机关、部门办理，无需撤销行政案件。公安机关已经作出行政处理决定的，应当附卷；

（六）发现违法行为人有其他违法行为的，在依法作出行政处理决定的同时，通知有关行政主管部门处理。

对已经依照前款第三项作出不予行政处罚决定的案件，又发现新的证据的，应当依法及时调查；违法行为能够认定的，依法重新作出处理决定，并撤销原不予行政处罚决定。

治安案件有被侵害人的，公安机关应当在作出不予行政处罚或者处罚决定之日起二日内将决定书复印件送达被侵害人。无法送达的，应当注明。

第一百七十三条 行政拘留处罚由县级以上公安机关或者出入境边防检查机关决定。依法应当对违法行为人予以行政拘留的，公安派出所、依法具有独立执法主体资格的公安机关业务部门应当报其所属的县级以上公安机关决定。

第一百七十五条 作出行政处罚决定的，应当制作行政处罚决定书。决定书应当载明下列内容：

（一）被处罚人的姓名、性别、出生日期、身份证件种类及号码、户籍所在地、现住址、工作单位、违法经历以及被处罚单位的名称、地址和法定代表人；

（二）违法事实和证据以及从重、从轻、减轻等情节；

（三）处罚的种类、幅度和法律依据；

（四）处罚的执行方式和期限；

（五）对涉案财物的处理结果及对被处罚人的其他处理情况；

（六）对处罚决定不服，申请行政复议、提起行政诉讼的途径和期限；

（七）作出决定的公安机关的名称、印章和日期。

作出罚款处罚的，行政处罚决定书应当载明逾期不缴纳罚款依法加处罚款的标准和最高限额；对涉案财物作出处理的，行政处罚决定书应当附没收、收缴、追缴物品清单。

第一百七十六条 作出行政拘留处罚决定的，应当及时将处罚情况和执行场所或者依法不执行的情况通知被处罚人家属。

作出社区戒毒决定的，应当通知被决定人户籍所在地或者现居住地的城市街道办事处、乡镇人民政府。作出强制隔离戒毒、收容教养决定的，应当在法定期限内通知被决定人的家属、所在单位、户籍所在地公安派出所。

被处理人拒不提供家属联系方式或者不讲真实姓名、住址，身份不明的，可以不予通知，但应当在附卷的决定书中注明。

【文书范例一】

××市公安局××分局

行政处罚决定书

×公（治）行罚决字〔2022〕13号

张××，男，30岁，1992年1月1日出生，居民身份证号码为××××，户籍地为××省××市××区××小区1单元203室，现住××省××市××区××小区1单元203室，工作单位××省××市××区××公司，无违法经历。

2022年1月3日13时10分，张××于××区××街道故意砸坏刘××（居民身份证号××××）停靠在路边的电动自行车后视镜，造成刘××财产损失约200元，随后二人发生口角，刘××报警，张××被随后赶来的民警控制。以上违法事实有违法行为人张××的陈述和申辩、刘××的陈述、××街道监控视频、证人吴××的证言等证据证实。

综上，刘××故意损毁财物行为成立，依据《中华人民共和国治安管理处罚法》第四十九条之规定，决定给予张××行政拘留八日的行政处罚，由××市公安局××分局送××区拘留所，执行期限为自2022年1月3日至11日。

如不服本决定，可以在收到本决定书之日起六十日内向××市公安局或××区人民政府申请行政复议或者在六个月内依法向××区人民法院提起行政诉讼。

××市公安局××公安分局（印）

二〇二二年一月三日

行政处罚决定书已向我宣告并送达。

被处罚人：张××

2022年1月3日

一式三份，被处罚人和执行单位各一份，一份附卷。治安案件有被侵害人的，复印送达被侵害人。

【文书范例二】

××市公安局××分局

行政处罚决定书

×公（治）行罚决字〔2022〕15号

违法行为人（姓名、性别、年龄、出生日期、身份证件种类及号码、户籍所在地、现住址、工作单位、违法经历以及被处罚单位的名称、地址和法定代表人）蔡××，男，35岁，1987年10月1日，居民身份证号码为××××，户籍所在地为××市××区××小区1单元102室，现住××市××区××小区1单元102室，现为××市××区××公司会计，无违法经历。

现查明 2022年1月3日16时20分左右，蔡××于××区安心饭店盗窃张××（居民身份证号××××）财物800元，以上事实有 安心饭店监控视频、蔡××的陈述和申辩、被侵害人张××的陈述、证人段××的证言 等证据证实。

根据《中华人民共和国治安管理处罚法》第四十九条 之规定，现决定 给予蔡××行政拘留八日的行政处罚 。

执行方式和期限 由××市公安局××分局送××区拘留所执行，期限（自2022年1月3日至11日） 。

逾期不交纳罚款的，每日按罚款数额的百分之三加处罚款，加处罚款的数额不超过罚款本数。

如不服本决定，可以在收到本决定书之日起六十日内向 ××市公安局或××区人民政府 申请行政复议或者在六个月内依法向 ××区 人民法院提起行政诉讼。

附：______清单共______份

××市公安局××分局（印）

二〇二二年一月三日

行政处罚决定书已向我宣告并送达。

被处罚人 蔡××

2022年1月3日

一式三份，被处罚人和执行单位各一份，一份附卷。治安案件有被侵害人的，复印送达被侵害人。

（二）没收违法所得、非法财物清单

没收违法所得、非法财物清单

编号	名称	数量	特征	备注

被处罚人 年　月　日	保管人 年　月　日	办案民警 公安机关（印） 年　月　日

一式三份，一份交被处罚人，一份交保管人，一份附卷。

【制作说明】

1. 本式样根据《公安机关办理行政案件程序规定》第一百七十五条第二款等所制作的《行政处罚决定书》的配套法律文书，是在对违法行为人作出没收违法所得、非法财物的行政处罚时所使用的文书。没收的违法所得、非法财物的对象仅为金钱的，可以在《行政处罚决定书》中写明具体金额，不再另行制作本文书。

2. 《没收违法所得、非法财物清单》为一式三份的填表式文书，一份交被处罚人，一份交保管人，一份附卷，其主要内容包括编号、名称、数量、特征、备注、被处罚人、保管人、办案民警等信息。在填写时需注意：

（1）“编号”栏：采用阿拉伯数字，按照每种违法所得和涉案财物的排列顺序从“1”开始逐次填写，中间不留空格。

（2）“名称”栏：填写每种违法所得和非法财物的名称。

（3）“数量”栏：填写每种违法所得和非法财物的数量，用中文大写数字填写。

（4）“特征”栏：填写每种违法所得和非法财物的品牌、型号、颜色、新旧、规格等特点。

（5）“备注”栏：填写需要特别说明的事项。附卷的文书应当在本栏写明违法所得和非法财物的后续处理情况，如按照国家规定处理或上缴国库等。

（6）被处罚人。由被处罚人在被没收违法所得、非法财物时签名确认，并注明没收日期。被处罚人拒绝签名的，办案民警应当注明。

（7）保管人。由保管人接收涉案财物时签名确认，并注明接收日期。

（8）办案民警。由没收违法所得、非法财物的办案民警在没收时签名，并注明日期（此处的日期可以用阿拉伯数字填写）。办案民警通常要对没收的违法所得、非法财物进行拍照、复印或者录音、录像后交付保管人保管，并加盖作出没收决定的公安机关的印章。

3. 表格应当逐格逐项填写，若一页空格不够，可以续页。若表格填写完毕后，还留有空格，应当自空格的左上角到空格的右下角画一条斜对角线。

【法律依据】

《中华人民共和国行政处罚法》（2021 年 1 月 22 日）

第九条 行政处罚的种类：

（一）警告、通报批评；

（二）罚款、没收违法所得、没收非法财物；

（三）暂扣许可证件、降低资质等级、吊销许可证件；

（四）限制开展生产经营活动、责令停产停业、责令关闭、限制从业；

（五）行政拘留；

（六）法律、行政法规规定的其他行政处罚。

第二十八条　行政机关实施行政处罚时，应当责令当事人改正或者限期改正违法行为。

当事人有违法所得，除依法应当退赔的外，应当予以没收。违法所得是指实施违法行为所取得的款项。法律、行政法规、部门规章对违法所得的计算另有规定的，从其规定。

《公安机关办理行政案件程序规定》（2020年8月6日）

第一百七十五条第二款　作出罚款处罚的，行政处罚决定书应当载明逾期不缴纳罚款依法加处罚款的标准和最高限额；对涉案财物作出处理的，行政处罚决定书应当附没收、收缴、追缴物品清单。

【文书范例】

没收违法所得、非法财物清单

编号	名称	数量	特征	备注
1	音响	贰拾台	××牌、型号××、黑色、九成新	
2	点歌机	贰拾台	××牌、型号××、黑色、九成新	
3	电视	贰拾台	××牌、型号××、黑色、九五成新	
4	电脑	贰台	××牌、型号××、白色、八成新	

被处罚人　张×× 2022 年 1 月 7 日	保管人　刘×× 2022 年 1 月 7 日	办案民警　王×× 吴×× ××县公安局（印） 二〇二二年一月七日

一式三份，一份交被处罚人，一份交保管人，一份附卷。

五、收缴/追缴物品清单

（此处印制公安机关名称）

收缴/追缴物品清单

×公（　　）缴字〔　　〕　　号

根据

□《中华人民共和国治安管理处罚法》第十一条第一款

□《中华人民共和国治安管理处罚法》第十一条第二款

□《公安机关办理行政案件程序规定》第一百九十四条第一款

□《公安机关办理行政案件程序规定》第一百九十四条第三款之规定，对物品持有人____的下列物品予以收缴/追缴。

如不服本决定，可以在收到本清单之日起六十日内向________________________________申请行政复议或者在六个月内依法向________________________人民法院提起行政诉讼。

编号	名称	数量	特征	物品处理情况（发还的，由接收人签名）

物品持有人、见证人	保管人	办案民警
年　月　日	年　月　日	公安机关（印） 年　月　日

一式三份，一份交物品持有人，一份交保管人，一份附卷。

【制作说明】

1. 本式样根据《公安机关办理行政案件程序规定》第一百七十五条第二款、第一百九十三条至第一百九十七条等所制作的行政处罚类决定书的配套法律文书，是公安机关在对违法行为人进行行政处罚时，对涉案财物进行收缴/追缴时所使用的法律文书，该文书也可以单独使用，同一案件既有收缴又有追缴的，应当分别制作清单。

2.《收缴/追缴物品清单》是一式三份的填表式文书，一份交给物品持有人，一份交保管人，一份附卷。其内容主要包括首部、法律依据和收缴/追缴处理决定、法律救济、编号、名称、数量、特征、物品处理情况、物品持有人、见证人、保管人、办案民警等信息。在填写时需注意：

（1）首部。写明制作文书的公安机关名称和文书名称（已印制好）、文书文号。其中，办案的民警应当根据实际需要选择文书名称，同时将不需要的“/”及前后的“收缴”或“追缴”字样用横线划去，以明确文书名称；文书文号的填写方式同其他法律文书一样。

（2）法律依据和收缴/追缴处理决定。办案民警选择收缴/追缴的法律依据，并在该栏的“□”内打勾选定，并将未选定的法律依据前的“□”用横线划去。“物品持有人”后面的横线处填写持有人的姓名、性别、出生日期、身份证件种类及号码、现住址；“物品持有人”为单位的，应当填写单位的名称、地址和法定代表人；有关内容在《行政处罚决定书》中已经体现的，只填写物品持有人的姓名或物品持有单位的名称。多人共同实施违法行为的，违法所得或者非法财物无法分清所有人的，“物品持有人”为所有的共同违法行为人。

（3）法律救济。由办案民警根据《行政复议法》《行政诉讼法》等相关法律法规和司法解释的规定，在横线处填写有权受理案件的行政复议机关和人民法院的名称。

（4）“编号”栏：采用阿拉伯数字，按涉案财物的排列顺序从“1”开始逐次填写，中间不留空格。

（5）“名称”栏：填写涉案财物的名称。

（6）“数量”栏：填写每种涉案财物的数量，用中文大写数字填写。

（7）“特征”栏：填写每种涉案财物的品牌、型号、颜色、新旧、规格等特点。

（8）“物品处理情况”栏：填写每种涉案财物的后续处理情况，发还给被侵害人的，由接收人签名，无须另行制作发还的法律文书。

（9）物品持有人、见证人。由物品持有人、见证人签名，并注明签字的日期。物品持有人、见证人拒绝签名的，办案民警应当注明。

（10）保管人。由保管人接收涉案财物时签名确认，并注明接收日期。

（11）办案民警。由办案民警在进行收缴/追缴时签名，并注明日期（此处的日期可以用阿拉伯数字填写）。办案民警通常要对收缴、追缴的涉案财物进行拍照、复印或者录音、录像后交付保管人保管。并加盖作出收缴/追缴决定的县级以上公安机关、公安派出所、依法具有独立执法主体资格的公安机关业务部门或者出入境边防检查站的印章。

3. 表格应当逐格逐项填写，若一页空格不够，可以续页。若表格填写完毕后，还留有空格，应当自空格的左上角到空格的右下角画一条对角线。

【法律依据】

《中华人民共和国治安管理处罚法》（2012年10月26日）

第十一条　办理治安案件所查获的毒品、淫秽物品等违禁品，赌具、赌资，吸食、注射毒品的用具以及直接用于实施违反治安管理行为的本人所有的工具，应当收缴，按照规定处理。

违反治安管理所得的财物，追缴退还被侵害人；没有被侵害人的，登记造册，公开拍卖或者按照国家有关规定处理，所得款项上缴国库。

《公安机关办理行政案件程序规定》（2020年8月6日）

第一百七十五条第二款　作出罚款处罚的，行政处罚决定书应当载明逾期不缴纳罚款依法加处罚款的标准和最高限额；对涉案财物作出处理的，行政处罚决定书应当附没收、收缴、追缴物品清单。

第一百九十三条　在作出行政处理决定时，应当对涉案财物一并作出处理。

第一百九十四条　对在办理行政案件中查获的下列物品应当依法收缴：

（一）毒品、淫秽物品等违禁品；

（二）赌具和赌资；

（三）吸食、注射毒品的用具；

（四）伪造、变造的公文、证件、证明文件、票证、印章等；

（五）倒卖的车船票、文艺演出票、体育比赛入场券等有价票证；

（六）主要用于实施违法行为的本人所有的工具以及直接用于实施毒品违法行为的资金；

（七）法律、法规规定可以收缴的其他非法财物。

前款第六项所列的工具，除非有证据表明属于他人合法所有，可以直接认定为违法行为人本人所有。对明显无价值的，可以不作出收缴决定，但应当在证据保全文书中注明处理情况。

违法所得应当依法予以追缴或者没收。

多名违法行为人共同实施违法行为，违法所得或者非法财物无法分清所有人的，作为共同违法所得或者非法财物予以处理。

第一百九十五条 收缴由县级以上公安机关决定。但是，违禁品，管制器具，吸食、注射毒品的用具以及非法财物价值在五百元以下且当事人对财物价值无异议的，公安派出所可以收缴。

追缴由县级以上公安机关决定。但是，追缴的财物应当退还被侵害人的，公安派出所可以追缴。

第一百九十六条 对收缴和追缴的财物，经原决定机关负责人批准，按照下列规定分别处理：

（一）属于被侵害人或者善意第三人的合法财物，应当及时返还；

（二）没有被侵害人的，登记造册，按照规定上缴国库或者依法变卖、拍卖后，将所得款项上缴国库；

（三）违禁品、没有价值的物品，或者价值轻微，无法变卖、拍卖的物品，统一登记造册后销毁；

（四）对无法变卖或者拍卖的危险物品，由县级以上公安机关主管部门组织销毁或者交有关厂家回收。

第一百九十七条 对应当退还原主或者当事人的财物，通知原主或者当事人在六个月内来领取；原主不明确的，应当采取公告方式告知原主认领。在通知原主、当事人或者公告后六个月内，无人认领的，按无主财物处理，登记后上缴国库，或者依法变卖或者拍卖后，将所得款项上缴国库。遇有特殊情况的，可酌情延期处理，延长期限最长不超过三个月。

【文书范例】

××市公安局××公安分局

收缴/追缴物品清单

×公（治）缴字〔2022〕13号

根据

⊟《中华人民共和国治安管理处罚法》第十一条第一款

☑《中华人民共和国治安管理处罚法》第十一条第二款

⊟《公安机关办理行政案件程序规定》第一百九十四条第一款

⊟《公安机关办理行政案件程序规定》第一百九十四条第三款之规定，对物品持有人 王×× 的下列物品予以收缴/追缴。

如不服本决定，可以在收到本清单之日起六十日内向 ××市公安局或××区人民政府 申请行政复议或者在六个月内依法向 ××区 人民法院提起行政诉讼。

编号	名称	数量	特征	物品处理情况（发还的，由接收人签名）
1	人民币	伍佰圆	百元纸币	发还被侵害人汪××
2	手机	壹台	××牌，型号××，玫瑰金色，九五成新	发还被侵害人汪××

物品持有人、见证人	保管人	办案民警
王×× 张××	周××	赵×× 王××
2022年1月5日	2022年1月5日	××市公安局××分局（印） 二〇二二年一月五日

一式三份，一份交物品持有人，一份交保管人，一份附卷。

六、责令________通知书

（此处印制公安机关名称）

责令________通知书

×公（　　）责通字〔　　〕　　号

____________________：

经调查，发现你（单位）存在下述违法行为：________________

____

____

____。

根据______________________之规定，现责令你（单位）

□立即予以改正。

□立即停____。

□在______年____月____日前改正或者整改完毕，并将结果函告我单位。在期限届满之前，你（单位）必须____________________

____。

如不服本决定，可以在收到本通知书之日起六十日内向__________

________________________申请行政复议或者在六个月内依法向______________________人民法院提起行政诉讼。

公安机关（印）

年　　月　　日

违法行为人

年　　月　　日

一式两份，一份交违法行为人，一份附卷。

【制作说明】

1. 本式样根据《公安机关办理行政案件程序规定》第一百五十五条等所制作，是公安机关采取责令改正，限期改正、限期整改，或者停止违法行为、停止非法运输活动、停止燃放等措施时使用的文书。值得注意的是，责令停产停业属于行政处罚的一种，所以办案民警作出责令停产停业决定的，应当使用《行政处罚决定书》。

2.《责令______通知书》是一式两份的填充式文书，一份交违法行为人，一份附卷。其主要内容包括首部、被通知人、违法行为、法律依据、责令内容、法律救济等。在填写时需注意：

（1）首部：写明制作文书的公安机关名称（已印制好）、文书名称、文书文号。其中，文书名称“责令______通知书”的横线处填写办案民警所采取措施的名称；文书文号的填写同其他法律文书的填写方式一样。

（2）被通知人。填写违法行为人的姓名，违法行为人为单位的，填写单位的名称。

（3）违法行为。填写违法行为的简要情况，主要包括违法行为的名称、后果等。若有多个违法行为的，应当分别表述。

（4）法律依据与责令内容。办案民警依据具体案情在横线处写明相对应的法律依据，包括法律法规的名称和具体的条、款、项，以可以准确定位相关法律法规的条文为标准。该栏还应当由办案民警根据具体案情确定合适的责令内容，并在相应的“□”内打勾选定，并将其他的“□”用横线划去。“立即停”后面的横线处填写办案民警责令违法行为人停止的具体行为名称。责令限期改正、限期整改的，在横线处填写改正或整改的最后日期。“你（单位）必须”后面的横线处应当根据查处案件的实际要求填写改正或整改的具体内容。横线处未填写具体内容的应当用横线划去。

（5）法律救济。由办案民警根据《行政复议法》《行政诉讼法》等相关法律法规和司法解释的规定，在横线处填写有权受理案件的行政复议机关和人民法院的名称。

（6）尾部。“公安机关（印）”处加盖作出责令决定的县级以上公安机关、公安派出所、依法具有独立执法主体资格的公安机关业务部门或者出入境边防检查站的印章。并由违法行为人在尾部“违法行为人”栏处签名和注明签字日期。违法行为人拒绝签名的，办案民警应当注明。

【法律依据】

《中华人民共和国行政处罚法》（2021 年 1 月 22 日）

第二十八条 行政机关实施行政处罚时，应当责令当事人改正或者限期改正违法行为。

当事人有违法所得，除依法应当退赔的外，应当予以没收。违法所得是指实施违法行为所取得的款项。法律、行政法规、部门规章对违法所得的计算另有规定的，从其规定。

《中华人民共和国治安管理处罚法》（2012 年 10 月 26 日）

第二十四条 有下列行为之一，扰乱文化、体育等大型群众性活动秩序的，处警告或者二百元以下罚款；情节严重的，处五日以上十日以下拘留，可以并处五百元以下罚款：

（一）强行进入场内的；

（二）违反规定，在场内燃放烟花爆竹或者其他物品的；

（三）展示侮辱性标语、条幅等物品的；

（四）围攻裁判员、运动员或者其他工作人员的；

（五）向场内投掷杂物，不听制止的；

（六）扰乱大型群众性活动秩序的其他行为。

因扰乱体育比赛秩序被处以拘留处罚的，可以同时责令其十二个月内不得进入体育场馆观看同类比赛；违反规定进入体育场馆的，强行带离现场。

第三十八条 举办文化、体育等大型群众性活动，违反有关规定，有发生安全事故危险的，责令停止活动，立即疏散；对组织者处五日以上十日以下拘留，并处二百元以上五百元以下罚款；情节较轻的，处五日以下拘留或者五百元以下罚款。

第三十九条 旅馆、饭店、影剧院、娱乐场、运动场、展览馆或者其他供社会公众活动的场所的经营管理人员，违反安全规定，致使该场所有发生安全事故危险，经公安机关责令改正，拒不改正的，处五日以下拘留。

第五十四条 有下列行为之一的，处十日以上十五日以下拘留，并处五百元以上一千元以下罚款；情节较轻的，处五日以下拘留或者五百元以下罚款：

（一）违反国家规定，未经注册登记，以社会团体名义进行活动，被取缔后，仍进行活动的；

（二）被依法撤销登记的社会团体，仍以社会团体名义进行活动的；

（三）未经许可，擅自经营按照国家规定需要由公安机关许可的行业的。

有前款第三项行为的，予以取缔。

取得公安机关许可的经营者，违反国家有关管理规定，情节严重的，公安机关可以吊销许可证。

《公安机关办理行政案件程序规定》（2020年8月6日）

第一百五十五条　实施行政处罚时，应当责令违法行为人当场或者限期改正违法行为。

第二百三十五条　作出取缔决定的，可以采取在经营场所张贴公告等方式予以公告，责令被取缔者立即停止经营活动；有违法所得的，依法予以没收或者追缴。拒不停止经营活动的，公安机关可以依法没收或者收缴其专门用于从事非法经营活动的工具、设备。已经取得营业执照的，公安机关应当通知工商行政管理部门依法撤销其营业执照。

【文书范例】

××市公安局××分局

责令 改正 通知书

公（治）责通字〔2022〕25 号

××会所：

经调查，发现你（单位）存在下述违法行为：2022 年 2 月 27 日 21 时许，我局民警在对××会所例行检查时，发现××会所未按照规定对进入该场所内的人员进行安全检查。

根据《娱乐场所管理条例》第四十四条第四项之规定，现责令你（单位）

◎立即予以改正。

☐立即停________________。

☐在____年____月____日前改正或者整改完毕，并将结果函告我单位。在期限届满之前，你（单位）必须________________。

如不服本决定，可以在收到本通知书之日起六十日内向××市公安局或××区人民政府申请行政复议或者在六个月内依法向××区人民法院提起行政诉讼。

××市公安局××分局（印）

二〇二二年二月二十七日

违法行为人　张××

2022 年 2 月 27 日

一式两份，一份交违法行为人，一份附卷。

七、强制隔离戒毒/延长强制隔离戒毒决定书

（此处印制公安机关名称）

强制隔离戒毒/延长强制隔离戒毒决定书

×公（　　）强戒决字〔　　〕　　号

违法行为人＿＿＿＿性别＿＿年龄＿＿出生日期＿＿＿＿＿
身份证件种类及号码＿＿＿＿＿＿＿＿工作单位＿＿＿＿＿
现住址＿＿＿＿＿＿＿＿＿户籍所在地＿＿＿＿＿＿＿＿＿

现查明＿＿＿＿＿＿＿＿＿＿＿＿＿＿＿＿＿＿＿＿＿＿＿＿
＿＿＿＿＿＿＿＿＿＿＿＿＿＿＿＿＿＿＿＿＿＿，以上事实有
＿＿＿＿＿＿＿＿＿＿＿＿＿＿＿＿＿＿＿＿＿＿等证据证实。

根据

□《中华人民共和国禁毒法》第三十八条第＿款第＿项、第四十七条第一款之规定，决定对违法行为人强制隔离戒毒二年（自年＿＿月＿＿日至＿＿年＿＿月＿＿日）。

□《中华人民共和国禁毒法》第四十七条第三款之规定，决定对违法行为人延长强制隔离戒毒＿＿＿＿（自＿＿年＿＿月＿＿日至＿＿年＿＿月＿＿日）。

如不服本决定，可以在接到本决定书之日起六十日内向＿＿＿＿＿＿＿＿＿＿＿＿＿申请行政复议或者在六个月内依法向＿＿＿＿＿＿＿＿＿＿＿＿＿人民法院提起行政诉讼。

强制隔离戒毒所名称及地址＿＿＿＿＿＿＿＿＿＿＿＿＿＿＿

公安机关（印）

年　　月　　日

续表

被强制隔离戒毒人　　　　　　　　　　接收人员 　　　　　　年　　月　　日　　　　接收单位（印） 　　　　　　　　　　　　　　　　　　　　年　　月　　日

一式三份，被强制隔离戒毒人、强制隔离戒毒所各一份，一份附卷。将决定书复印件送达被强制隔离戒毒人员家属、所在单位和户籍所在地公安派出所。

【制作说明】

1. 本式样根据《禁毒法》第三十八条、第四十条、第四十一条、第四十七条，《戒毒条例》第二十五条、第二十七条、第三十三条等规定所制作，是公安机关在办理与毒品有关的案件过程中，对吸毒成瘾人员采取强制隔离戒毒或者延长强制隔离戒毒时所制作和使用的法律文书。

2. 《强制隔离戒毒/延长强制隔离戒毒决定书》为一式三份的填充式文书，被强制隔离戒毒人、强制隔离戒毒所各一份，一份附卷，并将决定书复印件送达被强制隔离戒毒人员家属、所在单位和户籍所在地公安派出所。其内容主要包括首部、违法行为人基本信息、查明的案件事实及证据、法律依据及处理决定、法律救济、强制隔离戒毒所名称及地址、尾部等信息。在填写时需注意：

（1）首部。由公安机关名称和文书名称（已印制好）、文书文号组成。其中，公安机关应当是县级以上人民政府公安机关。“×公（　　）强戒决字〔　　〕　号”的填写要求与其他法律文书相同。

（2）违法行为人基本信息。包括违法行为人姓名、性别、年龄、出生日期、身份证件种类及号码、工作单位、现住址、户籍所在地等内容，在填写时不能有遗漏。

（3）法律依据及处理决定。对于强制隔离戒毒而言，“现查明”后的横线处填写具有《禁毒法》第三十八条规定的情形之一，并简要描述其违法事实；对于延长强制隔离戒毒而言，“现查明”后的横线处按照《禁毒法》第四十七条第三款的有关规定填写，即经诊断评估，需要延长戒毒期限的有关事实。证据应当如实填写，为保护证人，证人姓名可以不在文书中公开。

（4）法律依据及处理决定。办案民警可根据文书的种类在相应的“□”中打勾，并填写起止日期。起止日期应当严格按照《禁毒法》的有关规定填写，强制隔离戒毒的期限为二年，强制隔离戒毒的期限最长可以延长一年。

（5）法律救济。由办案民警根据《行政复议法》《行政诉讼法》等相关法律法规和司法解释的规定，在横线处填写有权受理案件的行政复议机关和人民法院的名称。需要强调的是，强制隔离戒毒属于限制公民人身自由的行政强制措施，违法行为人如果提起行政诉讼，管辖法院应当为作出决定的公安机关所在地人民法院或者被强制隔离戒毒人所在地人民法院。被强制隔离戒毒人所在地包括户籍所在地、经常居住地、被限制人身自由地。

（6）强制隔离戒毒所名称及地址。文书中应当写明强制隔离戒毒所名称及地址，根据我国《戒毒条例》第二十七条第二、三款的规定，被强制隔离戒毒的人员在公安机关的强制隔离戒毒场所执行强制隔离戒毒 3 个月至 6 个月后，转至司法行政部门的强制隔离戒毒场所继续执行强制隔离戒毒。执行前款规定不具备条件的省、自治区、直辖市，由公安机关和司法行政部门共同提出意见报省、自治区、直辖市人民政府决定具体执行方案，但在公安机关的强制隔离戒毒场所执行强制隔离戒毒的时间不得超过 12 个月。

（7）尾部。“公安机关（印）”处应当加盖作出决定的县级以上公安机关的印章并注明日期，被强制隔离戒毒人应当在文书左下角签字并注明日期，同时，强制隔离戒毒所接收人员应当签名、加盖强制隔离戒毒所印章并注明日期。

【法律依据】

《中华人民共和国禁毒法》（2007 年 12 月 29 日）

第三十八条 吸毒成瘾人员有下列情形之一的，由县级以上人民政府公安机关作出强制隔离戒毒的决定：

（一）拒绝接受社区戒毒的；

（二）在社区戒毒期间吸食、注射毒品的；

（三）严重违反社区戒毒协议的；

（四）经社区戒毒、强制隔离戒毒后再次吸食、注射毒品的。

对于吸毒成瘾严重，通过社区戒毒难以戒除毒瘾的人员，公安机关可以直接作出强制隔离戒毒的决定。

吸毒成瘾人员自愿接受强制隔离戒毒的，经公安机关同意，可以进入强制隔离戒毒场所戒毒。

第四十条 公安机关对吸毒成瘾人员决定予以强制隔离戒毒的，应当制作强制隔离戒毒决定书，在执行强制隔离戒毒前送达被决定人，并在送达后二十四小时以内通知被决定人的家属、所在单位和户籍所在地公安派出所；被决定人不讲真实姓名、住址，身份不明的，公安机关应当自查清其身份后通知。

被决定人对公安机关作出的强制隔离戒毒决定不服的，可以依法申请行政复议或者提起行政诉讼。

第四十一条 对被决定予以强制隔离戒毒的人员，由作出决定的公安机关送强制隔离戒毒场所执行。

强制隔离戒毒场所的设置、管理体制和经费保障，由国务院规定。

第四十七条　强制隔离戒毒的期限为二年。

执行强制隔离戒毒一年后，经诊断评估，对于戒毒情况良好的戒毒人员，强制隔离戒毒场所可以提出提前解除强制隔离戒毒的意见，报强制隔离戒毒的决定机关批准。

强制隔离戒毒期满前，经诊断评估，对于需要延长戒毒期限的戒毒人员，由强制隔离戒毒场所提出延长戒毒期限的意见，报强制隔离戒毒的决定机关批准。强制隔离戒毒的期限最长可以延长一年。

《戒毒条例》（2018年9月18日）

第二十五条　吸毒成瘾人员有《中华人民共和国禁毒法》第三十八条第一款所列情形之一的，由县级、设区的市级人民政府公安机关作出强制隔离戒毒的决定。

对于吸毒成瘾严重，通过社区戒毒难以戒除毒瘾的人员，县级、设区的市级人民政府公安机关可以直接作出强制隔离戒毒的决定。

吸毒成瘾人员自愿接受强制隔离戒毒的，经强制隔离戒毒场所所在地县级、设区的市级人民政府公安机关同意，可以进入强制隔离戒毒场所戒毒。强制隔离戒毒场所应当与其就戒毒治疗期限、戒毒治疗措施等作出约定。

第二十七条　强制隔离戒毒的期限为2年，自作出强制隔离戒毒决定之日起计算。

被强制隔离戒毒的人员在公安机关的强制隔离戒毒场所执行强制隔离戒毒3个月至6个月后，转至司法行政部门的强制隔离戒毒场所继续执行强制隔离戒毒。

执行前款规定不具备条件的省、自治区、直辖市，由公安机关和司法行政部门共同提出意见报省、自治区、直辖市人民政府决定具体执行方案，但在公安机关的强制隔离戒毒场所执行强制隔离戒毒的时间不得超过12个月。

第三十三条　对强制隔离戒毒场所依照《中华人民共和国禁毒法》第四十七条第二款、第三款规定提出的提前解除强制隔离戒毒、延长戒毒期限的意见，强制隔离戒毒决定机关应当自收到意见之日起7日内，作出是否批准的决定。对提前解除强制隔离戒毒或者延长强制隔离戒毒期限的，批准机关应当出具提前解除强制隔离戒毒决定书或者延长强制隔离戒毒期限决定书，送达被决定人，并在送达后24小时以内通知被决定人的家属、所在单位以及其户籍所在地或者现居住地公安派出所。

【文书范例一】

××县公安局

强制隔离戒毒/~~延长强制隔离戒毒~~决定书

×公（×）强戒决字〔2022〕12号

违法行为人 郑×× 性别 男 年龄 40岁 出生日期 1981年6月3日 身份证件种类及号码 居民身份证×××× 工作单位 ××养殖厂 现住址 ××县××镇××村××号 户籍所在地 ××县××镇××村××号

现查明 郑××曾于2021年被公安机关责令接受社区戒毒。2022年2月18日，郑××被发现在××县××小区1单元102室吸收和注射毒品海洛因。郑××构成在社区戒毒期间吸食、注射毒品，以上事实有 郑××的陈述和申辩、吸毒现场的尿液检测报告、郑××用于吸食海洛因的锡箔纸、郑××用于注射海洛因的注射器、吕××的证人证言、责令社区戒毒决定书 等证据证实。

根据

☑《中华人民共和国禁毒法》第三十八条第一款第二项、第四十七条第一款之规定，决定对违法行为人强制隔离戒毒二年（自 2022 年 2 月 18 日至 2024 年 2 月 17 日）。

~~□~~《中华人民共和国禁毒法》第四十七条第三款之规定，决定对违法行为人延长强制隔离戒毒 ——（自 —— 年 —— 月 —— 日至 —— 年 —— 月 —— 日）。

如不服本决定，可以在接到本决定书之日起六十日内向 ××市公安局或者××县人民政府 申请行政复议或者在六个月内依法向 ××县人民法院或者蔡××所在地 人民法院提起行政诉讼。

强制隔离戒毒所名称及地址 ××强制隔离戒毒所，地址为××县××路××号（3个月后转至司法行政部门的××强制隔离戒毒所继续执行强制隔离戒毒，地址××市××区××路××号）

续表

××县公安局（印） 二〇二二年二月十八日 被强制隔离戒毒人　蔡××　　　　接收人员　吴×× 2022 年 2 月 18 日　　　　××强制隔离戒毒所（印） 二〇二二年二月十八日

一式三份，被强制隔离戒毒人、强制隔离戒毒所各一份，一份附卷。将决定书复印件送达被强制隔离戒毒人员家属、所在单位和户籍所在地公安派出所。

【文书范例二】

××县公安局

强制隔离戒毒/延长强制隔离戒毒决定书

×公（×）强戒决字〔2022〕15号

违法行为人 韩×× 性别 男 年龄 31岁 出生日期 1991年1月7日 身份证件种类及号码 居民身份证×××× 工作单位 ××县××林场 现住址 ××县××小区××单元××室 户籍所在地 ××县××镇××村××号

现查明 韩××于2020年××月××日被公安机关责令强制隔离戒毒，经诊断评估，韩××需要延长强制隔离戒毒期限，以上事实有 责令强制隔离戒毒决定书、诊断评估报告、××强制隔离戒毒场所提出延长戒毒期限的意见 等证据证实。

根据

□《中华人民共和国禁毒法》第三十八条第____款第____项、第四十七条第一款之规定，决定对违法行为人强制隔离戒毒二年（自____年____月____日至____年____月____日）。

☑《中华人民共和国禁毒法》第四十七条第三款之规定，决定对违法行为人延长强制隔离戒毒 一年 （自 2022 年 2 月 20 日至 2023 年 2 月 19 日）。

如不服本决定，可以在接到本决定书之日起六十日内向 ××市公安局或者××县人民政府 申请行政复议或者在六个月内依法向 ××县人民法院或者韩××所在地 人民法院提起行政诉讼。

强制隔离戒毒所名称及地址 ××强制隔离戒毒所，地址为××市××区××大道××号

××县公安局（印）

二〇二二年二月二十日

续表

被强制隔离戒毒人　韩××	接收人员　刘××
2022年2月20日	××强制隔离戒毒所（印）
	二〇二二年二月二十日

一式三份，被强制隔离戒毒人、强制隔离戒毒所各一份，一份附卷。将决定书复印件送达被强制隔离戒毒人员家属、所在单位和户籍所在地公安派出所。

八、提前解除强制隔离戒毒决定书

（此处印制公安机关名称）

提前解除强制隔离戒毒决定书

×公（　　）解强戒决字〔　　〕　　号

被强制隔离戒毒人姓名＿＿＿＿性别＿＿＿年龄＿＿＿＿

出生日期＿＿＿＿＿身份证件种类及号码＿＿＿＿＿＿

工作单位＿＿＿＿＿＿＿现住址＿＿＿＿＿＿＿

户籍所在地＿＿＿＿＿＿＿＿＿＿＿＿＿＿＿

强制隔离戒毒决定书文号＿＿＿＿＿＿＿＿＿＿＿

强制隔离戒毒期限自＿＿年＿＿月＿＿日至＿＿年＿＿月＿＿日

经诊断评估，被强制隔离戒毒人员戒毒情况良好，根据《中华人民共和国禁毒法》第四十七条第二款之规定，决定提前解除强制隔离戒毒。

强制隔离戒毒所名称及地址＿＿＿＿＿＿＿＿＿＿＿

公安机关（印）

年　　月　　日

被强制隔离戒毒人

年　　月　　日

一式三份，被强制隔离戒毒人、强制隔离戒毒所各一份，一份附卷。将决定书复印件送达被强制隔离戒毒人员家属、所在单位和户籍所在地或者现居住地公安派出所。

【制作说明】

1. 本式样根据《禁毒法》第四十七条第二款、《戒毒条例》第三十三条等规定所制作，是作出强制隔离戒毒决定的公安机关对于经诊断评估，戒毒情况良好的戒毒人员，决定提前解除强制隔离戒毒时所使用的法律文书。

2.《提前解除强制隔离戒毒决定书》为一式三份的填充式文书，被强制隔离戒毒人、强制隔离戒毒所各一份，一份附卷，并将决定书复印件送达被强制隔离戒毒人员家属、所在单位和户籍所在地或者现居住地公安派出所。其内容主要包括首部、被强制隔离戒毒人基本信息、强制隔离戒毒决定书文号、强制隔离戒毒期限、法律依据及处理决定、强制隔离戒毒所名称及地址、尾部等信息。在填写时需注意：

（1）首部。由公安机关名称和文书名称（已印制好）、文书文号组成。其中，公安机关应当是县级以上人民政府公安机关。“×公（　　）解强戒决字〔　　〕　　号”的填写要求与其他法律文书相同。

（2）被强制隔离戒毒人基本信息。包括被强制隔离戒毒人姓名、性别、年龄、出生日期、身份证件种类及号码、工作单位、现住址、户籍所在地等内容，在填写时不能有遗漏。

（3）强制隔离戒毒决定书文号应当严格按照相关《强制隔离戒毒决定书》的文号填写。

（4）强制隔离戒毒期限应当按照相关《强制隔离戒毒决定书》中的期限填写。

（5）尾部。“公安机关（印）”处应当加盖作出决定的县级以上公安机关的印章并注明日期。被强制隔离戒毒人应当在文书左下角签名并注明日期。

【法律依据】

《中华人民共和国禁毒法》（2007年12月29日）

第四十七条第二款　执行强制隔离戒毒一年后，经诊断评估，对于戒毒情况良好的戒毒人员，强制隔离戒毒场所可以提出提前解除强制隔离戒毒的意见，报强制隔离戒毒的决定机关批准。

《戒毒条例》（2018年9月18日）

第三十三条　对强制隔离戒毒场所依照《中华人民共和国禁毒法》第四十七条第二款、第三款规定提出的提前解除强制隔离戒毒、延长戒毒期限的意见，强制隔离戒毒决定机关应当自收到意见之日起7日内，作出是否批准的决定。对提前解除强制隔离戒毒或者延长强制隔离戒毒期限的，批准机关应当出具提前解除强制隔离戒毒决定书或者延长强制隔离戒毒期限决定书，送达被决定人，并在送达后24小时以内通知被决定人的家属、所在单位以及其户籍所在地或者现居住地公安派出所。

第三十四条 解除强制隔离戒毒的，强制隔离戒毒场所应当在解除强制隔离戒毒3日前通知强制隔离戒毒决定机关，出具解除强制隔离戒毒证明书送达戒毒人员本人，并通知其家属、所在单位、其户籍所在地或者现居住地公安派出所将其领回。

【文书范例】

××县公安局

提前解除强制隔离戒毒决定书

×公（×）解强戒决字〔2022〕12 号

被强制隔离戒毒人姓名 吴×× 性别 男 年龄 42 岁 出生日期 1980 年 2 月 3 日 身份证件种类及号码 居民身份证×××× 工作单位 ××县××养殖厂 现住址 ××县××镇××村××号 户籍所在地 ××县××镇××村××号

强制隔离戒毒决定书文号 ×公（×）强戒决字〔2021〕2 号

强制隔离戒毒期限自 2021 年 2 月 15 日至 2023 年 2 月 14 日

经诊断评估，被强制隔离戒毒人员戒毒情况良好，根据《中华人民共和国禁毒法》第四十七条第二款之规定，决定提前解除强制隔离戒毒。

强制隔离戒毒所名称及地址 ××强制隔离戒毒所，××市××区××路××号

××县公安局（印）

二〇二二年三月一日

被强制隔离戒毒人　郑××

2022 年 3 月 1 日

一式三份，被强制隔离戒毒人、强制隔离戒毒所各一份，一份附卷。将决定书复印件送达被强制隔离戒毒人员家属、所在单位和户籍所在地或者现居住地公安派出所。

九、社区戒毒/社区康复决定书

（此处印制公安机关名称）

社区戒毒/社区康复决定书

×公（　　）社戒/社康决字〔　　〕　　号

违法行为人__________性别____年龄____出生日期________________
身份证件种类及号码________________________工作单位________________
现住址________________________户籍所在地________________________

现查明____
____
____，
以上事实有____
____等证据证实。根据

□《中华人民共和国禁毒法》第三十三条之规定，决定责令违法行为人接受社区戒毒三年（自____年____月____日至____年____月____日）

□《中华人民共和国禁毒法》第四十八条之规定，决定责令违法行为人接受社区康复____年（自____年____月____日至____年____月____日）

自收到本决定书之日起十五日内持本决定书到社区戒毒/社区康复执行地报到，否则视为拒绝接受社区戒毒/社区康复。被责令接受社区戒毒/社区康复人员在社区戒毒/社区康复过程中应当根据公安机关的要求，定期接受检测。

如不服本决定，可以在接到本决定书之日起六十日内向____________________________申请行政复议或者在六个月内依法向____________________________人民法院提起行政诉讼。

续表

执行地社区名称及地址________________________________ 公安机关（印） 年 月 日 社区戒毒/社区康复人 年 月 日

一式四份，社区戒毒/社区康复人及其家属、执行地乡（镇）人民政府或者城市街道办事处各一份，一份附卷。

【制作说明】

1. 本式样根据《禁毒法》第三十三条、第四十八条，《戒毒条例》第十三条、第十四条、第三十七条、第三十八条等规定所制作，是公安机关对吸毒成瘾人员责令其接受社区戒毒，或者对被解除强制隔离戒毒的人员责令其接受社区康复时所使用的法律文书。

2. 《社区戒毒/社区康复决定书》为一式四份的填充式文书，社区戒毒/社区康复人及其家属、执行地乡（镇）人民政府或者城市街道办事处各一份，一份附卷。其内容主要包括首部、违法行为人基本信息、责令社区戒毒/社区康复的原因及证据、法律依据、报到及检测、权利救济、执行地社区名称及地址、尾部等信息。在填写时需注意：

（1）首部。由公安机关名称和文书名称（已印制好）、文书文号组成。其中，公安机关应当是县级以上人民政府公安机关。文书名称处，应当将“/”及不需要的内容划去。“×公（　　）社戒/社康决字〔　　〕　　号”的填写要求与其他法律文书相同。

（2）违法行为人基本信息。包括违法行为人姓名、性别、年龄、出生日期、身份证件种类及号码、工作单位、现住址、户籍所在地等内容，在填写时不能有遗漏。

（3）责令社区戒毒/社区康复的原因及证据。“现查明”后的横线处填写责令接受社区戒毒/社区康复的原因。如果作出的是社区戒毒决定，“现查明”后的横线处填写违法行为人吸毒成瘾的相关事实；如果作出的是社区康复决定，“现查明”后的横线处填写被解除强制隔离戒毒的人员需进行社区康复的有关事实。“证据”部分，“以上事实有”后的横线处填写相关的证据名称。所列证据必须为公安机关掌握，并能有效证明违法行为人违法事实的证据。为保护证人，证人姓名可以不对外公开。

（4）法律依据及处理决定。相关的法律依据已在文书中印制好，办案人员应当根据所制作的文书种类在相应的“□”中打勾，并注明期限和起止日期。并将不需要的选项“□”划去，横线处也可以划去。

（5）报到及检测。由办案民警将“/”及不需要的内容划去。

（6）“权利救济。由办案民警根据《行政复议法》《行政诉讼法》等相关法律法规和司法解释的规定，在横线处填写有权受理案件的行政复议机关和人民法院的名称。

（7）执行地社区名称及地址。应当详细填写，以便违法行为人能够及时到社区报到。

（8）尾部。“公安机关（印）”处应当加盖作出决定的县级以上公安机关印章并注明日期，社区戒毒/社区康复人应当在文书左下角签字并注明日期。

【法律依据】

《中华人民共和国禁毒法》（2007 年 12 月 29 日）

第三十三条　对吸毒成瘾人员，公安机关可以责令其接受社区戒毒，同时通知吸毒人员户籍所在地或者现居住地的城市街道办事处、乡镇人民政府。社区戒毒的期限为三年。

戒毒人员应当在户籍所在地接受社区戒毒；在户籍所在地以外的现居住地有固定住所的，可以在现居住地接受社区戒毒。

第三十九条　怀孕或者正在哺乳自己不满一周岁婴儿的妇女吸毒成瘾的，不适用强制隔离戒毒。不满十六周岁的未成年人吸毒成瘾的，可以不适用强制隔离戒毒。

对依照前款规定不适用强制隔离戒毒的吸毒成瘾人员，依照本法规定进行社区戒毒，由负责社区戒毒工作的城市街道办事处、乡镇人民政府加强帮助、教育和监督，督促落实社区戒毒措施。

第四十八条　对于被解除强制隔离戒毒的人员，强制隔离戒毒的决定机关可以责令其接受不超过三年的社区康复。

社区康复参照本法关于社区戒毒的规定实施。

《戒毒条例》（2018 年 9 月 18 日）

第十三条　对吸毒成瘾人员，县级、设区的市级人民政府公安机关可以责令其接受社区戒毒，并出具责令社区戒毒决定书，送达本人及其家属，通知本人户籍所在地或者现居住地乡（镇）人民政府、城市街道办事处。

第十四条　社区戒毒人员应当自收到责令社区戒毒决定书之日起 15 日内到社区戒毒执行地乡（镇）人民政府、城市街道办事处报到，无正当理由逾期不报到的，视为拒绝接受社区戒毒。

社区戒毒的期限为 3 年，自报到之日起计算。

第十九条　社区戒毒人员应当遵守下列规定：

（一）履行社区戒毒协议；

（二）根据公安机关的要求，定期接受检测；

（三）离开社区戒毒执行地所在县（市、区）3 日以上的，须书面报告。

第三十七条 对解除强制隔离戒毒的人员，强制隔离戒毒的决定机关可以责令其接受不超过 3 年的社区康复。

社区康复在当事人户籍所在地或者现居住地乡（镇）人民政府、城市街道办事处执行，经当事人同意，也可以在戒毒康复场所中执行。

第三十八条 被责令接受社区康复的人员，应当自收到责令社区康复决定书之日起 15 日内到户籍所在地或者现居住地乡（镇）人民政府、城市街道办事处报到，签订社区康复协议。

被责令接受社区康复的人员拒绝接受社区康复或者严重违反社区康复协议，并再次吸食、注射毒品被决定强制隔离戒毒的，强制隔离戒毒不得提前解除。

【文书范例一】

××县公安局

社区戒毒~~/社区康复~~决定书

×公（×）社戒~~/社康~~决字〔2022〕17号

违法行为人 孙×× 性别 男 年龄 41 出生日期 1981年1月15日 身份证件种类及号码 居民身份证×××× 工作单位 ××县××KTV 现住址 ××县××小区××单元××室 户籍所在地 ××县××小区××单元××室

现查明 孙××于2019年12月至2022年2月在××县××KTV[①]内多次吸食和注射海洛因。2022年2月8日，经公安机关民警现场检测，孙××的尿液毒品检测为阳性，以上事实有 孙××的陈述和申辩、刘××的证人证言、××KTV的监控录像、吸毒现场孙××尿液检测报告、孙××吸毒成瘾认定意见 等证据证实。根据

☑《中华人民共和国禁毒法》第三十三条之规定，决定责令违法行为人接受社区戒毒三年（自 2022 年 2 月 19 日至 2025 年 2 月 18 日）

~~☐~~《中华人民共和国禁毒法》第四十八条之规定，决定责令违法行为人接受社区康复 —— 年（自 —— 年 —— 月 —— 日至 —— 年 —— 月 —— 日）

自收到本决定书之日起十五日内持本决定书到社区戒毒~~/社区康复~~执行地报到，否则视为拒绝接受社区戒毒~~/社区康复~~。被责令接受社区戒毒~~/社区康复~~人员在社区戒毒~~/社区康复~~过程中应当根据公安机关的要求，定期接受检测。

如不服本决定，可以在接到本决定书之日起六十日内向 ××市公安局或者××县人民政府 申请行政复议或者在六个月内依法向 ××县 人民法院提起行政诉讼。

---

① 指带有卡拉OK的包厢，以下不再提示。

续表

执行地社区名称及地址 ××县××街道××社区，地址为××县××路××号，报到的街道办事处为××街道办事处 ××县公安局（印） 二〇二二年二月十八日 社区戒毒~~/社区康复人~~ 孙×× 2022 年 2 月 18 日

一式四份，社区戒毒/社区康复人及其家属、执行地乡（镇）人民政府或者城市街道办事处各一份，一份附卷。

【文书范例二】

××县公安局

社区戒毒/社区康复决定书

×公（×）社戒/社康决字〔2022〕15号

违法行为人 钱×× 性别 男 年龄 41 出生日期 1981年2月9日 身份证件种类及号码 居民身份证×××× 工作单位 ××县××电子厂 现住址 ××县××镇××村××号 户籍所在地 ××县××镇××村××号

现查明 钱××于2020年2月10日被公安机关责令强制隔离戒毒，解除强制隔离戒毒后，经诊断评估，仍需接受社区康复 ，以上事实有 强制隔离戒毒决定书、解除强制隔离戒毒证明、诊断评估报告 等证据证实。根据

□《中华人民共和国禁毒法》第三十三条之规定，决定责令违法行为人接受社区戒毒三年（自____年____月____日至____年____月____日）

☑《中华人民共和国禁毒法》第四十八条之规定，决定责令违法行为人接受社区康复一年（自 2022 年 2 月 21 日至 2023 年 2 月 20 日）

自收到本决定书之日起十五日内持本决定书到~~社区戒毒~~/社区康复执行地报到，否则视为拒绝接受~~社区戒毒~~/社区康复。被责令接受~~社区戒毒~~/社区康复人员在~~社区戒毒~~/社区康复过程中应当根据公安机关的要求，定期接受检测。

如不服本决定，可以在接到本决定书之日起六十日内向 ××市公安局或者××县人民政府 申请行政复议或者在六个月内依法向 ××县 人民法院提起行政诉讼。

执行地社区名称及地址 ××县××街道××社区，地址为××县××街道××北里××号，报到的街道办事处为××街道办事处

续表

××县公安局（印） 二〇二二年二月二十一日 社区戒毒/社区康复人　钱×× 2022年2月21日

一式四份，社区戒毒/社区康复人及其家属、执行地乡（镇）人民政府或者城市街道办事处各一份，一份附卷。

十、解除社区戒毒/社区康复通知书

（此处印制公安机关名称）

解除社区戒毒/社区康复通知书

×公（ ）解社通字〔 〕 号

社区戒毒/社区康复人______性别____年龄____出生日期________
身份证件种类及号码________________工作单位______________
户籍所在地____
现住址____
社区戒毒/社区康复决定书文号______________________________
社区戒毒/社区康复期限自____年____月____日至____年____月____日

因社区戒毒/社区康复执行期限届满，根据《戒毒条例》第二十三条/第四十条之规定，现予解除。

特此通知。

执行地公安机关（印）
年 月 日

社区戒毒/社区康复人
年 月 日

一式五份，社区戒毒/社区康复人及其家属、执行地乡（镇）人民政府或者城市街道办事处、原社区戒毒/社区康复的决定机关各一份，一份附卷。

【制作说明】

1. 本式样根据《戒毒条例》第二十三条、第四十条等规定所制作，是社区戒毒/社区康复执行地公安机关在社区戒毒或者社区康复期满，解除社区戒毒或者社会康复时出具给社区戒毒人员或者社区康复人员的法律文书。

2.《解除社区戒毒/社区康复通知书》为一式五份的填充式文书，社区戒毒/社区康复人及其家属、执行地乡（镇）人民政府或者城市街道办事处、原社区戒毒/社区康复的决定机关各一份，一份附卷。其内容主要包括首部、社区戒毒/社区康复人员基本信息、社区戒毒/社区康复决定书文号、社区戒毒/社区康复期限、法律依据、尾部等信息。在填写时需注意：

（1）首部。由公安机关名称和文书名称（已印制好）、文书文号组成。其中，公安机关应当是社区戒毒/社区康复执行地县级以上公安机关。“×公（　　）解社通字〔　　〕　　号”的填写要求与其他法律文书相同。

（2）社区戒毒/社区康复人员基本信息。应当与其《社区戒毒/社区康复决定书》的人员信息一致，包括违法行为人姓名、性别、年龄、出生日期、身份证件种类及号码、工作单位、现住址、户籍所在地等内容，在填写时不能有遗漏。

（3）社区戒毒/社区康复决定书文号。应当严格按照相关《社区戒毒/社区康复决定书》的文号填写。由办案民警将“/”及不需要的内容划去。

（4）社区戒毒/社区康复期限。由办案民警将“/”及不需要的内容划去。

（5）尾部。“公安机关（印）”处应当加盖执行地县级以上公安机关的印章并注明日期。社区戒毒/社区康复人员应当在文书左下角签字并注明日期，并由办案民警将“/”及不需要的内容划去。

【法律依据】

《戒毒条例》（2018 年 9 月 18 日）

第二十三条　社区戒毒自期满之日起解除。社区戒毒执行地公安机关应当出具解除社区戒毒通知书送达社区戒毒人员本人及其家属，并在 7 日内通知社区戒毒执行地乡（镇）人民政府、城市街道办事处。

第四十条　社区康复自期满之日起解除。社区康复执行地公安机关出具解除社区康复通知书送达社区康复人员本人及其家属，并在 7 日内通知社区康复执行地乡（镇）人民政府、城市街道办事处。

【文书范例一】

××县公安局

解除社区戒毒~~/社区康复~~通知书

×公（×）解社通字〔2022〕11号

社区戒毒~~/社区康复~~人　刘××　性别　男　年龄　41岁　出生日期　1981年1月17日　身份证件种类及号码　居民身份证××××

工作单位　××县××KTV

户籍所在地　××省××县××镇××村××号

现住址　××省××县××镇××村××号

社区戒毒~~/社区康复~~决定书文号　×公（×）社戒决字〔2019〕××号

社区戒毒~~/社区康复~~期限自　2019　年　2　月　25　日至　2022　年　2　月　24　日

因社区戒毒~~/社区康复~~执行期限届满，根据《戒毒条例》第二十三条~~/第四十条~~之规定，现予解除。

特此通知。

××县公安局（印）

二〇二二年二月二十四日

社区戒毒~~/社区康复人~~　孙××

2022年2月24日

一式五份，社区戒毒/社区康复人及其家属、执行地乡（镇）人民政府或者城市街道办事处、原社区戒毒/社区康复的决定机关各一份，一份附卷。

【文书范例二】

××县公安局

解除社区~~戒毒/~~社区康复通知书

×公（×）解社通字〔2022〕21号

~~社区戒毒/~~社区康复人 钱×× 性别 男 年龄 41岁 出生日期 1981年2月9日 身份证件种类及号码 居民身份证×××× 工作单位 ××县××电子厂

户籍所在地 ××县××镇××村××号

现住址 ××县××镇××村××号

~~社区戒毒/~~社区康复决定书文号 ×公（×）社康决字〔2021〕××号

~~社区戒毒/~~社区康复期限自 2021 年 3 月 2 日至 2022 年 3 月 1 日

因~~社区戒毒/~~社区康复执行期限届满，根据《戒毒条例》~~第二十三条/~~第四十条之规定，现予解除。

特此通知。

××县公安局（印）

二〇二二年三月一日

~~社区戒毒/~~社区康复人 钱××

2022年3月1日

一式五份，社区戒毒/社区康复人及其家属、执行地乡（镇）人民政府或者城市街道办事处，原社区戒毒/社区康复的决定机关各一份，一份附卷。

第五章　出境入境调查处理类法律文书

出境入境调查处理，是指公安机关或者出境入境边防检查机关根据法律规定，依照法定程序对涉嫌违法或有违法行为的外国人或者其他境外人员采取一定措施进行调查处理的法律活动。这一阶段所使用的法律文书，可以称之为出境入境调查处理类法律文书。

出境入境调查处理类法律文书主要包括如下几类：（1）《拘留审查/延长拘留审查决定书》；（2）《解除拘留审查决定书》；（3）《限制活动范围决定书》；（4）《遣送出境决定书》；（5）《驱逐出境决定书》。

本类法律文书制作的法律依据主要有：《出境入境管理法》第五十八条至第六十四条、第八十一条；《治安管理处罚法》第十条；《公安机关办理行政案件程序规定》第二百三十九条、第二百四十二条至第二百四十九条、第二百五十一条等。

一、拘留审查/延长拘留审查决定书

（此处印制公安机关名称）

拘留审查/延长拘留审查决定书

×公（　　）拘审决字〔　　〕　　号

违法嫌疑人＿＿＿＿＿性别＿＿年龄＿＿出生日期＿＿＿＿＿
国籍/地区＿＿＿＿身份证件种类及号码＿＿＿＿＿＿＿＿＿＿＿
因

☐有非法出境入境嫌疑　☐有协助他人非法出境入境嫌疑

☐有非法居留嫌疑　　　☐有非法就业嫌疑

☐有危害国家安全和利益违法犯罪活动嫌疑

☐有破坏社会公共秩序违法犯罪活动嫌疑

☐其他＿＿＿＿＿＿＿＿＿＿＿＿＿＿＿＿＿＿＿＿

经当场盘问或者继续盘问后仍不能排除嫌疑，根据《中华人民共和国出境入境管理法》第六十条之规定，决定对违法嫌疑人拘留审查/延长拘留审查＿＿＿日（自＿＿年＿＿月＿＿日至＿＿年＿＿月＿＿日）。

如不服本决定，可以在收到本决定书之日起六十日内向＿＿＿＿＿＿＿＿＿＿＿＿＿＿＿＿＿申请行政复议。

执行场所及地址＿＿＿＿＿＿＿＿＿＿＿＿＿＿＿＿＿＿＿＿

公安机关或者出入境边防检查机关（印）

年　　月　　日

已向我宣告并送达。

违法嫌疑人

年　　月　　日

一式三份，被拘留审查人和执行单位各一份，一份附卷。

【制作说明】

1. 本式样根据《出境入境管理法》第五十九条至第六十条；《公安机关办理行政案件程序规定》第二百四十二条等规定所制定，是县级以上公安机关或者出入境边防检查机关对外国人决定拘留审查或者延长拘留审查时所使用的文书。

2.《拘留审查/延长拘留审查决定书》为一式三份的填充式文书，被拘留审查人和执行单位各一份，另一份附卷。其主要内容包括首部、违法嫌疑人基本信息、违法嫌疑人被拘留审查/延长拘留审查的事由、法律依据、拘留审查/延长拘留审查的期限及起止时间、法律救济、执行场所及地址、尾部等信息。在填写该文书时需注意：

（1）首部。写明办案单位所属公安机关或者出入境边防检查机关的名称、文书名称（已印制好）、文书文号。其中，根据《出境入境管理法》第五十八条的规定，此处印制的公安机关名称应当是县级以上地方政府公安机关或者出入境边防检查机关。本文书为选择式文书，办案民警应当根据案件需要，选择使用“拘留审查决定书”或者“延长拘留审查决定书”，须将不需要的标题部分用横线划去，如“拘留审查~~/延长拘留审查~~决定书”。文书文号应当严格按照相关格式填写，“（　　）”填写办案单位简称，治安管理、出入境管理、交通管理、网络安全保卫等业务部门可分别简称为“治”“境”“交”“网”等，公安派出所可填写其名称的简称；“〔　〕”填写年度，“　号”空白处填写该文书的顺序号。

（2）违法嫌疑人基本信息，具体包括姓名、性别、年龄、出生日期、国籍或地区、身份证件种类及号码。其中，违法嫌疑人的姓名和性别应当按照其合法身份证件上的信息填写，有中文名的，在括号内注明即可。“合法身份证件”是指外国人入境时所持有的该外国人国籍国签发的能够证明其身份的合法有效证件，如护照、国际旅行证件等。没有合法证件或者无法查清的，也可按其自报的姓名填写。违法嫌疑人的年龄和出生日期以公历（阳历）为准，出生日期应当按照“年”“月”“日”的顺序填写。对于违法嫌疑人的国籍或地区的填写，根据《公安机关办理行政案件程序规定》第二百三十九条的规定，“对外国人国籍的确认，以其入境时有效证件上所表明的国籍为准；国籍有疑问或者国籍不明的，由公安机关出入境管理部门协助查明。对无法查明国籍、身份不明的外国人，按照其自报的国籍或者无国籍人对待”。身份证件种类及号码也应当按照违法嫌疑人的合法身份证件中的信息如实填写。

（3）拘留审查/延长拘留审查的具体事由及法律依据。办案人员可以根据案件需要，在选中的事由前的“□”中打勾，并用横线划去未选中的“□”。如勾选的是“其他”，还应在“其他”后的横线处填写具体事由。如违法嫌疑人有多个违法嫌疑，办案人员应当同时勾选。例如，若违法嫌疑人有非法入境行为的，该违法嫌疑人一般也有非法居留行为，对此类涉嫌非法入境的外国人，应当同时勾选“有非法出境入境嫌疑”以及“有非法居留嫌疑”。

（4）“决定对违法嫌疑人拘留审查/延长拘留审查______日（自____年____月____日至______年____月____日）”的横线处，办案民警应当严格按照《出境入境管理法》第六十条第三款的规定，分别填写拘留审查/延长拘留审查的期限及起止时间，“拘留审查的期限不得超过30日；案情复杂的，经上一级地方人民政府公安机关或者出入境边防检查机关批准可以延长至60日。对国籍、身份不明的外国人，拘留审查期限自查清其国籍、身份之日起计算”。同时，办案民警应当使用汉字填写具体期限，如决定拘留审查20日的，应当填写“二十”，而不是“20”。拘留审查/延长拘留审查的起止时间应当填写具体的阿拉伯数字。拘留审查/延长拘留审查的期限应当连续计算，不能剔除法定节假日。

（5）“可以在收到本决定书之日起六十日内向________申请行政复议”的横线处，办案民警应当填写有关行政复议机关的具体名称。依据《出境入境管理法》第六十四条第一款之规定，外国人对拘留审查不服的，可以依法申请行政复议，该行政复议决定为最终决定。

（6）“执行场所及地址”后的横线处，根据《出境入境管理法》第六十三条的规定，“被拘留审查或者被决定遣送出境但不能立即执行的人员，应当羁押在拘留所或者遣返场所”。因此，拘留审查/延长拘留审查的执行场所应当是拘留所，此处应当写明拘留所的名称与具体地址。

（7）尾部。“公安机关或者出入境边防检查机关（印）”处应当注明作出决定的公安机关或者出入境边防检查机关的名称并加盖公章，同时注明作出决定的日期，单位名称应当是县级以上地方政府公安机关或者出入境边防检查机关。违法嫌疑人应当在文书的左下方签名或者捺指印，并注明日期。违法嫌疑人签名或者捺指印后，即为送达。违法嫌疑人拒绝签名或捺指印的，由办案民警在附卷的文书上注明。

【法律依据】

《中华人民共和国出境入境管理法》（2012 年 6 月 30 日）

第五十八条 本章规定的当场盘问、继续盘问、拘留审查、限制活动范围、遣送出境措施，由县级以上地方人民政府公安机关或者出入境边防检查机关实施。

第五十九条 对涉嫌违反出境入境管理的人员，可以当场盘问；经当场盘问，有下列情形之一的，可以依法继续盘问：

（一）有非法出境入境嫌疑的；

（二）有协助他人非法出境入境嫌疑的；

（三）外国人有非法居留、非法就业嫌疑的；

（四）有危害国家安全和利益，破坏社会公共秩序或者从事其他违法犯罪活动嫌疑的。

当场盘问和继续盘问应当依据《中华人民共和国人民警察法》规定的程序进行。

县级以上地方人民政府公安机关或者出入境边防检查机关需要传唤涉嫌违反出境入境管理的人员的，依照《中华人民共和国治安管理处罚法》的有关规定执行。

第六十条 外国人有本法第五十九条第一款规定情形之一的，经当场盘问或者继续盘问后仍不能排除嫌疑，需要作进一步调查的，可以拘留审查。

实施拘留审查，应当出示拘留审查决定书，并在二十四小时内进行询问。发现不应当拘留审查的，应当立即解除拘留审查。

拘留审查的期限不得超过三十日；案情复杂的，经上一级地方人民政府公安机关或者出入境边防检查机关批准可以延长至六十日。对国籍、身份不明的外国人，拘留审查期限自查清其国籍、身份之日起计算。

第六十三条 被拘留审查或者被决定遣送出境但不能立即执行的人员，应当羁押在拘留所或者遣返场所。

第六十四条 外国人对依照本法规定对其实施的继续盘问、拘留审查、限制活动范围、遣送出境措施不服的，可以依法申请行政复议，该行政复议决定为最终决定。

其他境外人员对依照本法规定对其实施的遣送出境措施不服，申请行政复议的，适用前款规定。

《公安机关办理行政案件程序规定》（2020年8月6日）

第二百三十九条 对外国人国籍的确认，以其入境时有效证件上所表明的国籍为准；国籍有疑问或者国籍不明的，由公安机关出入境管理部门协助查明。

对无法查明国籍、身份不明的外国人，按照其自报的国籍或者无国籍人对待。

第二百四十二条 外国人具有下列情形之一，经当场盘问或者继续盘问后不能排除嫌疑，需要作进一步调查的，经县级以上公安机关或者出入境边防检查机关负责人批准，可以拘留审查：

（一）有非法出境入境嫌疑的；

（二）有协助他人非法出境入境嫌疑的；

（三）有非法居留、非法就业嫌疑的；

（四）有危害国家安全和利益，破坏社会公共秩序或者从事其他违法犯罪活动嫌疑的。

实施拘留审查，应当出示拘留审查决定书，并在二十四小时内进行询问。

拘留审查的期限不得超过三十日，案情复杂的，经上一级公安机关或者出入境边防检查机关批准可以延长至六十日。对国籍、身份不明的，拘留审查期限自查清其国籍、身份之日起计算。

第二百四十八条 具有下列情形之一的外国人，应当羁押在拘留所或者遣返场所：

（一）被拘留审查的；

（二）被决定遣送出境或者驱逐出境但因天气、交通运输工具班期、当事人健康状况等客观原因或者国籍、身份不明，不能立即执行的。

第二百四十九条 外国人对继续盘问、拘留审查、限制活动范围、遣送出境措施不服的，可以依法申请行政复议，该行政复议决定为最终决定。

其他境外人员对遣送出境措施不服，申请行政复议的，适用前款规定。

【文书范例】

××县公安局

拘留审查~~/延长拘留审查~~决定书

×公（境）拘审决字〔2022〕20号

违法嫌疑人 Alexia Tailor 性别 女 年龄 31岁 出生日期 1991年1月1日 国籍~~/地区~~ ×国 身份证件种类及号码 ×国护照 ××××

因

☐有非法出境入境嫌疑　☐有协助他人非法出境入境嫌疑

☐有非法居留嫌疑　☐有非法就业嫌疑

☑有危害国家安全和利益违法犯罪活动嫌疑

☐有破坏社会公共秩序违法犯罪活动嫌疑

☐其他 ______

经当场盘问或者继续盘问后仍不能排除嫌疑，根据《中华人民共和国出境入境管理法》第六十条之规定，决定对违法嫌疑人拘留审查~~/延长拘留审查~~ 三十 日（自 2022 年 2 月 3 日至 2022 年 3 月 5 日）。

如不服本决定，可以在收到本决定书之日起六十日内向 ××省××县人民政府或者××省××市公安局 申请行政复议。

执行场所及地址 ××省××县拘留所，××省××县光明大道131号

××县公安局（印）

二〇二二年二月三日

已向我宣告并送达。

违法嫌疑人 Alexia Tailor

2022年2月3日

一式三份，被拘留审查人和执行单位各一份，一份附卷。

二、解除拘留审查决定书

（此处印制公安机关名称）

解除拘留审查决定书

×公（　　）解拘审决字〔　　〕　　号

被拘留审查人＿＿＿＿＿性别＿＿年龄＿＿出生日期＿＿＿＿＿＿
国籍/地区＿＿＿身份证件种类及号码＿＿＿＿＿＿＿＿＿＿＿＿＿＿
拘留审查决定书文号＿＿＿＿＿＿＿＿＿＿＿＿＿＿＿＿＿＿＿＿＿＿
拘留审查期限自＿＿＿年＿＿月＿＿日至＿＿＿年＿＿月＿＿日。

因

□案件处理完毕　　　　□不应当拘留审查

□被限制活动范围　　　□移交其他部门处理

□其他＿＿＿＿＿＿＿＿＿＿＿＿＿＿＿＿＿＿＿＿＿＿＿＿＿＿

根据《中华人民共和国出境入境管理法》第六十条第二款、《公安机关办理行政案件程序规定》第二百四十三条之规定，决定解除拘留审查。

公安机关或者出入境边防检查机关（印）

年　　月　　日

被拘留审查人

年　　月　　日

一式三份，一份交被拘留审查人，一份交执行单位，一份附卷。

【制作说明】

1. 本式样根据《出境入境管理法》第六十条第二款、《公安机关办理行政案件程序规定》第二百四十三条规定等所制定，是县级以上地方政府公安机关或者出入境边防检查机关对被拘留审查的外国人解除拘留审查时所使用的文书。

2.《解除拘留审查决定书》为一式三份的填充式文书，一份交被拘留审查人，一份交执行单位，一份附卷。其内容主要包括首部、被拘留审查人的基本信息、拘留审查决定书文号、拘留审查期限、解除拘留审查的事由、法律依据、尾部等信息。在填写时需注意：

（1）首部。写明办案单位所属公安机关或者出入境边防检查机关的名称、文书名称（已印制好）、文书文号。此处印制的公安机关名称应当是县级以上地方政府公安机关或者出入境边防检查机关。文书文号应当严格按照相关格式填写，“（　　）”填写办案单位简称，公安派出所可填写其名称的简称；“〔　〕”填写年度，“　　号”空白处填写该文书的顺序号。

（2）“被拘留审查人基本信息”和“拘留审查决定书文号”部分，应当参照《拘留审查/延长拘留审查决定书》填写。被拘留审查人的姓名和性别应当按照其合法身份证件上的信息填写，有中文名的，在括号内注明即可。“合法身份证件”是指外国人入境时所持有的该外国人国籍国签发的能够证明其身份的合法有效证件，如护照、国际旅行证件等。没有合法证件或者无法查清的，也可按其自报的姓名填写。被拘留审查人的年龄和出生日期以公历（阳历）为准，出生日期应当按照“年”“月”“日”的顺序填写。对于被拘留审查人的国籍或地区，办案民警应当根据《公安机关办理行政案件程序规定》第二百三十九条的规定填写，“对外国人国籍的确认，以其入境时有效证件上所表明的国籍为准；国籍有疑问或者国籍不明的，由公安机关出入境管理部门协助查明。对无法查明国籍、身份不明的外国人，按照其自报的国籍或者无国籍人对待”。身份证件种类及号码也应当按照被拘留审查人的合法身份证件中的信息如实填写。但是，之前未查明的基本信息在之后被查明的，应当在文书中更新相应的基本信息。“拘留审查决定书文号”一栏应当填写与同一案件的《拘留审查决定书》中一致的文书文号。

（3）“拘留审查期限自____年____月____日至____年____月____日”的横线处，办案民警应当参照《拘留审查/延长拘留审查决定书》填写拘留审查的期限，此处应当用阿拉伯数字填写具体日期。

（4）本文书已印制好解除拘留审查的事由和法律依据，办案人员应当根据具体情形，在相应事由之前的“□”中打勾，用横线划去未被选中的“□”，如果勾选的是“其他”，还应在“其他”后的横线处填写其他的具体事由。

（5）尾部。“公安机关或者出入境边防检查机关（印）”处应当注明作出解除拘留审查决定的公安机关或者出入境边防检查机关的名称并加盖公章，同时注明作出决定的日期，单位名称应当是县级以上地方政府公安机关或者出入境边防检查机关。被拘留审查人应当在文书的左下方签名或者捺指印，并注明日期。被拘留审查人签名或者捺指印后，即为送达。被拘留审查人拒绝签名或捺指印的，由办案人民警察在附卷的文书上注明。

【法律依据】

《中华人民共和国出境入境管理法》（2012年6月30日）

第五十八条 本章规定的当场盘问、继续盘问、拘留审查、限制活动范围、遣送出境措施，由县级以上地方人民政府公安机关或者出入境边防检查机关实施。

第六十条 外国人有本法第五十九条第一款规定情形之一的，经当场盘问或者继续盘问后仍不能排除嫌疑，需要作进一步调查的，可以拘留审查。

实施拘留审查，应当出示拘留审查决定书，并在二十四小时内进行询问。发现不应当拘留审查的，应当立即解除拘留审查。

拘留审查的期限不得超过三十日；案情复杂的，经上一级地方人民政府公安机关或者出入境边防检查机关批准可以延长至六十日。对国籍、身份不明的外国人，拘留审查期限自查清其国籍、身份之日起计算。

《公安机关办理行政案件程序规定》（2020年8月6日）

第二百三十九条 对外国人国籍的确认，以其入境时有效证件上所表明的国籍为准；国籍有疑问或者国籍不明的，由公安机关出入境管理部门协助查明。

对无法查明国籍、身份不明的外国人，按照其自报的国籍或者无国籍人对待。

第二百四十三条 具有下列情形之一的，应当解除拘留审查：

（一）被决定遣送出境、限期出境或者驱逐出境的；

（二）不应当拘留审查的；

（三）被采取限制活动范围措施的；

（四）案件移交其他部门处理的；

（五）其他应当解除拘留审查的。

【文书范例】

××县公安局

解除拘留审查决定书

×公（境）解拘审决字〔2022〕17号

被拘留审查人 Alexia Tailor 性别 女 年龄 31岁 出生日期 1991年1月1日 国籍~~/地区~~ ×国 身份证件种类及号码 ×国护照 ××××

拘留审查决定书文号 ×公（境）拘审决字〔2022〕20号

拘留审查期限自 2022 年 2 月 3 日至 2022 年 3 月 5 日。

因

☐案件处理完毕　　☐不应当拘留审查

☑被限制活动范围　　☐移交其他部门处理

☐其他 ________

根据《中华人民共和国出境入境管理法》第六十条第二款、《公安机关办理行政案件程序规定》第二百四十三条之规定，决定解除拘留审查。

××县公安局（印）

二〇二二年三月五日

被拘留审查人 Alexia Tailor

2022年3月5日

一式三份，一份交被拘留审查人，一份交执行单位，一份附卷。

三、限制活动范围决定书

(此处印制公安机关名称)

限制活动范围决定书

×公（　　）限范围决字〔　　〕　　号

违法嫌疑人＿＿＿＿＿性别＿＿年龄＿＿出生日期＿＿＿＿＿＿＿
国籍/地区＿＿＿＿＿身份证件种类及号码＿＿＿＿＿＿＿＿＿＿＿

因

□患有严重疾病　　　□怀孕　　　□哺乳自己不满一周岁婴儿

□未满十六周岁　　　□已满七十周岁

□其他＿＿＿＿＿＿＿＿＿＿＿＿＿＿＿＿＿＿＿＿＿＿＿＿＿

根据《中华人民共和国出境入境管理法》第六十一条之规定，现决定对违法嫌疑人限制活动范围，期限自＿＿＿年＿＿月＿＿日至＿＿＿年＿＿月＿＿日。在此期间，其应当遵守以下规定：

一、未经决定机关批准，不得变更生活居所，不得离开＿＿＿＿＿＿＿＿＿＿＿＿＿＿＿＿＿＿＿＿＿＿＿＿＿＿＿＿＿的区域；

二、在传唤的时候及时到案；

三、不得以任何形式干扰证人作证；

四、不得毁灭、伪造证据或者串供。

如不服本决定，可以在收到本决定书之日起六十日内向＿＿＿＿＿＿＿＿＿＿＿＿＿＿＿＿＿＿＿＿＿＿＿＿申请行政复议。

公安机关或者出入境边防检查机关（印）

年　　月　　日

违法嫌疑人

年　　月　　日

一式三份，被限制活动范围人和执行单位各一份，一份附卷。

【制作说明】

1. 本式样根据《出境入境管理法》第六十一条、《公安机关办理行政案件程序规定》第二百四十四条至第二百四十五条等规定所制定，是县级以上公安机关或者出入境边防检查机关对外国人决定限制活动范围时使用的文书。

2.《限制活动范围决定书》为一式三份的填充式文件，被限制活动范围人和执行单位各一份，一份附卷。其内容主要包括首部、违法嫌疑人的基本信息、限制活动范围的事由、法律依据、限制活动范围的期限、违法嫌疑人在被限制活动范围期间应当遵守的规定、法律救济以及尾部等信息。在填写时需注意：

（1）首部。写明办案单位所属公安机关或者出入境边防检查机关的名称、文书名称（已印制好）、文书文号。其中，根据《出境入境管理法》第五十八条的规定，此处的公安机关名称应当是县级以上公安机关或者出入境边防检查机关。文书文号应当严格按照相关格式规定填写，“（　　）”填写办案单位简称，治安管理、出入境管理、交通管理、网络安全保卫等业务部门可分别简称为“治”“境”“交”“网”等，公安派出所可填写其名称的简称；“〔　　〕”填写年度，“　　号”空白处填写该文书的顺序号。

（2）违法嫌疑人基本信息，具体包括姓名、性别、年龄、出生日期、国籍或地区、身份证件种类及号码。其中，违法嫌疑人的姓名和性别应当按照其合法身份证件上的信息填写，有中文名的，在括号内注明即可。“合法身份证件”是指外国人入境时所持有的该外国人国籍国签发的能够证明其身份的合法有效证件，如护照、国际旅行证件等。没有合法证件或者无法查清的，也可按其自报的姓名填写。违法嫌疑人的年龄和出生日期以公历（阳历）为准，出生日期应当按照“年”“月”“日”的顺序填写。对于违法嫌疑人的国籍或地区，办案民警应当根据《公安机关办理行政案件程序规定》第二百三十九条的规定填写，“对外国人国籍的确认，以其入境时有效证件上所表明的国籍为准；国籍有疑问或者国籍不明的，由公安机关出入境管理部门协助查明。对无法查明国籍、身份不明的外国人，按照其自报的国籍或者无国籍人对待”。身份证件种类及号码也应当按照违法行为人的合法身份证件中的信息如实填写。但是，之前未查明的基本信息在之后被查明的，应当在文书中更新相应的基本信息。

（3）本文书已印制好限制活动范围的事由和法律依据，办案人员应当根据具体情形，在相应事由之前的“□”中打勾，用横线划去未被选中的“□”，如果勾选的是“其他”，还应在“其他”后的横线处填写其他的具体事由。

（4）“期限自____年____月____日至____年____月____日”的横线处，办案民警应当根据《出境入境管理法》第六十一条第二款的规定填写限制活动范围的起止时间，“被限制活动范围的外国人，应当按照要求接受审查，未经公安机关批准，不得离开限定的区域。限制活动范围的期限不得超过60日。对国籍、身份不明的外国人，限制活动范围期限自查清其国籍、身份之日起计算”。横线处应当用阿拉伯数字写明对违法嫌疑人限制活动范围的起止时间，期限不能超过60日。

（5）“不得离开________的区域”横线处，办案民警应当填写违法嫌疑人被限制活动范围的具体区域。

（6）“可以在收到本决定书之日起六十日内向________申请行政复议”横线处，办案民警应当填写违法嫌疑人可以申请行政复议的具体单位名称，此处行政复议的机关应当为作出决定的公安机关所在的本级人民政府或者作出决定的公安机关的上一级主管机关，该行政复议决定为最终决定。

（7）尾部。“公安机关或者出入境边防检查机关（印）”处应当注明作出决定的公安机关或者出入境边防检查机关的名称并加盖公章，同时注明作出决定的日期，单位名称应当为县级以上地方政府公安机关或者出入境边防检查机关。违法嫌疑人应当在文书的左下方签名或者捺指印，并注明日期。违法嫌疑人签名或者捺指印后，即为送达。违法嫌疑人拒绝签名或捺指印的，由办案民警在附卷的文书上注明。

【法律依据】

《中华人民共和国出境入境管理法》（2012年6月30日）

第五十八条　本章规定的当场盘问、继续盘问、拘留审查、限制活动范围、遣送出境措施，由县级以上地方人民政府公安机关或者出入境边防检查机关实施。

第六十一条　外国人有下列情形之一的，不适用拘留审查，可以限制其活动范围：

（一）患有严重疾病的；

（二）怀孕或者哺乳自己不满一周岁婴儿的；

（三）未满十六周岁或者已满七十周岁的；

（四）不宜适用拘留审查的其他情形。

被限制活动范围的外国人，应当按照要求接受审查，未经公安机关批准，不得离开限定的区域。限制活动范围的期限不得超过六十日。对国籍、身份不明的外国人，限制活动范围期限自查清其国籍、身份之日起计算。

第六十四条 外国人对依照本法规定对其实施的继续盘问、拘留审查、限制活动范围、遣送出境措施不服的，可以依法申请行政复议，该行政复议决定为最终决定。

其他境外人员对依照本法规定对其实施的遣送出境措施不服，申请行政复议的，适用前款规定。

《公安机关办理行政案件程序规定》（2020年8月6日）

第二百三十九条 对外国人国籍的确认，以其入境时有效证件上所表明的国籍为准；国籍有疑问或者国籍不明的，由公安机关出入境管理部门协助查明。

对无法查明国籍、身份不明的外国人，按照其自报的国籍或者无国籍人对待。

第二百四十四条 外国人具有下列情形之一的，不适用拘留审查，经县级以上公安机关或者出入境边防检查机关负责人批准，可以限制其活动范围：

（一）患有严重疾病的；

（二）怀孕或者哺乳自己婴儿的；

（三）未满十六周岁或者已满七十周岁的；

（四）不宜适用拘留审查的其他情形。

被限制活动范围的外国人，应当按照要求接受审查，未经公安机关批准，不得离开限定的区域。限制活动范围的期限不得超过六十日。对国籍、身份不明的，限制活动范围期限自查清其国籍、身份之日起计算。

第二百四十五条 被限制活动范围的外国人应当遵守下列规定：

（一）未经决定机关批准，不得变更生活居所，超出指定的活动区域；

（二）在传唤的时候及时到案；

（三）不得以任何形式干扰证人作证；

（四）不得毁灭、伪造证据或者串供。

第二百四十九条 外国人对继续盘问、拘留审查、限制活动范围、遣送出境措施不服的，可以依法申请行政复议，该行政复议决定为最终决定。

其他境外人员对遣送出境措施不服，申请行政复议的，适用前款规定。

【文书范例】

××县公安局

限制活动范围决定书

×公（境）限范围决字〔2022〕30号

违法嫌疑人 JACK LIU 性别 男 年龄 31岁 出生日期 1991年1月1日 国籍/~~地区~~ ×国 身份证件种类及号码 ×国护照××××

因

☑患有严重疾病 ☐怀孕 ☐哺乳自己不满一周岁婴儿

☐未满十六周岁 ☐已满七十周岁

☐其他＿＿＿＿＿＿＿＿＿＿

根据《中华人民共和国出境入境管理法》第六十一条之规定，现决定对违法嫌疑人限制活动范围，期限自 2022 年 2 月 1 日至 2022 年 3 月 2 日。在此期间，其应当遵守以下规定：

一、未经决定机关批准，不得变更生活居所，不得离开 ××省××市 的区域；

二、在传唤的时候及时到案；

三、不得毁灭、伪造证据或者串供。

如不服本决定，可以在收到本决定书之日起六十日内向 ××省××县人民政府或者××省××市公安局 申请行政复议。

××县公安局（印）

二〇二二年二月一日

违法嫌疑人 JACK LIU

2022年2月1日

一式三份，被限制活动范围人和执行单位各一份，一份附卷。

四、遣送出境决定书

(此处印制公安机关名称)

遣送出境决定书

×公（　　）遣送决字〔　　〕　　号

违法行为人__________性别____年龄____出生日期_______________
国籍/地区__________身份证件种类及号码__________________________

因

□被处限期出境，未在规定期限内离境　　□有不准入境情形

□非法居留　　□非法就业

□其他需要遣送出境____________________________________

根据《中华人民共和国出境入境管理法》第六十二条之规定，决定对违法行为人遣送出境，自被遣送出境之日起_____________年内不准入境。

如不服本决定，可以在收到本决定书之日起六十日内向____申请行政复议。

公安机关或者出入境边防检查机关（印）

年　　月　　日

违法行为人

年　　月　　日

一式三份，一份交被遣送出境人，一份交执行单位，一份附卷。

【制作说明】

1. 本式样根据《出境入境管理法》第六十二条至第六十四条、《公安机关办理行政案件程序规定》第二百四十六条至第二百四十九条等规定所制定，是指对外国人或者其他境外人员决定遣送出境时使用的文书。

2. 《遣送出境决定书》为一式三份的填充式文书，一份交被遣送出境人，一份交执行单位，一份附卷。其主要内容包括首部、违法行为人的基本信息、违法行为人被公安机关遣送出境的事由、法律依据、违法行为人不准入境的期限、法律救济、尾部等信息。在填写时需注意：

（1）首部。写明办案单位所属公安机关或者出入境边防检查机关的名称、文书名称（已印制好）、文书文号。其中，根据《出境入境管理法》第五十八条规定，此处的公安机关名称应当是县级以上公安机关或者出入境边防检查机关。文书文号的填写应当严格按照相关格式规范填写，“（　　）”填写办案单位简称，治安管理、出入境管理、交通管理、网络安全保卫等业务部门可分别简称为“治”“境”“交”“网”等，公安派出所可填写其名称的简称；“〔　　〕”填写年度，“　　号”空白处填写该文书的顺序号。

（2）违法行为人基本信息，具体包括姓名、性别、年龄、出生日期、国籍或地区、身份证件种类及号码。其中，违法行为人的姓名和性别应当按照其合法身份证件上的信息填写，有中文名的，在括号内注明即可。“合法身份证件”是指外国人入境时所持有的该外国人国籍国签发的能够证明其身份的合法有效证件，如护照、国际旅行证件等。没有合法证件或者无法查清的，也可按其自报的姓名填写。违法行为人的年龄和出生日期以公历（阳历）为准，出生日期应当按照“年”“月”“日”的顺序填写。对于违法行为人的国籍或地区，办案民警应当根据《公安机关办理行政案件程序规定》第二百三十九条的规定填写，“对外国人国籍的确认，以其入境时有效证件上所表明的国籍为准；国籍有疑问或者国籍不明的，由公安机关出入境管理部门协助查明。对无法查明国籍、身份不明的外国人，按照其自报的国籍或者无国籍人对待”。身份证件种类及号码也应当按照违法行为人的合法身份证件中的信息如实填写。但是，之前未查明的基本信息在之后被查明的，应当在文书中更新相应的基本信息。

（3）本文书已印制好遣送出境的事由和法律依据，办案人员应当根据具体情形，在相应事由之前的“□”中打勾，用横线划去未被选中的“□”。

选择“其他需要遣送处境”的，应当在随后的横线处写明具体事由，如违法行为人实施的违法行为名称等。

（4）“自被遣送出境之日起________年内不准入境”的横线处，办案民警应当填写违法行为人不准入境的具体期限，依据《出境入境管理法》第六十二条第三款的规定，“被遣送出境的人员，自被遣送出境之日起一至五年内不准入境”，本处应当填写中文数字。

（5）“可以在收到本决定书之日起六十日内向________申请行政复议”横线处，办案民警应当填写违法行为人可以申请行政复议的具体单位名称，此处行政复议的机关应当为作出决定的公安机关所在的本级人民政府或者作出决定的公安机关的上一级主管机关，该行政复议决定为最终决定。

（6）尾部。“公安机关或者出入境边防检查机关（印）”处应当注明作出决定的公安机关或者出入境边防检查机关的名称并加盖公章，同时注明作出决定的日期，此处的单位名称应当为县级以上地方政府公安机关或者出入境边防检查机关。违法行为人应当在文书的左下方签名或者捺指印，并注明日期。违法行为人签名或者捺指印后，即为送达。违法行为人拒绝签名或捺指印的，由办案人民警察在附卷的文书上注明。

【法律依据】

《中华人民共和国出境入境管理法》（2012年6月30日）

第五十八条 本章规定的当场盘问、继续盘问、拘留审查、限制活动范围、遣送出境措施，由县级以上地方人民政府公安机关或者出入境边防检查机关实施。

第六十二条 外国人有下列情形之一的，可以遣送出境：

（一）被处限期出境，未在规定期限内离境的；

（二）有不准入境情形的；

（三）非法居留、非法就业的；

（四）违反本法或者其他法律、行政法规需要遣送出境的。

其他境外人员有前款所列情形之一的，可以依法遣送出境。

被遣送出境的人员，自被遣送出境之日起一至五年内不准入境。

第六十三条 被拘留审查或者被决定遣送出境但不能立即执行的人员，应当羁押在拘留所或者遣返场所。

第六十四条 外国人对依照本法规定对其实施的继续盘问、拘留审查、限制活动范围、遣送出境措施不服的，可以依法申请行政复议，该行政复议决定为最终决定。

其他境外人员对依照本法规定对其实施的遣送出境措施不服，申请行政复议的，适用前款规定。

《公安机关办理行政案件程序规定》（2020年8月6日）

第二百三十九条　对外国人国籍的确认，以其入境时有效证件上所表明的国籍为准；国籍有疑问或者国籍不明的，由公安机关出入境管理部门协助查明。

对无法查明国籍、身份不明的外国人，按照其自报的国籍或者无国籍人对待。

第二百四十六条　外国人具有下列情形之一的，经县级以上公安机关或者出入境边防检查机关负责人批准，可以遣送出境：

（一）被处限期出境，未在规定期限内离境的；

（二）有不准入境情形的；

（三）非法居留、非法就业的；

（四）违反法律、行政法规需要遣送出境的。

其他境外人员具有前款所列情形之一的，可以依法遣送出境。

被遣送出境的人员，自被遣送出境之日起一至五年内不准入境。

第二百四十七条　被遣送出境的外国人可以被遣送至下列国家或者地区：

（一）国籍国；

（二）入境前的居住国或者地区；

（三）出生地国或者地区；

（四）入境前的出境口岸的所属国或者地区；

（五）其他允许被遣送出境的外国人入境的国家或者地区。

第二百四十八条　具有下列情形之一的外国人，应当羁押在拘留所或者遣返场所：

（一）被拘留审查的；

（二）被决定遣送出境或者驱逐出境但因天气、交通运输工具班期、当事人健康状况等客观原因或者国籍、身份不明，不能立即执行的。

第二百四十九条　外国人对继续盘问、拘留审查、限制活动范围、遣送出境措施不服的，可以依法申请行政复议，该行政复议决定为最终决定。

其他境外人员对遣送出境措施不服，申请行政复议的，适用前款规定。

【文书范例】

××市公安局××分局

遣送出境决定书

×公（境）遣送决字〔2022〕10号

违法行为人 MARY LI 性别 女 年龄 41岁 出生日期 1981年1月1日 国籍~~/地区~~ ×国 身份证件种类及号码 ×国护照××××

因

☐被处限期出境，未在规定期限内离境　☐有不准入境情形

☑非法居留　☐非法就业

☐其他需要遣送出境 ______

根据《中华人民共和国出境入境管理法》第六十二条之规定，决定对违法行为人遣送出境，自被遣送出境之日起 五 年内不准入境。

如不服本决定，可以在收到本决定书之日起六十日内向 ××市××区人民政府或者××市公安局 申请行政复议。

××市公安局××分局（印）

二〇二二年二月一日

违法行为人 MARY LI

2022年2月1日

一式三份，一份交被遣送出境人，一份交执行单位，一份附卷。

五、驱逐出境决定书

（此处印制公安机关名称）

驱逐出境决定书

公驱出决字〔　　〕　　号

违法行为人＿＿＿＿性别＿＿年龄＿＿出生日期＿＿＿＿＿＿

国籍/地区＿＿＿＿身份证件种类及号码＿＿＿＿＿＿＿＿＿＿

因＿＿＿＿＿＿＿＿＿＿＿＿＿＿＿＿＿＿＿＿＿＿＿＿＿＿＿

＿＿＿＿＿＿＿＿＿＿＿＿＿＿＿＿＿＿＿＿＿＿＿＿＿＿＿＿

＿＿＿＿＿＿＿＿＿＿＿＿＿＿＿＿＿＿＿＿＿＿＿＿＿＿＿＿

＿＿＿＿＿＿＿＿＿＿＿＿＿＿＿＿＿＿＿＿＿＿＿＿＿＿，根据

□《中华人民共和国治安管理处罚法》第十条第二款

□《中华人民共和国出境入境管理法》第八十一条第二款之规定，决定驱逐出境，并注销其有效出境入境证件种类及号码＿＿＿＿＿＿

＿＿＿＿＿＿＿＿＿＿＿＿＿＿＿＿＿＿＿＿＿＿＿＿＿＿＿。

被处罚人自被驱逐出境之日起十年内不准入境。

本决定为最终处理决定。

公安部（印）

年　　月　　日

违法行为人

年　　月　　日

一式三份，一份交违法行为人，一份交执行宣布单位，一份附卷。

【制作说明】

1. 本式样根据《出境入境管理法》第八十一条、《治安管理处罚法》第十条第二款、《公安机关办理行政案件程序规定》第二百五十一条等规定所制定，是公安部对外国人决定驱逐出境时使用的文书。

2. 《驱逐出境决定书》为一式三份的填充式文书，一份交违法行为人，一份交执行宣布单位，一份附卷。其内容主要包括首部、违法行为人的基本信息、案件事由、法律依据、被注销的有效出境入境证件种类及号码、被处罚人不准入境的期限、尾部等信息。在填写时需注意：

（1）首部。写明制作文书的公安机关名称和文书名称（已印制好）、文书文号。根据《出境入境管理法》第八十一条和《公安机关办理行政案件程序规定》第二百五十一条的规定，作出驱逐出境决定的公安机关为公安部，并且公安部的决定为最终决定。因此，首部的公安机关名称应当为“中华人民共和国公安部”。“〔　　〕”填写年度，“　　号”空白处填写该文书的顺序号。

（2）违法行为人基本信息，具体包括姓名、性别、年龄、出生日期、国籍或地区、身份证件种类及号码。其中，违法行为人的姓名和性别应当按照其合法身份证件上的信息填写，有中文名的，在括号内注明即可。“合法身份证件”是指外国人入境时所持有的该外国人国籍国签发的能够证明其身份的合法有效证件，如护照、国际旅行证件等。没有合法证件或者无法查清的，也可按其自报的姓名填写。违法行为人的年龄和出生日期以公历（阳历）为准，出生日期应当按照“年”“月”“日”的顺序填写。对于违法行为人的国籍或地区，办案民警应当根据《公安机关办理行政案件程序规定》第二百三十九条的规定填写，“对外国人国籍的确认，以其入境时有效证件上所表明的国籍为准；国籍有疑问或者国籍不明的，由公安机关出入境管理部门协助查明。对无法查明国籍、身份不明的外国人，按照其自报的国籍或者无国籍人对待”。身份证件种类及号码也应当按照违法行为人的合法身份证件中的信息如实填写。但是，之前未查明的基本信息在之后被查明的，应当在文书中更新相应的基本信息。

（3）“因________，”的横线处应当由办案民警填写对违法行为人作出驱逐出境决定的事实依据，具体包括公安机关已经查明的违法行为人的违法事实和证据。

（4）本文书已经列明了相关法律依据，办案民警可根据案件需要，在相应的“□”中打勾，并用横线划去未被选中的法律依据。

（5）“并注销其有效出境入境证件种类及号码________。”的横线处填写违法行为人被注销的具体的出境入境证件种类及号码，“有效出境入境证件”是指中华人民共和国办理并签发的各类签证、居留证件、临时入境手续等。

（6）尾部。尾部应当加盖公安部印章并注明日期，同时，违法行为人应当在文书左下方签名或捺指印，并注明日期。违法行为人签名或者捺指印后，即为送达。违法行为人拒绝签名或捺指印的，由办案民警在附卷的决定书上注明。

【法律依据】

《中华人民共和国出境入境管理法》（2012 年 6 月 30 日）

第八十一条　外国人从事与停留居留事由不相符的活动，或者有其他违反中国法律、法规规定，不适宜在中国境内继续停留居留情形的，可以处限期出境。

外国人违反本法规定，情节严重，尚不构成犯罪的，公安部可以处驱逐出境。公安部的处罚决定为最终决定。

被驱逐出境的外国人，自被驱逐出境之日起十年内不准入境。

《中华人民共和国治安管理处罚法》（2012 年 10 月 26 日）

第十条　治安管理处罚的种类分为：

（一）警告；

（二）罚款；

（三）行政拘留；

（四）吊销公安机关发放的许可证。

对违反治安管理的外国人，可以附加适用限期出境或者驱逐出境。

《公安机关办理行政案件程序规定》（2020 年 8 月 6 日）

第二百五十一条　外国人违反治安管理或者出境入境管理，情节严重，尚不构成犯罪的，承办的公安机关可以层报公安部处以驱逐出境。公安部作出的驱逐出境决定为最终决定，由承办机关宣布并执行。

被驱逐出境的外国人，自被驱逐出境之日起十年内不准入境。

【文书范例】

中华人民共和国公安部

驱逐出境决定书

公驱出决字〔2022〕11 号

违法行为人 M××× W××× 性别 女 年龄 51 岁 出生日期 1971 年 2 月 1 日 国籍~~/地区~~ ×国 身份证件种类及号码 ×国护照××××

因 违法行为人 M××× W×××于 2022 年 2 月 2 日上午 8 时许在山东省××市××公交车站乘坐××次公交车时，强行堵在车厢门口，以阻止公交车正常关门，并扬言在自己的儿子到来之前，谁也别想让公交车启动，致使该次公交车晚点半个小时。M××× W×××的行为严重影响到正常的乘车秩序和群众的出行体验，并造成现场秩序混乱。以上事实有车厢内的监控录像、刘××、杜××、丁××、李××等人的证人证言、现场笔录、执法记录仪记录的现场执法视频、违法行为人 M××× W×××的陈述和申辩等证据证实。根据《中华人民共和国治安管理处罚法》第二十三条第一款第四项之规定，M××× W×××的行为构成妨碍交通工具正常行驶行为，被处以行政拘留 10 日的治安管理处罚，行政处罚决定书的文号为 X 公（治）行罚决字〔2022〕16 号，根据

☑《中华人民共和国治安管理处罚法》第十条第二款

~~□~~《中华人民共和国出境入境管理法》第八十一条第二款

之规定，决定驱逐出境，并注销其有效出境入境证件种类及号码中华人民共和国普通签证，签证号码为××××；居留证件，居留证件号码为××××。

被处罚人自被驱逐出境之日起十年内不准入境。

本决定为最终处理决定。

公安部（印）

二〇二二年二月八日

违法行为人 M××× W×××

2022 年 2 月 8 日

一式三份，一份交违法行为人，一份交执行宣布单位，一份附卷。

第六章　执行与终止调查类法律文书

执行与终止调查，是公安机关作出行政处理决定后，通过行政执法活动将决定内容予以实现，或者因出现法定情形，终止案件调查的法律活动。这一阶段使用的法律文书，可以称之为执行与终止调查类法律文书。

执行与终止调查类法律文书主要包括如下几类：(1)《催告书》；(2)《行政强制执行决定书》；(3)《代履行决定书》；(4)《强制执行申请书》；(5)《暂缓执行行政拘留决定书》；(6)《收取保证金通知书》《收取保证金回执》；(7)《担保人保证书》；(8)《退还保证金通知书》；(9)《没收保证金决定书》；(10)《________执行回执》；(11)《终止案件调查决定书》等。

本类法律文书制作的法律依据主要有：《行政强制法》第十三条、第三十五条至第三十八条、第五十条至第五十五条；《行政处罚法》第七十二条至第七十三条；《治安管理处罚法》第一百零三条、第一百零七条至第一百一十一条；《禁毒法》第四十一条；《公安机关办理行政案件程序规定》第一百九十八条、第二百条至第二百零三条、第二百零六条至第二百零八条、第二百二十条至第二百三十三条、第二百五十九条至第二百六十条等。

一、催告书

（此处印制公安机关名称）

催　告　书

×公（　　）催字〔　　〕　　号

当事人姓名或者单位名称＿＿＿＿＿＿＿＿＿＿＿＿＿＿＿＿＿＿＿＿

身份证件种类及号码＿＿＿＿＿＿＿＿＿＿单位法定代表人＿＿＿＿＿＿＿

地址及联系方式＿＿＿＿＿＿＿＿＿＿＿＿＿＿＿＿＿＿＿＿＿＿＿＿＿

根据《中华人民共和国行政强制法》第三十五条和第五十四条之规定，限你（单位）于＿＿年＿＿月＿＿日前履行公安机关于＿＿年＿＿月＿＿日作出的＿＿＿＿＿＿＿＿＿＿＿＿＿＿＿＿＿＿＿＿＿＿＿＿＿＿＿行政决定，决定书文号为＿＿＿＿＿＿＿＿＿＿＿＿＿＿＿＿＿＿＿＿＿。

履行方式＿＿＿（涉及金钱给付的，应当注明金额和给付方式）。

对以上事项，你（单位）有权进行陈述和申辩，无正当理由逾期不履行的，将依法强制执行。

公安机关（印）
年　　月　　日

被催告人
年　　月　　日

一式两份，一份交当事人，一份附卷。

【制作说明】

1. 本式样根据《行政强制法》第三十五条、第五十四条；《公安机关办理行政案件程序规定》第二百条等规定所制作，是公安机关在作出强制执行决定或者向人民法院申请强制执行前，催告当事人自行履行行政决定义务时使用的文书。

2.《催告书》属于一式两份的填充式文书，一份交当事人，一份附卷。其内容主要包括当事人或者单位基本信息、法律依据、自行履行截止时间、行政决定基本信息、履行方式、尾部等。在填写时需注意：

（1）首部。写明制作文书的公安机关名称和文书名称（已印制好）、文书文号。其中，公安机关名称应当是办案单位所属公安机关或者依法具有独立执法主体资格的公安机关业务部门以及出入境边防检查站。文书文号的“×”处填写制作法律文书的公安机关代字；“（　　）”填写办案单位简称，治安管理、出入境管理、交通管理、网络安全保卫等业务部门可分别简称为“治”“境”“交”“网”等，公安派出所可填写其名称的简称；“〔　　〕”填写年度，“　　号”空白处填写该文书的顺序号。

（2）当事人或者单位的基本信息部分。“当事人姓名或者单位名称”后的横线处填写当事人的姓名，当事人为单位的，填写单位名称；“身份证件种类及号码”后的横线处填写当事人的身份证件种类及号码，当事人为单位的，用横线划去即可；“单位法定代表人”后的横线处填写单位法定代表人的姓名，当事人为自然人的，用横线划去即可；“地址及联系方式”后的横线处填写当事人的具体地址与联系方式，当事人为单位的，填写单位地址与联系方式。

（3）文书中已列明催告的法律依据。“限你（单位）于____年____月____日前”的横线处填写当事人自行履行义务的最后期限；“关于____年____月____日作出的”横线处填写公安机关作出行政决定的具体日期。“作出的______________行政决定”横线处应当填写行政决定的名称；“决定书文号为________”横线处应当写明行政决定书的文书文号。

（4）“履行方式”后的横线处填写具体的自行履行方式，涉及金钱给付的，应当注明金额和给付方式，金额用中文大写，如“通过××银行转账壹万元”。

（5）尾部。“公安机关（印）”处加盖办案单位的印章并注明日期。办案单位是指县级以上公安机关及其公安派出所、依法具有独立执法主体资格的公安机关业务部门以及出入境边防检查站等。依法不具有独立执法主体资格的公安机关内设机构使用该文书时，应当加盖其所属公安机关的印章。被催告人应当签署姓名并填写签署日期。

【法律依据】

《中华人民共和国行政强制法》（2011年6月30日）

第三十五条 行政机关作出强制执行决定前，应当事先催告当事人履行义务。催告应当以书面形式作出，并载明下列事项：

（一）履行义务的期限；

（二）履行义务的方式；

（三）涉及金钱给付的，应当有明确的金额和给付方式；

（四）当事人依法享有的陈述权和申辩权。

第三十六条 当事人收到催告书后有权进行陈述和申辩。行政机关应当充分听取当事人的意见，对当事人提出的事实、理由和证据，应当进行记录、复核。当事人提出的事实、理由或者证据成立的，行政机关应当采纳。

第三十八条 催告书、行政强制执行决定书应当直接送达当事人。当事人拒绝接收或者无法直接送达当事人的，应当依照《中华人民共和国民事诉讼法》的有关规定送达。

第五十四条 行政机关申请人民法院强制执行前，应当催告当事人履行义务。催告书送达十日后当事人仍未履行义务的，行政机关可以向所在地有管辖权的人民法院申请强制执行；执行对象是不动产的，向不动产所在地有管辖权的人民法院申请强制执行。

《公安机关办理行政案件程序规定》（2020年8月6日）

第二百条 公安机关在依法作出强制执行决定或者申请人民法院强制执行前，应当事先催告被处理人履行行政处理决定。催告以书面形式作出，并直接送达被处理人。被处理人拒绝接受或者无法直接送达被处理人的，依照本规定第五章的有关规定送达。

催告书应当载明下列事项：

（一）履行行政处理决定的期限和方式；

（二）涉及金钱给付的，应当有明确的金额和给付方式；

（三）被处理人依法享有的陈述权和申辩权。

第二百零一条　被处理人收到催告书后有权进行陈述和申辩。公安机关应当充分听取并记录、复核。被处理人提出的事实、理由或者证据成立的，公安机关应当采纳。

【文书范例】

××县公安局

催 告 书

×公（治）催字〔2022〕13号

当事人姓名或者单位名称 郭××

身份证件种类及号码 居民身份证 ×××× 单位法定代表人 ______

地址及联系方式 ××县××小区×单元××室，××××

根据《中华人民共和国行政强制法》第三十五条和第五十四条之规定，限你（单位）于 2022 年 × 月 ×× 日前履行公安机关于 2021 年 × 月 ×× 日作出的 罚款叁仟元整 行政决定，决定书文号为 ×公（治）行罚决字〔2021〕25号 。

履行方式 通过银行缴纳罚款叁仟元 （涉及金钱给付的，应当注明金额和给付方式）。

对以上事项，你（单位）有权进行陈述和申辩，无正当理由逾期不履行的，将依法强制执行。

××县公安局（印）

二〇二二年三月十五日

被催告人 郭××

2022年3月15日

一式两份，一份交当事人，一份附卷。

二、行政强制执行决定书

（此处印制公安机关名称）

行政强制执行决定书

×公（　　）强执决字〔　　〕　　号

被处理人姓名或者单位名称________________________
身份证件种类及号码________________单位法定代表人________
地址及联系方式____________________________________
因你（单位）经催告无正当理由逾期未履行公安机关于____年____月____日作出的________________________________行政决定（决定书文号________________________），根据（法律）___________________________________之规定，决定于____年____月____日强制执行。

强制执行方式__________________________________。

根据《中华人民共和国行政强制法》之规定，强制执行的费用由你（单位）承担。

如不服本决定，可以在收到本决定书之日起六十日内向________________________________申请行政复议或者在六个月内依法向______________________人民法院提起行政诉讼。

公安机关（印）
年　　月　　日

被执行人
年　　月　　日

一式两份，一份交被执行人，一份附卷。

【制作说明】

1. 本式样根据《行政强制法》第三十七条至第三十八条、《行政处罚法》第七十二条、《公安机关办理行政案件程序规定》第二百零二条等规定所制作，是公安机关依法决定强制执行时使用的文书。

2.《行政强制执行决定书》属于一式两份的填充式文书，一份交被执行人，一份附卷。其内容主要包括首部、被处理人或者单位基本信息、行政决定基本信息、法律依据、强制执行方式、法律救济、尾部等信息。在填写时需注意：

（1）首部。写明制作文书的公安机关名称和文书名称（已印制好）、文书文号。其中，首部的公安机关名称应当是办案单位所属公安机关或者依法具有独立执法主体资格的公安机关业务部门以及出入境边防检查站。文书文号的“×”处填写制作法律文书的公安机关代字；“（　　）”填写办案单位简称，治安管理、出入境管理、交通管理、网络安全保卫等业务部门可分别简称为“治”“境”“交”“网”等，公安派出所可填写其名称的简称；“〔　　〕”填写年度，“　　号”空白处填写该文书的顺序号。

（2）被处理人或者单位基本信息。“被处理人姓名或者单位名称”后的横线处填写被处理人的姓名，被处理人为单位的，应当填写单位名称；“身份证件种类及号码”后的横线处填写被处理人的身份证件种类及号码，被处理人为单位的，用横线划去即可；“单位法定代表人”后的横线处填写单位法定代表人的姓名，被处理人为自然人的，用横线划去即可；“地址及联系方式”后的横线处填写被处理人的具体地址与联系方式，被处理人为单位的，应当填写单位地址与联系方式。

（3）行政决定基本信息。“关于____年____月____日作出的”横线处填写公安机关作出行政决定的具体日期；“作出的__________行政决定”横线处填写行政决定的名称；“决定书文号________”的横线处应当写明行政决定书的文号。

（4）强制执行的法律依据部分，根据实际情况进行填写，具体到条、款、项。

（5）“强制执行方式”后的横线处，应当依照《行政强制法》第十二条、《行政处罚法》第七十二条等的规定，填写强制执行的具体方式。

（6）法律救济部分，“向____________申请行政复议”横线处，填写被执行人可以申请行政复议的机关名称。“向__________人民法院提起行政诉讼”横线处应当填写被执行人可以提起行政诉讼的人民法院名称。

（7）尾部。“公安机关（印）”处加盖办案单位的印章并注明日期。办案单位是指县级以上公安机关及其公安派出所、依法具有独立执法主体资格的公安机关业务部门以及出入境边防检查站等。依法不具有独立执法主体资格的公安机关内设机构使用该文书时，应当加盖其所属公安机关的印章。被执行人收到《行政强制执行决定书》后应当签署姓名并填写签署日期。

【法律依据】

《中华人民共和国行政强制法》（2011 年 6 月 30 日）

第三十七条　经催告，当事人逾期仍不履行行政决定，且无正当理由的，行政机关可以作出强制执行决定。

强制执行决定应当以书面形式作出，并载明下列事项：

（一）当事人的姓名或者名称、地址；

（二）强制执行的理由和依据；

（三）强制执行的方式和时间；

（四）申请行政复议或者提起行政诉讼的途径和期限；

（五）行政机关的名称、印章和日期。

在催告期间，对有证据证明有转移或者隐匿财物迹象的，行政机关可以作出立即强制执行决定。

第三十八条　催告书、行政强制执行决定书应当直接送达当事人。当事人拒绝接收或者无法直接送达当事人的，应当依照《中华人民共和国民事诉讼法》的有关规定送达。

《中华人民共和国行政处罚法》（2021 年 1 月 22 日）

第七十二条　当事人逾期不履行行政处罚决定的，作出行政处罚决定的行政机关可以采取下列措施：

（一）到期不缴纳罚款的，每日按罚款数额的百分之三加处罚款，加处罚款的数额不得超出罚款的数额；

（二）根据法律规定，将查封、扣押的财物拍卖、依法处理或者将冻结的存款、汇款划拨抵缴罚款；

（三）根据法律规定，采取其他行政强制执行方式；

（四）依照《中华人民共和国行政强制法》的规定申请人民法院强制

执行。

行政机关批准延期、分期缴纳罚款的，申请人民法院强制执行的期限，自暂缓或者分期缴纳罚款期限结束之日起计算。

《公安机关办理行政案件程序规定》（2020年8月6日）

第二百零二条 经催告，被处理人无正当理由逾期仍不履行行政处理决定，法律规定由公安机关强制执行的，公安机关可以依法作出强制执行决定。

在催告期间，对有证据证明有转移或者隐匿财物迹象的，公安机关可以作出立即强制执行决定。

强制执行决定应当以书面形式作出，并载明下列事项：

（一）被处理人的姓名或者名称、地址；

（二）强制执行的理由和依据；

（三）强制执行的方式和时间；

（四）申请行政复议或者提起行政诉讼的途径和期限；

（五）作出决定的公安机关名称、印章和日期。

【文书范例】

××县公安局

行政强制执行决定书

×公（治）强执决字〔2022〕25 号

被处理人姓名或者单位名称 郭××

身份证件种类及号码 居民身份证 ×××× 单位法定代表人 ———

地址及联系方式 ————————————

因你（单位）经催告无正当理由逾期未履行公安机关于 2021 年 12 月 15 日作出的 罚款叁仟元整 行政决定（决定书文号 ×公（治）行罚决字〔2021〕30 号），根据（法律） 《中华人民共和国行政处罚法》第七十二条第一款第二项 之规定，决定于 2022 年 2 月 10 日强制执行。

强制执行方式 将扣押的被处理人财物拍卖 。

根据《中华人民共和国行政强制法》之规定，强制执行的费用由你（单位）承担。

如不服本决定，可以在收到本决定书之日起六十日内向 ××县人民政府 申请行政复议或者在六个月内依法向 ××县 人民法院提起行政诉讼。

××县公安局（印）

二〇二二年二月十日

被执行人　郭××

2022 年 2 月 10 日

一式两份，一份交被执行人，一份附卷。

三、代履行决定书

(此处印制公安机关名称)

代履行决定书

×公（　　）代履决字〔　　〕　　号

当事人姓名或者单位名称________________________________
身份证件种类及号码__________________单位法定代表人__________
地址及联系方式____

因经催告你（单位）逾期仍未履行公安机关于____年____月____日作出的____行政决定（决定书文号__________________________）中的____义务，根据《中华人民共和国行政强制法》第五十条之规定，决定由__________________________________于____年____月____日代履行。

代履行方式____

代履行费用预算______元（大写______________），根据《中华人民共和国行政强制法》之规定，由你（单位）承担。

公安机关（印）
年　　月　　日

当事人
年　　月　　日

一式两份，一份交当事人，一份附卷。

【制作说明】

1. 本式样根据《行政强制法》第五十一条、《公安机关办理行政案件程序规定》第二百零三条等规定所制作，是公安机关决定代履行时使用的文书。

2.《代履行决定书》属于一式两份的填充式文书，一份交当事人，一份附卷。其内容主要包括首部、当事人或者单位基本信息、行政决定基本信息、当事人应履行的义务、代履行主体、代履行时间、代履行方式、代履行预算、尾部等信息。在填写时需注意：

（1）首部。写明制作文书的公安机关名称和文书名称（已印制好）、文书文号。其中，首部的公安机关名称应当是办案单位所属公安机关或者依法具有独立执法主体资格的公安机关业务部门以及出入境边防检查站。文书文号的“×”处填写制作法律文书的公安机关代字；“（　　）”填写办案单位简称，治安管理、出入境管理、交通管理、网络安全保卫等业务部门可分别简称为“治”“境”“交”“网”等，公安派出所可填写其名称的简称；“〔　　〕”填写年度，“　　号”空白处填写该文书的顺序号。

（2）当事人或单位基本信息。“当事人姓名或者单位名称”后的横线处填写当事人的姓名，当事人为单位的，填写单位名称；“身份证件种类及号码”后的横线处填写当事人的身份证件种类及号码，当事人为单位的，用横线划去即可；“单位法定代表人”后的横线处填写单位法定代表人的姓名，当事人为自然人的，用横线划去即可。“地址及联系方式”填写当事人的具体地址与联系方式，当事人为单位的，填写单位地址与联系方式。

（3）行政决定基本信息。“关于____年____月____日作出”横线处，填写公安机关此前作出的行政决定的具体时间；“作出的________行政决定”横线处，填写行政决定的名称；“（决定书文号____________）”横线处填写决定书的文号；“中的________义务”横线处填写当事人需要承担的具体义务，如排除妨碍、恢复原状等；“决定由________于”横线处填写执行代履行任务的单位名称，该单位既可以是公安机关，也可以是公安机关委托的没有利害关系的第三人；“于____年____月____日代履行”横线处填写代履行单位实施代履行的具体时间。

（4）“代履行方式”后的横线处，由办案民警根据具体案件填写具体的代履行方式，如“拆除××路口的广告牌”等。

（5）“代履行费用预算______元”横线处填写代履行的具体预算费用，

该金额用阿拉伯数字填写；“（大写________）”横线处填写预算费用的中文大写。

（6）尾部。“公安机关（印）”处加盖办案单位的印章并注明日期。办案单位是指县级以上公安机关及其公安派出所、依法具有独立执法主体资格的公安机关业务部门以及出入境边防检查站等。依法不具有独立执法主体资格的公安机关内设机构使用该文书时，应当加盖其所属公安机关的印章。当事人应当签署姓名并填写签署日期。

【法律依据】

《中华人民共和国行政强制法》（2011 年 6 月 30 日）

第五十条 行政机关依法作出要求当事人履行排除妨碍、恢复原状等义务的行政决定，当事人逾期不履行，经催告仍不履行，其后果已经或者将危害交通安全、造成环境污染或者破坏自然资源的，行政机关可以代履行，或者委托没有利害关系的第三人代履行。

第五十一条 代履行应当遵守下列规定：

（一）代履行前送达决定书，代履行决定书应当载明当事人的姓名或者名称、地址，代履行的理由和依据、方式和时间、标的、费用预算以及代履行人；

（二）代履行三日前，催告当事人履行，当事人履行的，停止代履行；

（三）代履行时，作出决定的行政机关应当派员到场监督；

（四）代履行完毕，行政机关到场监督的工作人员、代履行人和当事人或者见证人应当在执行文书上签名或者盖章。

代履行的费用按照成本合理确定，由当事人承担。但是，法律另有规定的除外。

代履行不得采用暴力、胁迫以及其他非法方式。

第五十二条 需要立即清除道路、河道、航道或者公共场所的遗洒物、障碍物或者污染物，当事人不能清除的，行政机关可以决定立即实施代履行；当事人不在场的，行政机关应当在事后立即通知当事人，并依法作出处理。

《公安机关办理行政案件程序规定》（2020 年 8 月 6 日）

第二百零三条 依法作出要求被处理人履行排除妨碍、恢复原状等义务的行政处理决定，被处理人逾期不履行，经催告仍不履行，其后果已经或者将危害交通安全的，公安机关可以代履行，或者委托没有利害关系的第三人代履行。

代履行应当遵守下列规定：

（一）代履行前送达决定书，代履行决定书应当载明当事人的姓名或者名称、地址，代履行的理由和依据、方式和时间、标的、费用预算及代履行人；

（二）代履行三日前，催告当事人履行，当事人履行的，停止代履行；

（三）代履行时，作出决定的公安机关应当派员到场监督；

（四）代履行完毕，公安机关到场监督人员、代履行人和当事人或者见证人应当在执行文书上签名或者盖章。

代履行的费用由当事人承担。但是，法律另有规定的除外。

【文书范例】

××县公安局

代履行决定书

×公（交）代履决字〔2022〕11号

当事人姓名或者单位名称 郭×× 身份证件种类及号码 居民身份证，×××× 单位法定代表人 ______

地址及联系方式 ××县××小区×单元××室，×××××××××××

因经催告你（单位）逾期仍未履行公安机关关于 2022 年 2 月 15 日作出的 责令排除妨碍通知书 行政决定（决定书文号 ×公（交）责通字〔2022〕4号 ）中的 拆除广告牌 义务，根据《中华人民共和国行政强制法》第五十条之规定，决定由 ××公司 于 2022 年 3 月 30 日代履行。

代履行方式 拆除位于××路口的广告牌

代履行费用预算 500 元（大写 伍佰元整 ），根据《中华人民共和国行政强制法》之规定，由你（单位）承担。

××县公安局交通警察大队（印）

二〇二二年三月十五日

当事人 郭××

2022年3月15日

公安机关到场监督人员	李××	2022年3月30日
代履行人	刘××	2022年3月30日
当事人	郭××	2022年3月30日

一式两份，一份交当事人，一份附卷。

四、强制执行申请书

(此处印制公安机关名称)

强制执行申请书

×公（　　）强执申字〔　　〕　　号

________人民法院：

我局于____年____月____日作出________的行政处理决定（决定书文号________），经依法催告（催告书文号　　公（　　）催字〔　　〕　　号），当事人无正当理由逾期仍未履行义务。

根据《中华人民共和国行政强制法》第五十三条和第五十四条之规定，特申请你院对以下事项强制执行：

____

____

____。

附：1. 行政处理决定书　　2. 当事人的意见

3. 催告书　　4. 申请强制执行标的的情况

5. 法律、行政法规规定的其他材料________________

____

公安机关（印）

年　　月　　日

公安机关负责人

年　　月　　日

一式两份，一份交人民法院，一份附卷。

【制作说明】

1. 本式样根据《行政强制法》第十三条、第五十五条；《公安机关办理行政案件程序规定》第二百零六条至第二百零八条等规定所制作，是公安机关依法申请人民法院强制执行时使用的文书。

2. 《强制执行申请书》为一式两份的填充式文书，一份交人民法院，一份附卷，其内容主要包括首部、接受申请书的人民法院名称、行政处理决定的基本信息、催告书文号、申请强制执行的内容、附件、尾部等信息，填写时需注意：

（1）首部。写明制作文书的公安机关名称和文书名称（已印制好）、文书文号。其中，依据《公安机关办理行政案件程序规定》第一百九十八条规定，此处的公安机关是作出行政处理决定的公安机关。文书文号的“×”处填写制作法律文书的公安机关代字；“（　　）”填写办案单位简称，治安管理、出入境管理、交通管理、网络安全保卫等业务部门可分别简称为“治”“境”“交”“网”等，公安派出所可填写其名称的简称；“〔　　〕”填写年度，“　　号”空白处填写该文书的顺序号。

（2）抬头。“________人民法院”横线处填写接受申请书的人民法院名称。

（3）行政处理决定的基本信息。“我局于____年____月____日作出”横线处填写公安机关作出行政处理决定的具体日期。“作出的__________行政处理决定”横线处应当填写行政处理决定的名称；“决定书文号为__________”横线处应当写明决定书的文书文号。“（催告书文号　　公（　　）催字〔　　〕　　号）”填写此前公安机关作出的《催告书》的文号。

（4）申请强制执行的内容。“特申请你院对以下事项强制执行：”后的横线处填写被执行人姓名或者单位名称、执行地点、执行标的等内容。

（5）文书中已列明必要的附件名称，还有其他法律、行政法规规定的附件材料可以填写在“5. 法律、行政法规规定的其他材料__________”的横线处。

（6）尾部。“公安机关（印）”处加盖办案单位的印章并注明日期。办案单位是指作出行政处理决定的公安机关，其负责人应当签字并注明日期。

【法律依据】

《中华人民共和国行政强制法》（2011 年 6 月 30 日）

第十三条 行政强制执行由法律设定。

法律没有规定行政机关强制执行的，作出行政决定的行政机关应当申请人民法院强制执行。

第五十三条 当事人在法定期限内不申请行政复议或者提起行政诉讼，又不履行行政决定的，没有行政强制执行权的行政机关可以自期限届满之日起三个月内，依照本章规定申请人民法院强制执行。

第五十四条 行政机关申请人民法院强制执行前，应当催告当事人履行义务。催告书送达十日后当事人仍未履行义务的，行政机关可以向所在地有管辖权的人民法院申请强制执行；执行对象是不动产的，向不动产所在地有管辖权的人民法院申请强制执行。

第五十五条 行政机关向人民法院申请强制执行，应当提供下列材料：

（一）强制执行申请书；

（二）行政决定书及作出决定的事实、理由和依据；

（三）当事人的意见及行政机关催告情况；

（四）申请强制执行标的情况；

（五）法律、行政法规规定的其他材料。

强制执行申请书应当由行政机关负责人签名，加盖行政机关的印章，并注明日期。

《公安机关办理行政案件程序规定》（2020 年 8 月 6 日）

第一百九十八条 公安机关依法作出行政处理决定后，被处理人应当在行政处理决定的期限内予以履行。逾期不履行的，作出行政处理决定的公安机关可以依法强制执行或者申请人民法院强制执行。

第二百零六条 当事人在法定期限内不申请行政复议或者提起行政诉讼，又不履行行政处理决定的，法律没有规定公安机关强制执行的，作出行政处理决定的公安机关可以自期限届满之日起三个月内，向所在地有管辖权的人民法院申请强制执行。因情况紧急，为保障公共安全，公安机关可以申请人民法院立即执行。

强制执行的费用由被执行人承担。

第二百零七条 申请人民法院强制执行前，公安机关应当催告被处理人履行义务，催告书送达十日后被处理人仍未履行义务的，公安机关可以向人民法院申请强制执行。

第二百零八条 公安机关向人民法院申请强制执行，应当提供下列材料：

（一）强制执行申请书；

（二）行政处理决定书及作出决定的事实、理由和依据；

（三）当事人的意见及公安机关催告情况；

（四）申请强制执行标的情况；

（五）法律、法规规定的其他材料。

强制执行申请书应当由作出处理决定的公安机关负责人签名，加盖公安机关印章，并注明日期。

【文书范例】

××县公安局

强制执行申请书

×公（治）强执申字〔2022〕12号

__××县__人民法院：

我局于__2021__年__10__月__20__日作出__行政处罚__的行政处理决定（决定书文号__×公（治）行罚决字〔2021〕75号__），经依法催告（催告书文号×公（治）催字〔2021〕121号），当事人无正当理由逾期仍未履行义务。

根据《中华人民共和国行政强制法》第五十三条和第五十四条之规定，特申请你院对以下事项强制执行：

__对李××强制执行罚款叁仟元整，加处罚款壹仟叁佰伍拾元整，共需执行肆仟叁佰伍拾元整__。

附：1. 行政处理决定书　　2. 当事人的意见

3. 催告书　　4. 申请强制执行标的情况

5. 法律、行政法规规定的其他材料________

××县公安局（印）

二〇二二年三月十五日

公安机关负责人　张××

2022年3月15日

一式两份，一份交人民法院，一份附卷。

五、暂缓执行行政拘留决定书

（此处印制公安机关名称）

暂缓执行行政拘留决定书

×公（　　）缓拘决字〔　　〕　　号

经审查，根据《中华人民共和国治安管理处罚法》第一百零七条之规定，决定对被处罚人（姓名、性别、年龄、出生日期、身份证件种类及号码、现住址）________________________________

____

____

暂缓执行行政拘留（原决定书文号________________________）。

在行政拘留处罚决定暂缓执行期间，被处罚人应当遵守下列规定：

（一）未经决定机关批准不得离开所居住的市、县；

（二）住址、工作单位和联系方式发生变动的，在二十四小时以内向决定机关报告；

（三）在行政复议和行政诉讼中不得干扰证人作证、伪造证据或者串供；

（四）不得逃避、拒绝或者阻碍处罚的执行。

公安机关（印）

年　　月　　日

被处罚人

年　　月　　日

一式三份，被处罚人和拘留所各一份，一份附卷。

【制作说明】

1. 本式样根据《行政处罚法》第七十三条第二款；《治安管理处罚法》第一百零七条、第一百一十条；《公安机关办理行政案件程序规定》第二百二十二至二百三十条等规定所制作，是公安机关对被决定行政拘留的人决定暂缓执行行政拘留时使用的文书。

2. 《暂缓执行行政拘留决定书》属于一式三份的填充式文书，被处罚人和拘留所各一份，一份附卷。其内容主要包括首部、被处罚人基本信息、原决定书文号、被处罚人应当遵守的规定、尾部等信息。填写时应当注意：

（1）首部。写明制作文书的公安机关名称和文书名称（已印制好）、文书文号。其中，首部的公安机关名称应当是县级以上公安机关或者出入境边防检查机关的名称。文书文号的“×”处填写制作法律文书的公安机关代字；“（　　）”填写办案单位简称，治安管理、出入境管理、交通管理、网络安全保卫等业务部门可分别简称为“治”“境”“交”“网”等，公安派出所可填写其名称的简称；“〔　　〕”填写年度，“　　号”空白处填写该文书的顺序号。

（2）“决定对被处罚人______暂缓执行行政拘留”横线处，填写被处罚人的姓名、性别、年龄、出生日期、身份证件种类及号码、现住址等信息。

（3）“（原决定书文号________）”横线处，填写公安机关此前作出的行政拘留决定的文书文号。

（4）尾部。“公安机关（印）”处加盖办案单位的印章并注明日期。办案单位是指此前作出行政拘留决定的公安机关。被处罚人应当签名并注明日期。

【法律依据】

《中华人民共和国行政处罚法》（2021 年 1 月 22 日）

第七十三条　当事人对行政处罚决定不服，申请行政复议或者提起行政诉讼的，行政处罚不停止执行，法律另有规定的除外。

当事人对限制人身自由的行政处罚决定不服，申请行政复议或者提起行政诉讼的，可以向作出决定的机关提出暂缓执行申请。符合法律规定情形的，应当暂缓执行。

当事人申请行政复议或者提起行政诉讼的，加处罚款的数额在行政复议或者行政诉讼期间不予计算。

《中华人民共和国治安管理处罚法》（2012 年 10 月 26 日）

第一百零七条 被处罚人不服行政拘留处罚决定，申请行政复议、提起行政诉讼的，可以向公安机关提出暂缓执行行政拘留的申请。公安机关认为暂缓执行行政拘留不致发生社会危险的，由被处罚人或者其近亲属提出符合本法第一百零八条规定条件的担保人，或者按每日行政拘留二百元的标准交纳保证金，行政拘留的处罚决定暂缓执行。

第一百一十条 被决定给予行政拘留处罚的人交纳保证金，暂缓行政拘留后，逃避行政拘留处罚的执行的，保证金予以没收并上缴国库，已经作出的行政拘留决定仍应执行。

《公安机关办理行政案件程序规定》（2020 年 8 月 6 日）

第二百二十二条 被处罚人不服行政拘留处罚决定，申请行政复议或者提起行政诉讼的，可以向作出行政拘留决定的公安机关提出暂缓执行行政拘留的申请；口头提出申请的，公安机关人民警察应当予以记录，并由申请人签名或者捺指印。

被处罚人在行政拘留执行期间，提出暂缓执行行政拘留申请的，拘留所应当立即将申请转交作出行政拘留决定的公安机关。

第二百二十三条 公安机关应当在收到被处罚人提出暂缓执行行政拘留申请之时起二十四小时内作出决定。

公安机关认为暂缓执行行政拘留不致发生社会危险，且被处罚人或者其近亲属提出符合条件的担保人，或者按每日行政拘留二百元的标准交纳保证金的，应当作出暂缓执行行政拘留的决定。

对同一被处罚人，不得同时责令其提出保证人和交纳保证金。

被处罚人已送达拘留所执行的，公安机关应当立即将暂缓执行行政拘留决定送达拘留所，拘留所应当立即释放被处罚人。

第二百二十四条 被处罚人具有下列情形之一的，应当作出不暂缓执行行政拘留的决定，并告知申请人：

（一）暂缓执行行政拘留后可能逃跑的；

（二）有其他违法犯罪嫌疑，正在被调查或者侦查的；

（三）不宜暂缓执行行政拘留的其他情形。

第二百二十五条 行政拘留并处罚款的，罚款不因暂缓执行行政拘留而暂缓执行。

第二百二十六条 在暂缓执行行政拘留期间，被处罚人应当遵守下列规定：

（一）未经决定机关批准不得离开所居住的市、县；

（二）住址、工作单位和联系方式发生变动的，在二十四小时以内向决定机关报告；

（三）在行政复议和行政诉讼中不得干扰证人作证、伪造证据或者串供；

（四）不得逃避、拒绝或者阻碍处罚的执行。

在暂缓执行行政拘留期间，公安机关不得妨碍被处罚人依法行使行政复议和行政诉讼权利。

第二百二十七条 暂缓执行行政拘留的担保人应当符合下列条件：

（一）与本案无牵连；

（二）享有政治权利，人身自由未受到限制或者剥夺；

（三）在当地有常住户口和固定住所；

（四）有能力履行担保义务。

第二百二十八条 公安机关经过审查认为暂缓执行行政拘留的担保人符合条件的，由担保人出具保证书，并到公安机关将被担保人领回。

第二百二十九条 暂缓执行行政拘留的担保人应当履行下列义务：

（一）保证被担保人遵守本规定第二百二十六条的规定；

（二）发现被担保人伪造证据、串供或者逃跑的，及时向公安机关报告。

暂缓执行行政拘留的担保人不履行担保义务，致使被担保人逃避行政拘留处罚执行的，公安机关可以对担保人处以三千元以下罚款，并对被担保人恢复执行行政拘留。

暂缓执行行政拘留的担保人履行了担保义务，但被担保人仍逃避行政拘留处罚执行的，或者被处罚人逃跑后，担保人积极帮助公安机关抓获被处罚人的，可以从轻或者不予行政处罚。

第二百三十条 暂缓执行行政拘留的担保人在暂缓执行行政拘留期间，不愿继续担保或者丧失担保条件的，行政拘留的决定机关应当责令被处罚人重新提出担保人或者交纳保证金。不提出担保人又不交纳保证金的，行政拘留的决定机关应当将被处罚人送拘留所执行。

【文书范例】

××县公安局

暂缓执行行政拘留决定书

×公（治）缓拘决字〔2022〕22号

经审查，根据《中华人民共和国治安管理处罚法》第一百零七条之规定，决定对被处罚人（姓名、性别、年龄、出生日期、身份证件种类及号码、现住址）<u>于××，男，30岁，1992年3月30日，居民身份证号码××××，现住址××市××县××小区×号楼101室</u>暂缓执行行政拘留（原决定书文号<u>×公（治）行罚决字〔2022〕19号</u>）。

在行政拘留处罚决定暂缓执行期间，被处罚人应当遵守下列规定：

（一）未经决定机关批准不得离开所居住的市、县；

（二）住址、工作单位和联系方式发生变动的，在二十四小时以内向决定机关报告；

（三）在行政复议和行政诉讼中不得干扰证人作证、伪造证据或者串供；

（四）不得逃避、拒绝或者阻碍处罚的执行。

××县公安局（印）

二〇二二年四月十日

被处罚人　于××

2022年4月10日

一式三份，被处罚人和拘留所各一份，一份附卷。

六、收取保证金通知书、收取保证金回执

（一）收取保证金通知书

（此处印制公安机关名称）

收取保证金通知书

×公（　　）行收通字〔　　〕　　号

________________银行：

请协助收取______________应交纳的保证金共__________元（大写　　　　　　　　　　　　）。

公安机关（印）

年　　月　　日

一式两份，一份由保证金交纳人交银行，一份附卷。

【制作说明】

1. 本式样根据《治安管理处罚法》第一百零七条、第一百一十条、第一百一十一条；《公安机关办理行政案件程序规定》第二百二十三条、第二百三十条至第二百三十三条等规定所制作，是公安机关通知银行收取被处罚人或者其近亲属交纳的保证金时使用的文书。

2.《收取保证金通知书》属于一式两份的填充式文书，一份由保证金交纳人交银行，一份附卷。其内容主要包括首部、收取保证金的银行名称、保证金交纳人姓名、保证金金额、尾部等信息。

（1）首部。写明制作文书的公安机关名称和文书名称（已印制好）、文书文号。其中，首部的公安机关名称应当是县级以上公安机关或出入境边防检查站。文书文号的“×”处填写制作法律文书的公安机关代字；“（　　）”填写办案单位简称，治安管理、出入境管理、交通管理、网络安全保卫等业务部门可分别简称为“治”“境”“交”“网”等，公安派出所可填写其名称的简称；“〔　　〕”填写年度，“　　号”空白处填写该文书的顺序号。

（2）抬头“________银行”横线处填写收取保证金的银行名称；“请协助收取________应交纳的保证金”横线处应当填写保证金交纳人的姓名，保证金交纳人既可以是被处罚人，也可以是其近亲属，填写近亲属姓名后还应当在横线处注明与被处罚人的关系；“应交纳的保证金共______元”横线处应当用阿拉伯数字填写保证金的具体金额；“（大写________）”横线处应当用中文大写填写保证金的具体数额。

（3）尾部。“公安机关（印）”处加盖办案单位的印章并注明日期。此处的公安机关是指作出原行政拘留决定的县级以上公安机关或出入境边防检查站。

【法律依据】

《中华人民共和国治安管理处罚法》（2012 年 10 月 26 日）

第一百零七条 被处罚人不服行政拘留处罚决定，申请行政复议、提起行政诉讼的，可以向公安机关提出暂缓执行行政拘留的申请。公安机关认为暂缓执行行政拘留不致发生社会危险的，由被处罚人或者其近亲属提出符合本法第一百零八条规定条件的担保人，或者按每日行政拘留二百元的标准交纳保证金，行政拘留的处罚决定暂缓执行。

第一百一十条　被决定给予行政拘留处罚的人交纳保证金，暂缓行政拘留后，逃避行政拘留处罚的执行的，保证金予以没收并上缴国库，已经作出的行政拘留决定仍应执行。

第一百一十一条　行政拘留的处罚决定被撤销，或者行政拘留处罚开始执行的，公安机关收取的保证金应当及时退还交纳人。

《公安机关办理行政案件程序规定》（2020年8月6日）

第二百二十三条　公安机关应当在收到被处罚人提出暂缓执行行政拘留申请之时起二十四小时内作出决定。

公安机关认为暂缓执行行政拘留不致发生社会危险，且被处罚人或者其近亲属提出符合条件的担保人，或者按每日行政拘留二百元的标准交纳保证金的，应当作出暂缓执行行政拘留的决定。

对同一被处罚人，不得同时责令其提出保证人和交纳保证金。

被处罚人已送达拘留所执行的，公安机关应当立即将暂缓执行行政拘留决定送达拘留所，拘留所应当立即释放被处罚人。

第二百三十条　暂缓执行行政拘留的担保人在暂缓执行行政拘留期间，不愿继续担保或者丧失担保条件的，行政拘留的决定机关应当责令被处罚人重新提出担保人或者交纳保证金。不提出担保人又不交纳保证金的，行政拘留的决定机关应当将被处罚人送拘留所执行。

第二百三十一条　保证金应当由银行代收。在银行非营业时间，公安机关可以先行收取，并在收到保证金后的三日内存入指定的银行账户。

公安机关应当指定办案部门以外的法制、装备财务等部门负责管理保证金。严禁截留、坐支、挪用或者以其他任何形式侵吞保证金。

第二百三十二条　行政拘留处罚被撤销或者开始执行时，公安机关应当将保证金退还交纳人。

被决定行政拘留的人逃避行政拘留处罚执行的，由决定行政拘留的公安机关作出没收或者部分没收保证金的决定，行政拘留的决定机关应当将被处罚人送拘留所执行。

第二百三十三条　被处罚人对公安机关没收保证金的决定不服的，可以依法申请行政复议或者提起行政诉讼。

【文书范例】

××县公安局

收取保证金通知书

×公（治）行收通字〔2022〕15号

__××__银行：

请协助收取__郭××__应交纳的保证金共__3000__元（大写__叁仟元整__）。

××县公安局（印）

二〇二二年三月十五日

一式两份，一份由保证金交纳人交银行，一份附卷。

（二）收取保证金回执

收取保证金回执 ________________公安（分）局： 　　根据你（分）局____公（　　）行收通字〔　　〕______号通知书，我行已于______年____月____日收取______________交来的保证金共________元（大写____________________）。 银行（印） 年　　月　　日

此文书由银行填写后退公安机关附卷。

【制作说明】

1. 本式样根据《治安管理处罚法》第一百零七条、《公安机关办理行政案件程序规定》第二百三十一条第一款等规定所制作，是银行向公安机关证明已收到被处罚人或者其近亲属交纳的保证金时使用的文书，该文书用于公安机关附卷。

2.《收取保证金回执》属于填充式文书，其内容主要包括首部、公安（分）局名称、《收取保证金通知书》的文书文号、收取保证金的时间、保证金交纳人、保证金的具体金额、尾部等信息，填写时需注意：

（1）首部。首部包括文书名称（已印制好）。

（2）抬头“______公安（分）局”横线处填写通知银行收取保证金的公安机关的名称；“____公（　　）行收通字〔　　〕____号通知书”填写公安机关此前作出的《收取保证金通知书》的文号；“____年____月____日”的横线处填写银行收取保证金的具体时间；“收取______交来”横线处填写保证金交纳人的姓名，保证金交纳人既可以是被处罚人，也可以是其近亲属；“共______元”横线处用阿拉伯数字填写银行实际收到保证金的具体数额；“（大写________）”横线处用中文大写数字填写银行实际收到保证金的具体数额。

（3）尾部。收取保证金的银行应当盖章并注明日期。

【法律依据】

《中华人民共和国治安管理处罚法》（2012 年 10 月 26 日）

第一百零七条 被处罚人不服行政拘留处罚决定，申请行政复议、提起行政诉讼的，可以向公安机关提出暂缓执行行政拘留的申请。公安机关认为暂缓执行行政拘留不致发生社会危险的，由被处罚人或者其近亲属提出符合本法第一百零八条规定条件的担保人，或者按每日行政拘留二百元的标准交纳保证金，行政拘留的处罚决定暂缓执行。

《公安机关办理行政案件程序规定》（2020 年 8 月 6 日）

第二百三十一条 保证金应当由银行代收。在银行非营业时间，公安机关可以先行收取，并在收到保证金后的三日内存入指定的银行账户。

公安机关应当指定办案部门以外的法制、装备财务等部门负责管理保证金。严禁截留、坐支、挪用或者以其他任何形式侵吞保证金。

【文书范例】

收取保证金回执

__××县__公安（分）局：

根据你（分）局__×__公（治）行收通字〔2022〕__15__号通知书，我行已于 2022 年__3__月__15__日收取 郭×× 交来的保证金共__3000__元（大写__叁仟元整__）。

××银行（印）

二〇二二年三月十五日

此文书由银行填写后退公安机关附卷。

七、担保人保证书

担保人保证书

担保人____________性别____出生日期__________________________

工作单位___________________________职业__________________________

现住址_____________________________联系电话______________________

与被担保人关系____

我愿担任违法行为人（被担保人）____________________的担保人，保证履行以下义务：

（一）保证被担保人

1. 未经决定机关批准不得离开所居住的市、县；

2. 住址、工作单位和联系方式发生变动的，在二十四小时以内向决定机关报告；

3. 在行政复议和行政诉讼中不得干扰证人作证、伪造证据或者串供；

4. 不得逃避、拒绝或者阻碍处罚的执行。

（二）发现被担保人伪造证据、串供或者逃跑的，及时向公安机关报告。

本人知晓、理解并愿意承担担保人的义务和相应的法律责任。

此致

_______________公安（分）局

被担保人　　　　　　　　　　　　　　担保人

年　　月　　日　　　　　　　　　　年　　月　　日

此文书附卷。

【制作说明】

1. 本式样根据《治安管理处罚法》第一百零七条至第一百零九条；《公安机关办理行政案件程序规定》第二百二十三条第二款、第二百二十七条至第二百三十条等规定所制作，是担保人和被担保人共同向公安机关出具的文书，用于担保人承诺担任违法行为人在暂缓拘留期间的担保人，并保证违法行为人及其自身履行相应义务。

2.《担保人保证书》属于填充式文书。其内容主要包括首部、担保人基本信息、担保人保证履行的义务、尾部等信息，填写时需注意：

（1）首部。首部为文书名称（已印制好），即“担保人保证书”。

（2）担保人基本信息。“担保人”后横线处填写担保人的真实姓名；“性别”后横线处填写担保人的性别；“出生日期”后横线处填写担保人的出生日期（阳历）；“工作单位”后横线处填写担保人的工作单位；“职业”后横线处填写担保人的具体职业；“现住址”后横线处填写担保人当前的实际家庭住址；“联系电话”后横线处填写担保人的联系电话；“与被担保人的关系”后横线处填写担保人与被担保人的实际关系，如父子、朋友、同事等。

（3）“我愿担任违法行为人（被担保人）________的担保人”横线处填写被担保人的姓名。

（4）尾部。“________公安（分）局”横线处填写对违法行为人作出暂缓执行行政拘留决定的公安机关，被担保人与担保人应当签字并注明日期。

【法律依据】

《中华人民共和国治安管理处罚法》（2012年10月26日）

第一百零七条 被处罚人不服行政拘留处罚决定，申请行政复议、提起行政诉讼的，可以向公安机关提出暂缓执行行政拘留的申请。公安机关认为暂缓执行行政拘留不致发生社会危险的，由被处罚人或者其近亲属提出符合本法第一百零八条规定条件的担保人，或者按每日行政拘留二百元的标准交纳保证金，行政拘留的处罚决定暂缓执行。

第一百零八条 担保人应当符合下列条件：

（一）与本案无牵连；

（二）享有政治权利，人身自由未受到限制；

（三）在当地有常住户口和固定住所；

（四）有能力履行担保义务。

第一百零九条 担保人应当保证被担保人不逃避行政拘留处罚的执行。

担保人不履行担保义务，致使被担保人逃避行政拘留处罚的执行的，由公安机关对其处三千元以下罚款。

《公安机关办理行政案件程序规定》（2020 年 8 月 6 日）

第二百二十三条 公安机关应当在收到被处罚人提出暂缓执行行政拘留申请之时起二十四小时内作出决定。

公安机关认为暂缓执行行政拘留不致发生社会危险，且被处罚人或者其近亲属提出符合条件的担保人，或者按每日行政拘留二百元的标准交纳保证金的，应当作出暂缓执行行政拘留的决定。

对同一被处罚人，不得同时责令其提出保证人和交纳保证金。

被处罚人已送达拘留所执行的，公安机关应当立即将暂缓执行行政拘留决定送达拘留所，拘留所应当立即释放被处罚人。

第二百二十七条 暂缓执行行政拘留的担保人应当符合下列条件：

（一）与本案无牵连；

（二）享有政治权利，人身自由未受到限制或者剥夺；

（三）在当地有常住户口和固定住所；

（四）有能力履行担保义务。

第二百二十八条 公安机关经过审查认为暂缓执行行政拘留的担保人符合条件的，由担保人出具保证书，并到公安机关将被担保人领回。

第二百二十九条 暂缓执行行政拘留的担保人应当履行下列义务：

（一）保证被担保人遵守本规定第二百二十六条的规定；

（二）发现被担保人伪造证据、串供或者逃跑的，及时向公安机关报告。

暂缓执行行政拘留的担保人不履行担保义务，致使被担保人逃避行政拘留处罚执行的，公安机关可以对担保人处以三千元以下罚款，并对被担保人恢复执行行政拘留。

暂缓执行行政拘留的担保人履行了担保义务，但被担保人仍逃避行政拘留处罚执行的，或者被处罚人逃跑后，担保人积极帮助公安机关抓获被处罚人的，可以从轻或者不予行政处罚。

第二百三十条 暂缓执行行政拘留的担保人在暂缓执行行政拘留期间，不愿继续担保或者丧失担保条件的，行政拘留的决定机关应当责令被处罚人重新提出担保人或者交纳保证金。不提出担保人又不交纳保证金的，行政拘留的决定机关应当将被处罚人送拘留所执行。

【文书范例】

担保人保证书

担保人 郭×× 性别 男 出生日期 1965 年 1 月 1 日

工作单位 ××公司 职业 职员

现住址 ××县××小区×单元××室 联系电话 ××××

与被担保人关系 母子

我愿担任违法行为人（被担保人） 陈×× 的担保人，保证履行以下义务：

（一）保证被担保人

1. 未经决定机关批准不得离开所居住的市、县；

2. 住址、工作单位和联系方式发生变动的，在二十四小时以内向决定机关报告；

3. 在行政复议和行政诉讼中不得干扰证人作证、伪造证据或者串供；

4. 不得逃避、拒绝或者阻碍处罚的执行。

（二）发现被担保人伪造证据、串供或者逃跑的，及时向公安机关报告。

本人知晓、理解并愿意承担担保人的义务和相应的法律责任。

此致

××县 公安（分）局

被担保人 陈×× 担保人 郭××

2022 年 4 月 3 日 2022 年 4 月 3 日

此文书附卷。

八、退还保证金通知书

（此处印制公安机关名称）

退还保证金通知书

×公（　　）行退通字〔　　〕　　号

________________银行：

我（分）局决定退还保证金交纳人__________________________于______年____月____日交来的保证金________________元（大写____________________________________）。

特此通知，请予以办理。

公安机关（印）

年　　月　　日

一式两份，一份由当事人交银行，一份附卷。

【制作说明】

1. 本式样根据《治安管理处罚法》第一百一十一条、《公安机关办理行政案件程序规定》第二百三十二条第一款等规定所制作，是公安机关通知银行将收取的保证金退还给交纳人时使用的文书，该文书相关项目的填写应当与《收取保证金通知书》一致。

2.《退还保证金通知书》属于一式两份的填充式文书，一份由当事人交银行，一份附卷。其内容主要包括首部、退还保证金的银行名称、保证金交纳人的姓名、保证金交纳日期、保证金数额和尾部等信息，填写时需注意：

（1）首部。写明制作文书的公安机关名称和文书名称（已印制好）、文书文号。其中，公安机关应当是作出收取保证金决定的县级以上公安机关或者出入境边防检查机关。文书文号的“×”处填写制作法律文书的公安机关代字；“（　　）”填写办案单位简称，治安管理、出入境管理、交通管理、网络安全保卫等业务部门可分别简称为“治”“境”“交”“网”等，公安派出所可填写其名称的简称；“〔　　〕”填写年度，“　　号”空白处填写该文书的顺序号。

（2）抬头。“______银行”横线处填写被通知退还保证金的银行名称。

（3）“退还保证金交纳人______于”横线处填写保证金交纳人的姓名；“于____年____月____日”横线处填写保证金交纳人交纳保证金的具体时间；“保证金______元”横线处用阿拉伯数字填写决定退还的保证金数额；“（大写______）”横线处用中文大写填写决定退还的保证金数额。

（4）尾部。“公安机关（印）”处加盖公安机关的印章并注明日期。此处的公安机关是指此前作出收取保证金决定的县级以上公安机关或者出入境边防检查机关。

【法律依据】

《中华人民共和国治安管理处罚法》（2012年10月26日）

第一百一十一条 行政拘留的处罚决定被撤销，或者行政拘留处罚开始执行的，公安机关收取的保证金应当及时退还交纳人。

《公安机关办理行政案件程序规定》（2020年8月6日）

第二百三十二条 行政拘留处罚被撤销或者开始执行时，公安机关应当将保证金退还交纳人。

被决定行政拘留的人逃避行政拘留处罚执行的，由决定行政拘留的公安机关作出没收或者部分没收保证金的决定，行政拘留的决定机关应当将被处罚人送拘留所执行。

【文书范例】

××县公安局

退还保证金通知书

×公（治）行退通字〔2022〕30号

__××__银行：

我（分）局决定退还保证金交纳人__王××__于__2022__年__3__月__19__日交来的保证金__3000__元（大写__叁仟元整__）。

特此通知，请予以办理。

××县公安局（印）

二〇二二年四月十日

一式两份，一份由当事人交银行，一份附卷。

九、没收保证金决定书

（此处印制公安机关名称）

没收保证金决定书

×公（　　）行没决字〔　　〕　　号

因被暂缓执行行政拘留人__________________逃避行政拘留处罚的执行，根据《中华人民共和国治安管理处罚法》第一百一十条之规定，决定没收保证金交纳人________于___年___月___日交来的保证金__________元（大写__________________）。

如不服本决定，可以在收到本决定书之日起六十日内向______________________________申请行政复议或者在六个月内依法向________________人民法院提起行政诉讼。

公安机关（印）

年　　月　　日

保证金交纳人

年　　月　　日

一式两份，一份交保证金交纳人，一份附卷。

【制作说明】

1. 本式样根据《治安管理处罚法》第一百一十条；《公安机关办理行政案件程序规定》第二百三十二条第二款、第二百三十三条的规定所制作，是公安机关决定没收被暂缓执行行政拘留人保证金时使用的文书。

2.《没收保证金决定书》属于一式两份的填充式文书，一份交保证金交纳人，一份附卷。其内容主要包括首部、暂缓执行行政拘留人姓名、保证金交纳人姓名、保证金交纳时间、保证金具体数额、法律救济、尾部等信息。在填写时需注意：

（1）首部。写明制作文书的公安机关名称和文书名称（已印制好）、文书文号。其中，公安机关应当是作出收取保证金决定的县级以上公安机关或者出入境边防检查机关。文书文号的“×”处填写制作法律文书的公安机关代字；“（　　）”填写办案单位简称，治安管理、出入境管理、交通管理、网络安全保卫等业务部门可分别简称为“治”“境”“交”“网”等，公安派出所可填写其名称的简称；“〔　　〕”填写年度，“　　号”空白处填写该文书的顺序号。

（2）“被暂缓执行行政拘留人______逃避”横线处填写被暂缓执行行政拘留人的姓名。

（3）“保证金交纳人______于”横线处填写保证金交纳人的姓名，保证金交纳人既可以是被暂缓执行行政拘留人，也可以是其近亲属，但是应当注明亲属关系的种类。

（4）“于____年____月____日”横线处填写交纳保证金的具体时间。

（5）“保证金______元”横线处用阿拉伯数字填写没收保证金的具体数额。“（大写______）”横线处用中文大写填写没收保证金的数额。

（6）法律救济。“向____申请行政复议”横线处填写保证金交纳人可以申请行政复议的行政机关名称；“向______人民法院提起行政诉讼”横线处填写保证金交纳人可以提起行政诉讼的人民法院名称。

（7）尾部。“公安机关（印）”处加盖公安机关印章并注明日期。公安机关是指此前作出收取保证金决定的县级以上公安机关或者出入境边防检查机关。保证金交纳人应当签名并注明日期。

【法律依据】

《中华人民共和国治安管理处罚法》（2012年10月26日）

第一百一十条 被决定给予行政拘留处罚的人交纳保证金，暂缓行政拘留后，逃避行政拘留处罚的执行的，保证金予以没收并上缴国库，已经作出的行政拘留决定仍应执行。

《公安机关办理行政案件程序规定》（2020年8月6日）

第二百三十二条 行政拘留处罚被撤销或者开始执行时，公安机关应当将保证金退还交纳人。

被决定行政拘留的人逃避行政拘留处罚执行的，由决定行政拘留的公安机关作出没收或者部分没收保证金的决定，行政拘留的决定机关应当将被处罚人送拘留所执行。

第二百三十三条 被处罚人对公安机关没收保证金的决定不服的，可以依法申请行政复议或者提起行政诉讼。

【文书范例】

××县公安局

没收保证金决定书

×公（治）行没决字〔2022〕19号

因被暂缓执行行政拘留人<u>　于××　　</u>逃避行政拘留处罚的执行，根据《中华人民共和国治安管理处罚法》第一百一十条之规定，决定没收保证金交纳人<u>　于××　</u>于<u>　2022　</u>年<u>　1　</u>月<u>　22　</u>日交来的保证金<u>　3000　</u>元（大写<u>　叁仟元整　　　　　　　　</u>）。

如不服本决定，可以在收到本决定书之日起六十日内向<u>　××市公安局或者××县人民政府　</u>申请行政复议或者在六个月内依法向<u>　××县　</u>人民法院提起行政诉讼。

××县公安局（印）

二〇二二年一月三十日

保证金交纳人　张××

2022年1月30日

一式两份，一份交保证金交纳人，一份附卷。

十、________执行回执

（此处印制公安机关名称）

________执行回执

________________公安（分）局：

根据你（分）局______________________________号决定书，被执行人__________已于____年____月____日入所。

执行期限______（自____年____月____日至____年____月____日）。

投送人　　　　　　　　　　　　经办人

年　月　日　　　　　　　　　　年　月　日

执行单位（印）

年　月　日

此文书交办案单位附卷。

【制作说明】

1. 本式样根据《禁毒法》第四十一条第一款、《治安管理处罚法》第一百零三条等规定所制作，是执行单位向作出行政拘留、强制隔离戒毒决定的公安机关出具的接收凭证。

2. 《______执行回执》属于填充式文书，其内容主要包括首部、公安（分）局的名称、行政决定书文号、被执行人的姓名、被执行人的入所时间、执行期限、执行起止时间、尾部等信息。在填写时需注意：

（1）首部。写明制作文书的公安机关名称和文书名称（已印制好）。此处的公安机关是指执行单位所属的公安机关。

（2）抬头。“______公安（分）局：”横线处填写作出行政拘留决定或强制隔离戒毒决定的公安机关名称。

（3）“根据你（分）局______号决定书”横线处填写《行政处罚决定书》或《强制隔离戒毒决定书》的文号。

（4）“被执行人______已于”横线处填写被执行人的姓名。

（5）“已于____年____月____日入所”横线处填写被执行人进入执行单位的具体时间。

（6）“执行期限______”横线处应当依据《行政处罚决定书》《强制隔离戒毒决定书》填写实际需要执行的期限，该期限不包含应当折抵的期限。该期限应当用中文大写填写，以“日”或“年”为单位，其中，强制隔离戒毒期限为两年。

（7）“自______年____月____日至______年____月____日”横线处填写执行的起止时间。开始时间应当填写被执行人进入执行单位的第一日，结束时间应当填写被执行人离开执行单位的当日。

（8）尾部。尾部应当由投送人、经办人、执行单位签章并注明日期。执行单位是指接收被执行人的单位，即拘留所或强制隔离戒毒所。

【法律依据】

《中华人民共和国禁毒法》（2007年12月29日）

第四十一条　对被决定予以强制隔离戒毒的人员，由作出决定的公安机关送强制隔离戒毒场所执行。

强制隔离戒毒场所的设置、管理体制和经费保障，由国务院规定。

《中华人民共和国治安管理处罚法》（2012 年 10 月 26 日）

第一百零三条 对被决定给予行政拘留处罚的人，由作出决定的公安机关送达拘留所执行。

《公安机关办理行政案件程序规定》（2020 年 8 月 6 日）

第二百二十条 对被决定行政拘留的人，由作出决定的公安机关送达拘留所执行。对抗拒执行的，可以使用约束性警械。

对被决定行政拘留的人，在异地被抓获或者具有其他有必要在异地拘留所执行情形的，经异地拘留所主管公安机关批准，可以在异地执行。

第二百二十一条 对同时被决定行政拘留和社区戒毒或者强制隔离戒毒的人员，应当先执行行政拘留，由拘留所给予必要的戒毒治疗，强制隔离戒毒期限连续计算。

拘留所不具备戒毒治疗条件的，行政拘留决定机关可以直接将被行政拘留人送公安机关管理的强制隔离戒毒所代为执行行政拘留，强制隔离戒毒期限连续计算。

【文书范例一】

××县公安局

<u>行政拘留</u> 执行回执

<u>××县</u>公安（分）局：

根据你（分）局<u>×公（治）行罚决字〔2022〕25</u>号决定书，被执行人<u>张××</u>已于<u>2022</u>年<u>4</u>月<u>1</u>日入所。

执行期限<u>七日</u>（自<u>2022</u>年<u>4</u>月<u>1</u>日至<u>2022</u>年<u>4</u>月<u>8</u>日）。

投送人 周×× 经办人 王××

2022年4月1日 2022年4月1日

××县拘留所（印）

二〇二二年四月一日

此文书交办案单位附卷。

【文书范例二】

××市公安局

强制隔离戒毒 执行回执

××县 公安（分）局：

根据你（分）局 ×公（禁毒）强戒决字〔2022〕14 号决定书，被执行人 张×× 已于 2022 年 4 月 1 日入所。

执行期限 二年 （自 2022 年 4 月 1 日至 2024 年 3 月 31 日）。

投送人 周×× 经办人 王××

2022 年 4 月 1 日 2022 年 4 月 1 日

××市强制隔离戒毒所（印）

二〇二二年四月一日

此文书交办案单位附卷。

十一、终止案件调查决定书

（此处印制公安机关名称）

终止案件调查决定书

×公（　　）行终止决字〔　　〕　　号

因＿＿＿＿＿＿＿＿＿＿＿＿＿＿＿＿＿＿＿＿＿＿＿＿一案具有

□没有违法事实

□违法行为已过追究时效

□违法嫌疑人死亡

□其他＿＿＿＿＿＿＿＿＿＿＿＿＿＿＿＿＿＿＿＿＿＿＿＿＿＿

的情形，根据《公安机关办理行政案件程序规定》第二百五十九条第一款之规定，现决定终止调查。

公安机关（印）

年　　月　　日

原案件被侵害人　　　　　　　　原案件违法嫌疑人

年　　月　　日　　　　　　　　年　　月　　日

一式三份，原案件被侵害人和原案件违法嫌疑人各一份，一份附卷。

【制作说明】

1. 本式样根据《公安机关办理行政案件程序规定》第二百五十九条等规定所制作，是公安机关决定终止行政案件调查时使用的文书。

2. 《终止案件调查决定书》为一式三份的填充式文书，原案件被侵害人和原案件违法嫌疑人各一份，一份附卷。其内容主要包括首部、案件名称、终止案件调查的情形、尾部等信息。填写时需注意：

（1）首部。写明制作文书的公安机关名称和文书名称（已印制好）、文书文号。其中，首部的公安机关名称应当是办案单位所属公安机关或者依法具有独立执法主体资格的公安机关业务部门以及出入境边防检查站。文书文号的“×”处填写制作法律文书的公安机关代字；“（　　）”填写办案单位简称，治安管理、出入境管理、交通管理、网络安全保卫等业务部门可分别简称为“治”“境”“交”“网”等，公安派出所可填写其名称的简称；“〔　　〕”填写年度，“　　号”空白处填写该文书的顺序号。

（2）“因________一案”横线处填写案件名称，一般表述为“违法嫌疑人姓名+涉嫌+违法行为名称”，如“郭××涉嫌盗窃”等。

（3）终止案件调查情形。根据《公安机关办理行政案件程序规定》第二百五十九条第一款的规定，“经过调查，发现行政案件具有下列情形之一的，经公安派出所、县级公安机关办案部门或者出入境边防检查机关以上负责人批准，终止调查：（一）没有违法事实的；（二）违法行为已过追究时效的；（三）违法嫌疑人死亡的；（四）其他需要终止调查的情形”。办案民警应当根据案件事实选择终止案件调查的情形，在相应的“□”画勾选中，并用横线划去未选中的其他情形。如有其他情形，应当画勾选中“□其他______”，并在横线处填写具体情形。

（4）尾部。“公安机关（印）”处加盖办案单位的印章并注明日期。办案单位是指县级以上公安机关及其公安派出所、依法具有独立执法主体资格的公安机关业务部门以及出入境边防检查站等。依法不具有独立执法主体资格的公安机关内设机构使用该文书时，应当加盖其所属公安机关的印章。原案件被侵害人和原案件违法嫌疑人应当签名并注明日期。

【法律依据】

《公安机关办理行政案件程序规定》（2020 年 8 月 6 日）

第二百五十九条 经过调查，发现行政案件具有下列情形之一的，经公安派出所、县级公安机关办案部门或者出入境边防检查机关以上负责人批准，终止调查：

（一）没有违法事实的；

（二）违法行为已过追究时效的；

（三）违法嫌疑人死亡的；

（四）其他需要终止调查的情形。

终止调查时，违法嫌疑人已被采取行政强制措施的，应当立即解除。

第二百六十条 对在办理行政案件过程中形成的文书材料，应当按照一案一卷原则建立案卷，并按照有关规定在结案或者终止案件调查后将案卷移交档案部门保管或者自行保管。

【文书范例】

××县公安局

终止案件调查决定书

×公（治）行终止决字〔2022〕12号

因 张××涉嫌故意伤害 一案具有

☑没有违法事实

☐违法行为已过追究时效

☐违法嫌疑人死亡

☐其他 ______

的情形，根据《公安机关办理行政案件程序规定》第二百五十九条第一款之规定，现决定终止调查。

××县公安局（印）

二〇二二年四月二日

原案件被侵害人　王××　　　　原案件违法嫌疑人　张××

2022年4月2日　　　　2022年4月2日

一式三份，原案件被侵害人和原案件违法嫌疑人各一份，一份附卷。

主要参考文献

1. 行政执法教程编写组编：《行政执法教程》，法律出版社 2003 年版。
2. 胡和平编著：《公安法律文书制作》，中国人民公安大学出版社 2006 年版。
3. 李春华主编：《公安行政执法办案实务与实训教程》，中国人民公安大学出版社 2014 年版。
4. 吴益跟主编：《公安执法办案实训教程》，中国人民公安大学出版社 2016 年版。
5. 郭林虎主编：《法律文书情境写作教程（第五版）》，法律出版社 2018 年版。
6. 孙茂利主编：《公安机关行政法律文书制作与范例（2021 年版）》，中国民主法制出版社 2021 年版。
7. 刘鹤、朱迎春、孙玉凤主编：《公安行政法律文书制作实训教程》，中国人民公安大学出版社 2021 年版。
8. 王智慧、孙先伟主编：《公安机关法律文书制作指南》，中国人民公安大学出版社 2021 年版。
9. 杨建顺：《行政规制与权利保障》，中国人民大学出版社 2007 年版。
10. 高文英主编：《警察行政法学》，中国人民公安大学出版社 2019 年版。
11. ［日］南博方著：《行政法（第六版）》，杨建顺译，商务印书馆 2020 版。
12. 逯其军：《公安法律文书与模糊修辞》，载《政法论丛》2001 年第 6 期。
13. 蔡燕：《公安行政法律文书在公安行政执法中的重要作用》，载《疆警官高等专科学校学报》2004 年第 2 期。
14. 雷莉：《论公安法律文书语言的朴实性》，载《四川警官高等专科学校学报》2005 年第 4 期。
15. 柳砚涛：《论行政行为的形式》，载《行政法学研究》2006 年第 4 期。
16. 梁爱清：《公安行政法律文书制作及使用规范化问题的思考》，载《广西警官高等专科学校学报》2006 年第 4 期。
17. 刘艺：《行政程序中的形式与形式主义》，载《河北法学》2007 年第 6 期。
18. 章锦：《简论公安法律文书写作中逻辑思维能力训练》，载《法制博览》2017 年第 29 期。
19. 欧元军、何剑：《论公安案件法制审核制度的功能定位》，载《公安学研究》2019 年第 6 期。

20. 史全增：《公民住所检查制度的理论检视及其完善》，载《中国人民公安大学学报（社会科学版）》2018 年第 2 期。
21. 史全增、解源源：《行政执法案例指导制度建构的理论反思与矫治——以公安行政执法为重点》，载《公安学研究》2020 年第 2 期。
22. 史全增、孙文夕：《论治安管理处罚法中的教育与处罚相结合原则》，载《中国人民公安大学学报（ 社会科学版）》2020 年第 6 期。

图书在版编目（CIP）数据

公安机关行政法律文书：制作规范与法律依据 / 史全增，解源源主编；孙文夕，刘瑶副主编 .—北京：中国法制出版社，2023. 11
ISBN 978-7-5216-3970-4

Ⅰ. ①公… Ⅱ. ①史… ②解… ③孙… ④刘… Ⅲ. ①公安机关-行政诉讼-法律文书-中国 Ⅳ. ①D926. 13

中国国家版本馆 CIP 数据核字（2023）第 218530 号

策划编辑：王　熹（wx2015hi@ sina. com）
责任编辑：王　熹　　封面设计：周黎明

公安机关行政法律文书：制作规范与法律依据
GONG'AN JIGUAN XINGZHENG FALÜ WENSHU：ZHIZUO GUIFAN YU FALÜ YIJU

主编/史全增，解源源
副主编/孙文夕，刘瑶
经销/新华书店
印刷/三河市国英印务有限公司
开本/730 毫米×1030 毫米　16 开　　印张/ 18. 75　字数/ 214 千
版次/2023 年 11 月第 1 版　　2023 年 11 月第 1 次印刷

中国法制出版社出版
书号 ISBN 978-7-5216-3970-4　　定价：69. 00 元

北京市西城区西便门西里甲 16 号西便门办公区
邮政编码：100053　　传真：010-63141600
网址：http：//www. zgfzs. com　　**编辑部电话：010-63141833**
市场营销部电话：010-63141612　　**印务部电话：010-63141606**

（如有印装质量问题，请与本社印务部联系。）